Bauwelt Fundamente 62

Herausgegeben von Ulrich Conrads
unter Mitarbeit von Peter Neitzke

Beirat:
Gerd Albers
Hansmartin Bruckmann
Lucius Burckhardt
Gerhard Fehl
Herbert Hübner
Julius Posener
Thomas Sieverts

Giorgio Piccinato

**Städtebau
in Deutschland
1871–1914**

**Genese
einer wissenschaftlichen
Disziplin**

Friedr. Vieweg & Sohn   Braunschweig/Wiesbaden

Titel der italienischen Originalausgabe:
La costruzione dell'urbanistica, Germania 1871–1914
© 1977 by Officina Edizioni, Roma
Aus dem Italienischen von Michael Peterek

CIP-Kurztitelaufnahme der Deutschen Bibliothek

Piccinato, Giorgio:
Städtebau in Deutschland 1871–1914: Genese e.
wiss. Disziplin/Giorgio Piccinato. [Aus d. Ital.
übers. von Michael Peterek]. – Braunschweig;
Wiesbaden: Vieweg, 1983.
(Bauwelt-Fundamente; Bd. 62)
Einheitssacht.: La costruzione dell'urbanistica,
Germania 1871–1914 (dt.)
ISBN 3-528-08762-5

NE: GT

© für die deutsche Ausgabe:
Friedr. Vieweg & Sohn Verlagsgesellschaft mbH, Braunschweig 1983
Umschlagentwurf: Helmut Lortz
Satz: C. W. Niemeyer, Hameln
Druck und buchbinderische Verarbeitung: Lengericher Handelsdruckerei, Lengerich

ISBN 3-528-08762-5

Inhalt

1 Die Gründe für meine Forschung 1
2 Die Ursprünge des Städtebaus 21
3 Städtebau und Industriestadt 33
4 Allgemeine theoretische Grundlagen 50
5 Die „Fragen" 65
6 Der Bebauungsplan 78
7 Die Bauordnung 103
8 Schlußfolgerungen 126
Anmerkungen 134
Bildteil 155
Anhang: Bio-bibliographische Hinweise 195

Bildquellen

DSTB = *Der Städtebau* (Zeitschrift)
Heg. = Werner Hegemann, *Der Städtebau*, Bde. I und II, Berlin 1912
St. = Joseph Stübben, *Der Städtebau*, 3. Aufl. Leipzig 1924

1 Die Gründe für meine Forschung

Das Unbehagen am Städtebau

Einhundert Jahre Geschichte des Städtebaus als wissenschaftlicher Disziplin entsprechen einhundert Jahren wachsender Mißerfolge bei der Bewältigung der städtischen Realität. Das Ergebnis der unmittelbaren Bemühungen der Fachleute und der Institutionen bei der Verwaltung der Städte kann zwar in weniger krassen Begriffen zusammengefaßt werden, das Gesamturteil bleibt jedoch negativ.
Parallel zur Entstehung einer selbständigen „Stadtwissenschaft" verschlechtert sich die Lage in den Städten (dies ist z. B. im medizinischen Bereich nicht der Fall, in dem, entsprechend den Fortschritten in der Wissenschaft, kontinuierlich Verbesserungen zu verzeichnen sind); diese Tatsache stellt unmittelbar die Grundlagen der Disziplin des Städtebaus und die Fähigkeiten seiner Vertreter in Frage.
Im allgemeinen werden zwei Rechtfertigungen angeführt. Die erste, von Anfang an sehr verbreitet, betrachtet die Stadtplaner als eine Gruppe verkannter Propheten und entschuldigt die mangelhafte Effizienz ihrer Arbeit mit den Hindernissen, die einer Verwirklichung ihrer Bestrebungen durch rückständige gesellschaftliche Zustände entgegengesetzt werden.[1] Die zweite, augenblicklich mehr *en vogue*, beruft sich auf den Widerspruch zwischen der wachsenden Komplexität der Stadt und der relativen Einfachheit eines technischen Instrumentariums, das entwickelt wurde, um den städtischen Problemen des vergangenen Jahrhunderts gerecht zu werden. Es häufen sich dabei die Eingeständnisse, daß wir über das Phänomen Stadt und die es bestimmenden Gesetze nur geringe Kenntnisse besitzen. Und genau dies scheint eine plausible Erklärung zu sein: die Annahme, daß die Stadt (und das Territorium) nicht einfach ein Bereich sei, in dem sich einige, unter dem Gesichtspunkt der physischen Ordnung des Raums besonders wichtige soziale Verhaltensweisen verwirklichten, sondern vielmehr ein autonomer „Organismus" (oder autonomes Phänomen), der (das) nach eigenen Gesetzen lebe.[2]

Somit entsteht auch die Vorstellung einer „Autonomie" des Städtebaus, dem die Fähigkeit zugeschrieben wird, die städtischen Probleme mittels mehr oder weniger ausgeklügelter Analyse- und Maßnahmetechniken lösen zu können.
Die tröstende Vorstellung einer kontinuierlichen Fortentwicklung des Städtebaus bildet z. B. den Hintergrund jener in ihrer Darstellungsweise oft zum Formalismus neigenden Untersuchungen der städtischen und territorialen Dynamik, die Analogien zu den Naturwissenschaften herstellen und verbindliche Interpretationsmodelle liefern wollen. Für sich betrachtet, sind diese Studien durch keine besondere Ideologie geprägt; im Gegenteil, sie weisen programmatisch jede ideologische Absicht von sich.[3] Trotzdem, je komplexer sie werden, desto mehr vertraut man ihnen als Grundlage einer potentiellen Erkenntnis der realen Umwelt, eine Annahme, die mir angesichts der erheblichen Vereinfachungen, die am Ausgangspunkt stehen, ungerechtfertigt erscheint.

Daß der gesellschaftliche Fortschritt sich parallel zu Fortschritten in der Wissenschaft vollziehe, ist eine Vorstellung, welche die Städtebauliteratur von jeher begeistert hat, wenn auch in der Vergangenheit in anderen Formen als heute. Doch immer wieder mußten die Stadtplaner zugeben, daß sie von Veränderungen in der Ordnung des Raums überrollt wurden, die sie weder verstanden haben noch kontrollieren konnten.[4]

Verständnis und Kontrolle, so die Aussage, wären aber nichts weiter als das Ergebnis einer vertiefteren wissenschaftlichen Auseinandersetzung.

Beide Rechtfertigungen halten jedoch einer historischen Analyse nicht stand, oder, anders ausgedrückt, in der Geschichte des Städtebaus finden sie keine Bestätigung.
Der Städtebau bekam eine genaue, wichtige Aufgabe innerhalb des Bildungsprozesses der großen Industriestadt übertragen. Bis heute sind davon Zeugnisse geblieben: der Aufbau der städtischen Verwaltungen, die Verwirklichung der ausgedehnten Infrastrukturnetze, das rechtliche Instrumentarium, Ergebnisse, welche, auch wenn sie heute als solche überholt und weitgehend unannehmbar erscheinen, ein Jahrhundert Stadtgeschichte geprägt haben.

Wird diese Aufgabe des Städtebaus in Frage gestellt, dann scheint er in seinem wissenschaftlichen und normativen Aufbau nicht den Zielen, die er erklärt, zu entsprechen.

Als der Städtebau nach und nach die unmittelbaren Aufgaben verlor, die ihm zu Anfang übertragen worden waren, klammerte er sich an den Mythos der „Gleichheit": eine gleichmäßige Verteilung der sozialen Dienstleistungen, gleiche Zugänglichkeit, Normen zwischen einem Minimum und einem Optimum als Grundlagen einer Umwelt ohne Ungleichheiten, Risse, Konflikte.[5]

Der Bebauungsplan, das Instrument, das als solches zur Kontrolle des städtischen Raums entwickelt worden war, hätte die gleichmäßige Verteilung der Güter der Stadt an die ganze Gesellschaft verwirklichen sollen.

Aber die Stadt (wie das Territorium) ist nur der Schauplatz – wenn nicht sogar das Objekt – allgemeingesellschaftlicher politischer und ökonomischer Prozesse. Ihre

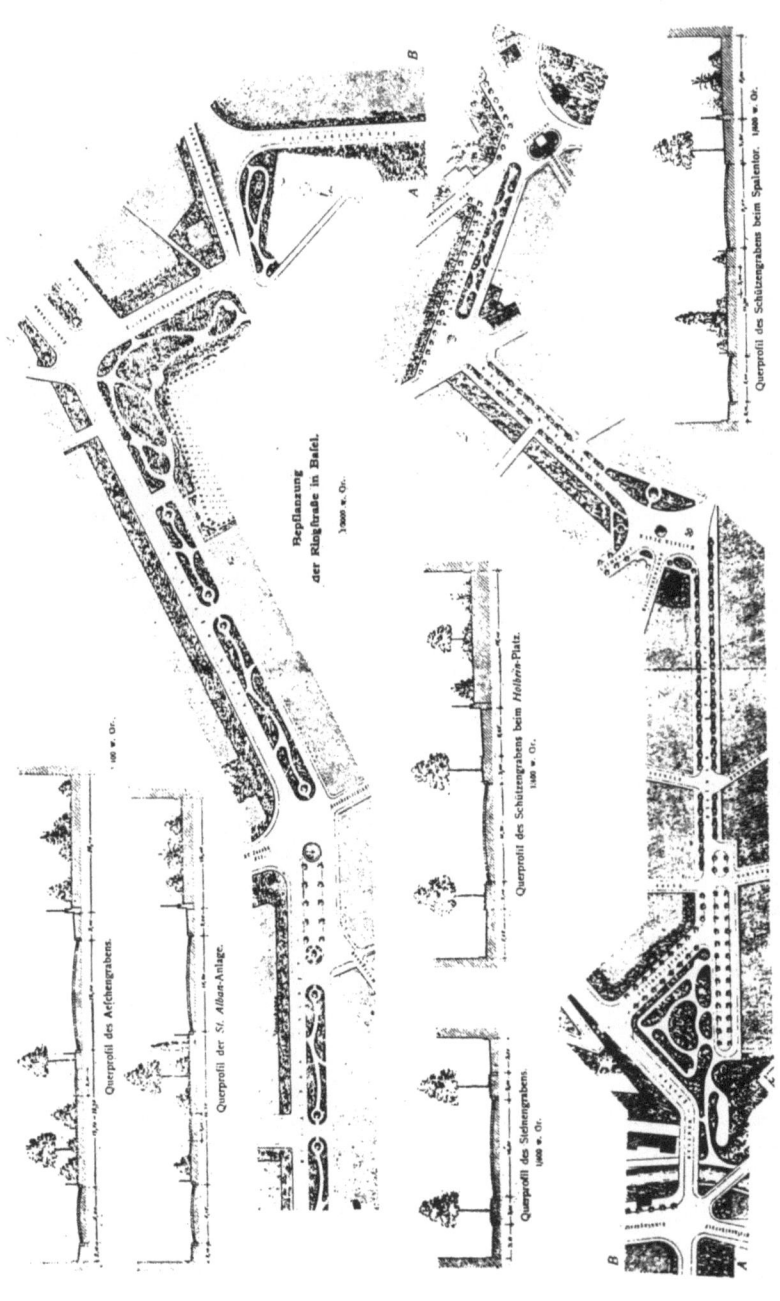

1 Bepflanzung der Ringstraße in Basel (St., Tafel zu Seite 272)

Seinsweise ist die Seinsweise der Wirklichkeit, und eine Gesellschaft mit Ungleichheiten erlaubt eben keine Stadt der Gleichen.

Eine Analyse der theoretischen Substanz des Städtebaus muß notwendigerweise von zwei Feststellungen ausgehen:
a) Der Städtebau entsteht in einer Epoche sozialer und ökonomischer Veränderungen, dem Zeitalter der Industrialisierung.
b) Die Industrialisierung vollzieht sich innerhalb der westlichen kapitalistischen Gesellschaft.

Die Probleme, die der Städtebau zu bewältigen hat, sind diejenigen, welche die Entwicklung der kapitalistischen Industriegesellschaft in Siedlungsbegriffen aufwirft. Die Ziele, die der Städtebau sich stellt, stehen im Einklang mit dem Aufbau und der Ausprägung des sozialen, politischen und ökonomischen Systems. Sein Instrumentarium entspricht selbstverständlich diesen Zielen.[6]

Eine aufmerksame Untersuchung der Gründe, die am Anfang des Städtebaus stehen, verdeutlicht die weitgehende Übereinstimmung seines konzeptionellen Rüstzeugs mit den erklärten Zielen der kapitalistischen industriellen Entwicklung.
Seine besonderen Ziele übernehmen eine Vermittlerrolle: Sie beinhalten keine grundlegenden räumlichen Veränderungen als Vorläufer sozialer Veränderungen (wobei sie zwangsläufig in einem Gegensatz zu den überlieferten Strukturen stehen müßten), sondern eine Reihe von Vorkehrungen zur Glättung der offensichtlichsten und gefährlichsten Widersprüche.

Stadtbautheorien und städtische Wirklichkeit

Die Geschichte des Städtebaus und die Geschichte der Stadt sind miteinander verflochten, aber sie fallen nicht zusammen. Wie in der Vergangenheit existiert heute eine keineswegs oberflächliche Kluft zwischen den städtischen und territorialen Veränderungsprozessen auf der einen und den Stadtbautheorien auf der anderen Seite.[7] Auch wenn die Theorien uns nur wenig helfen, die Stadt der jeweiligen Epoche zu verstehen, decken sie doch die Vorstellungen von der Stadt und die Nutzung der Stadt auf, welchen die jeweils bestimmende Kultur beabsichtigt.

Eine historische Untersuchung der konstitutiven Charaktere der Disziplin des Städtebaus trägt zu einem Verständnis der Beziehungen zwischen städtebaulicher Theorie und ursprünglichem sozioökonomischen Kontext bei. Sie ermöglicht die

2 Lageplan der Kuranlagen von Wiesbaden (DSTB, 1909, Tafel 27)

Überprüfung der Veränderungs- und Anpassungsfähigkeit eines Instrumentariums, das unter anderen Bedingungen und mit anderen Zielsetzungen entstanden ist, und umgekehrt gestattet sie eine Überprüfung der Permanenz der Grundziele und somit der Gültigkeit der bis heute unveränderten, grundlegenden methodischen Ansätze. Kurz und gut, es ist mehr denn je eine Untersuchung einer realen historischen und aktuellen Situation.

Diese Untersuchung versucht, mit den Mitteln der wissenschaftlichen Analyse, den strukturellen Charakteren der Entstehung der bürgerlichen Stadt auf die Spur zu kommen. Die Zusammenhänge, die es zu erfassen gilt, betreffen nicht die Beziehung zwischen städtebaulicher Theorie und deren Auswirkungen auf die Wirklichkeit, sondern die weitaus wichtigere Beziehung zwischen Art und Weisen der Stadtentwicklung und Art und Weisen der institutionellen Verwaltung dieser Entwicklung. Die Bedeutung einer kritischen Untersuchung des Städtebaus liegt – über das philologische Interesse an einer Sammlung und Auswertung von Dokumenten und Zeugnissen einer Schlüsselepoche unserer Stadtgeschichte hinaus – auch in dem Beitrag, den sie zur Erkenntnis eines allgemeinen Interpretationsmodells des Verstädterungsprozesses leisten kann. So gesehen, betrifft die wichtigste Schlußfolgerung die weitgehende Nutzlosigkeit von fachlichen Bemühungen, die nicht auf präzisen, strukturellen Hypothesen über den Prozeß der Stadtentwicklung basieren.[8] Ein Bewußtsein dieser Beziehung wird gerade im deutschen Städtebau um die Jahrhundertwende beispielhaft deutlich, im Gegensatz zu den „Mythen" der modernen Städtebaugeschichtsschreibung, welche ganz in die Suche nach „idealen" Modellen, die der realen Stadt gegenüberzustellen sind, eingespannt ist.
Man kann daraus folgern, daß ein anderer Städtebau nur aus einer anderen Art und Weise der Stadtbildung hervorgehen kann, eine Aufgabe, welche die Grenzen unserer Fachrichtung, so sehr man sie auch ausdehnen möge, weit sprengt.

Verspätung und Permanenz

Seit im 19. Jahrhundert das entstanden ist, was wir annäherungsweise als den „modernen Städtebau" bezeichnen können, besteht eine außerordentliche Diskrepanz zwischen dem tatsächlichen Kontext und dem, auf den die neue Disziplin Bezug zu nehmen scheint. Weiterhin besteht eine bemerkenswerte Diskrepanz zwischen dem Umfang des tatsächlichen und des theoretisch angenommenen Maßnahmebereiches des Städtebaus.[9]
Wir können ruhigen Gewissens behaupten, daß es dem Städtebau bis heute nicht gelungen ist, diese beiden Widersprüche zu beheben: Auch heute verfügt er im

3 Bebauungsplan für die Gemeinde Hruschau (DSTB, 1905, Tafel 37)

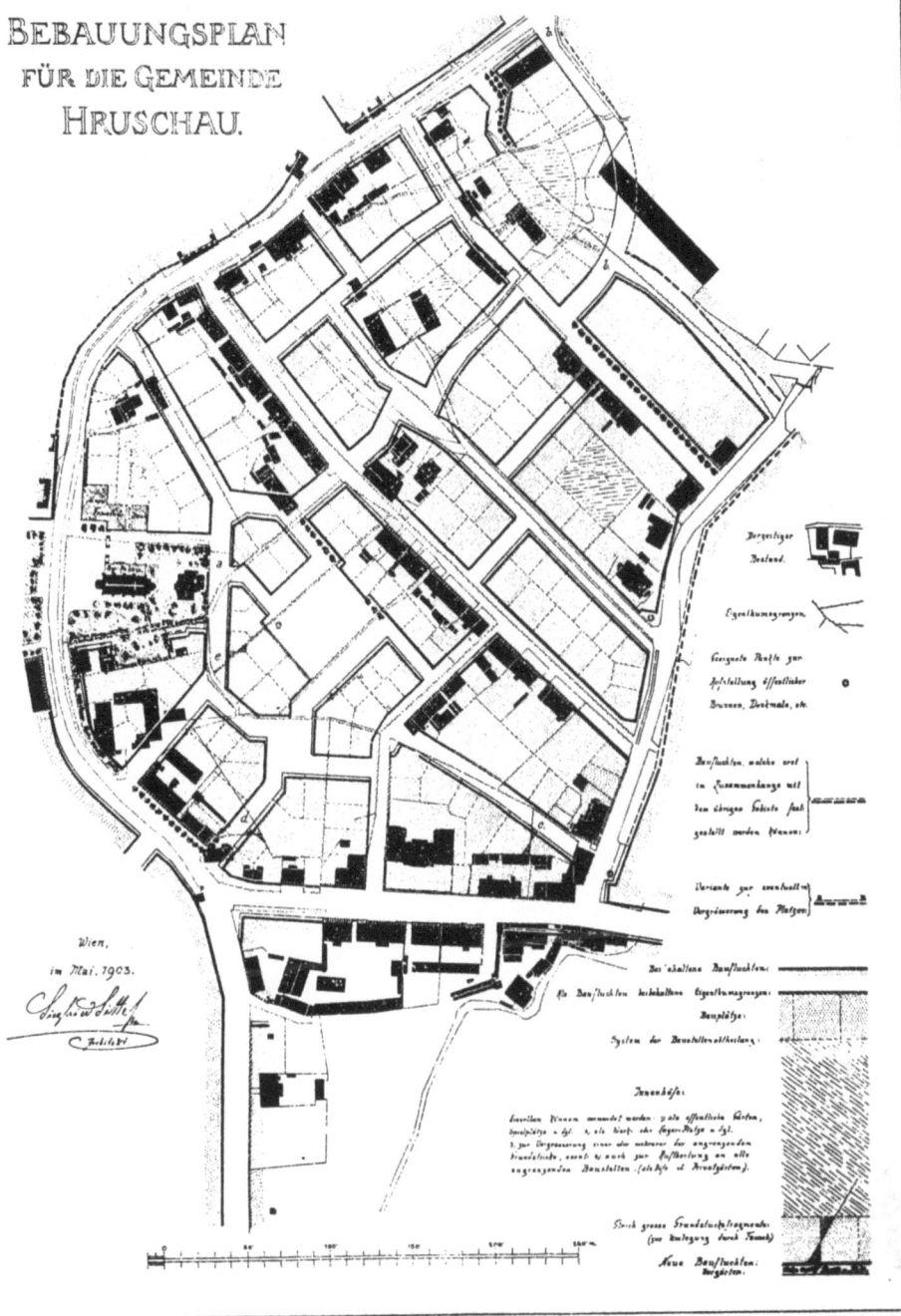

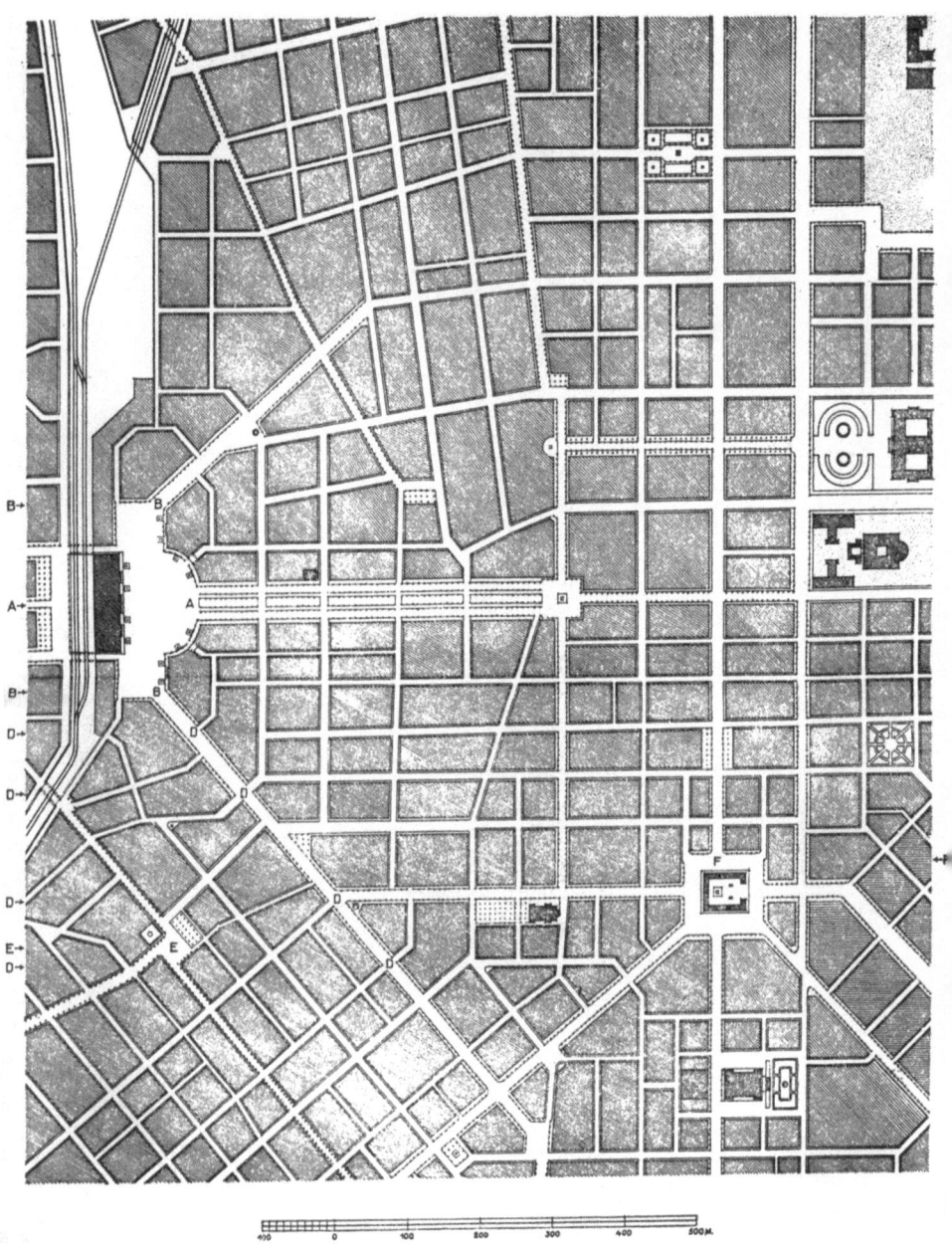

4 Bebauungsplan für Athen: Stadtteil östlich des Zentralbahnhofes, von Ludwig Hofmann, Berlin 1911 (DSTB, 1911, Tafel 55)

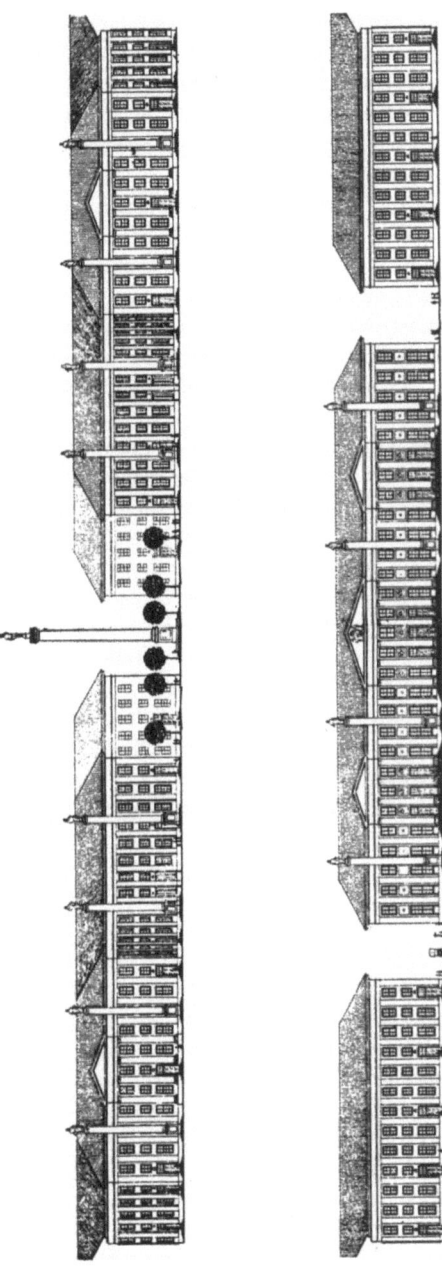

5 Bebauungsplan für Athen: Bahnhofsplatz, von Ludwig Hofmann, Berlin 1911 (DSTB, 1911, Tafel 56)

allgemeinen nicht über das institutionelle Instrumentarium, das notwendig wäre, um eine Übereinstimmung von praktischem Maßnahmebereich und theoretischem Untersuchungsbereich zu gewährleisten; auch heute wird er regelmäßig von sozialen und ökonomischen Veränderungen überrascht, welche seine angenommenen Bezugspunkte in Frage stellen und unter seinen Vertretern immer wieder zu Identitätskrisen führen.[10]

Darüber hinaus beeindruckt, wenn man die Städtebauliteratur des 19. Jahrhunderts durcharbeitet, die bis heute unveränderte Präsenz bestimmter Fragestellungen – oder genauer gesagt, einer ganz bestimmten Art und Weise, gewisse Fragen anzugehen: Fragen des sozialen Wohnungsbaus, der öffentlichen Grünflächen, der Enteignung u. a. Was verwundert, ist die Permanenz der Art und Weise der Annäherung an diese Probleme und der Form der verwandten Sprache, trotz der veränderten historischen Situation, als ob die „Lebensdauer" des Städtebaus länger als die seines Umfelds wäre.

Aber auch hier ist erneut die Erklärung nicht im „prophetischen", unverstandenen Wesen des Städtebaus zu suchen – wie es manche gerne hätten –, sondern in der Tatsache, daß ein solches Stadtverständnis den Interessen der herrschenden Klasse entspricht. Wenn der Städtebau unter den Wissenschaften (und bis vor kurzem diskutierte man noch die dramatische Frage: Ist der Städtebau eine Kunst oder eine Wissenschaft?) ein so bescheidenes Niveau erreicht hat, das man erst in jüngster Zeit systematisch anzuheben versucht, dann ist die Erklärung dafür, daß das rechtliche Instrumentarium seiner Anfangszeit sich als ausreichend erwiesen hat, das erwünschte System städtischer Werte zu bewahren.

Das bedeutet, Veränderungen in vielen Bereichen des sozioökonomischen und auch spezifisch städtebaulichen Umfelds haben die Disziplin nur in geringem Maße beeinflußt: Die Permanenz ursprünglicher Methoden und Zielsetzungen weist auf eine unveränderte Nutzung der städtischen Strukturen hin.

Die moderne Stadt ist die Stadt des 19. Jahrhunderts

Zwischen 1870 und 1914 nehmen die Städte des europäischen Kontinents jenen Charakter von Metropolen an, der sie bis heute bestimmt. Es sind die Jahre, in denen die Stadtverwaltungen klare ökonomische und politische Entscheidungen treffen. Es sind die Jahre, in denen sich eine bestimmte Beziehung zwischen öffentlicher und privater Sphäre herausbildet. Es sind die Jahre, in denen sich die städtische Struktur entwickelt, in der wir heute leben und an der sich, wie an einer historischen Vorgabe, jegliche Veränderungsvorschläge zu orientieren haben.

In jenen Jahren verwirklicht man die großen öffentlichen Parkanlagen, die Netze des städtischen Nahverkehrs, die technischen Versorgungssysteme. Die Strukturen, die man in jenen Jahren schafft, bilden bis heute das Rückgrat aller Stadterweiterungen: Die Stadtzentren fallen noch heute weitgehend mit den Zentren des

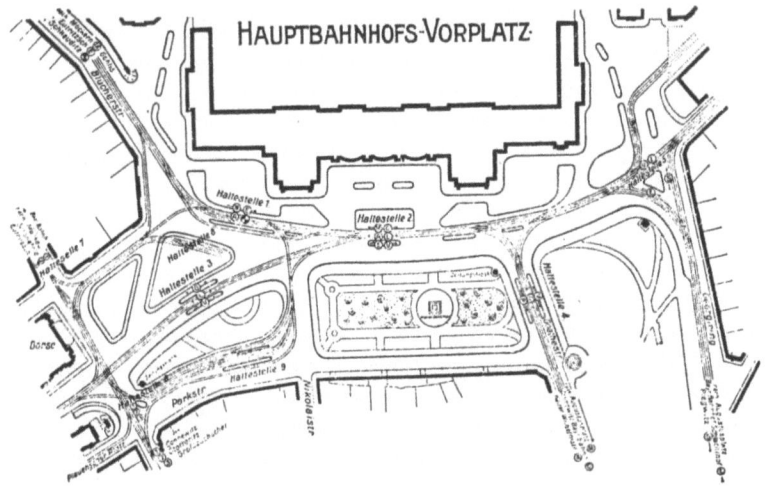

6 Bahnhofsplatz in Leipzig, von Theodor Goecke, Berlin 1912 (DSTB, 1912, S. 100)

19. Jahrhunderts zusammen, Gebiete jüngeren Datums sind „Peripherie" geblieben. Die „moderne" Stadt ist, zumindest was ihre räumliche und administrative Struktur angeht, immer noch jene des 19. Jahrhunderts.
Und deren Vorläufer ist, im allgemeinen Bewußtsein, immer die „historische" Stadt.

Die historische Stadt war ein öffentliches Gut

Die Stadt der Vergangenheit war nicht nur eine kollektive Schöpfung, sondern auch kollektiver Besitz aller (oder eines einzigen, des Fürsten, was aber in bezug auf die Raumnutzung das gleiche bedeutete) und als solcher ein öffentliches Gut, das als Ganzes genutzt und verwaltet wurde.
Die begrenzte Größe der Stadt, das niedrige Niveau an geforderter Infrastruktur und die allgemeine Zugänglichkeit der vorhandenen Dienstleistungen schufen keine ausreichende Grundlage für ein System privilegierter Standorte innerhalb der Stadtstruktur.
Selbst eine Aufteilung des städtischen Gewebes unter den verschiedenen sozialen Schichten beschränkte sich im allgemeinen auf die großen architektonisch einheitlichen Baukomplexe (soweit es sie überhaupt gab) und griff nicht auf die ganze Stadt

11

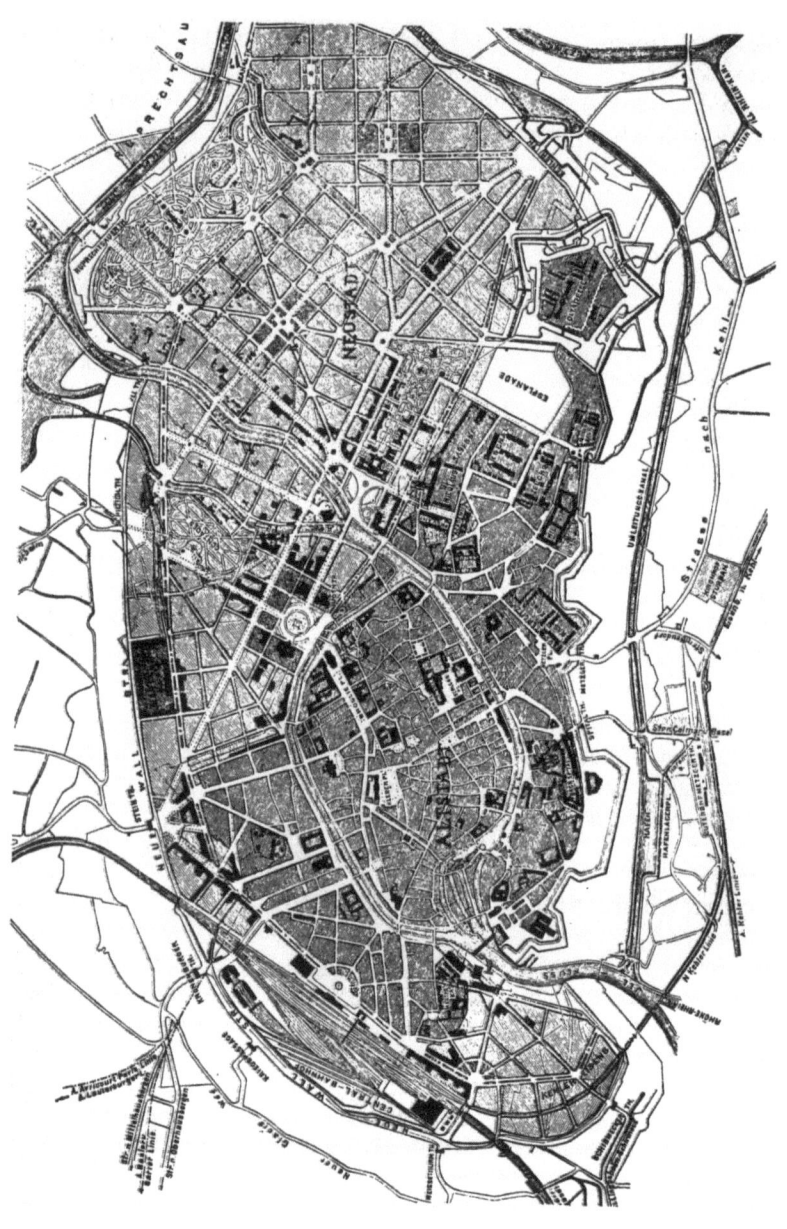

7 Stadterweiterung von Straßburg, 1876 (St., Abb. 863)

über. Die Gegenwart unterschiedlicher sozialer Schichten innerhalb ein und desselben städtischen Gewebes (wenn nicht sogar, wie im barocken Rom, innerhalb ein und desselben Gebäudes) war eine weitere Bestätigung des kollektiven und undifferenzierten Gebrauchs der Stadt.

Die private Aneignung der Stadt

Das Wachstum der Städte des 19. Jahrhunderts über jedes erträumte Maß hinaus, die Komplexität der Verbindungsnetze und eine vom Zentrum zur Peripherie hin abnehmende Zugänglichkeit, die Zuspitzung der Klassengegensätze, die relative Verschlechterung der hygienischen Verhältnisse und die Zunahme der Kriminalität, all dieses trägt dazu bei, daß unterschiedliche Standorte innerhalb der Stadt eine unterschiedliche Bewertung erfahren.

Indem man den städtischen Grund und Boden parzelliert und dann die Parzellen auf den Markt wirft, privatisiert man ein Gut, die Stadt, das bis dahin öffentlich und ungeteilt war.

Ein solches Vorgehen ruht auf zwei Pfeilern. Der erste ist der landwirtschaftliche Grundbesitz, den es seit langem gibt, der aber in dem Augenblick, in dem er von der Stadterweiterung betroffen wird, einen Lagewert erfährt, welcher den ursprünglichen Wert weit übersteigt. Der zweite ist der Immobilienbesitz im historischen Stadtgewebe, der sich infolge der *Grands Travaux* der städtischen Veränderungen (die er weitgehend selbst mit angekurbelt hat) in die Lage versetzt sieht, über das

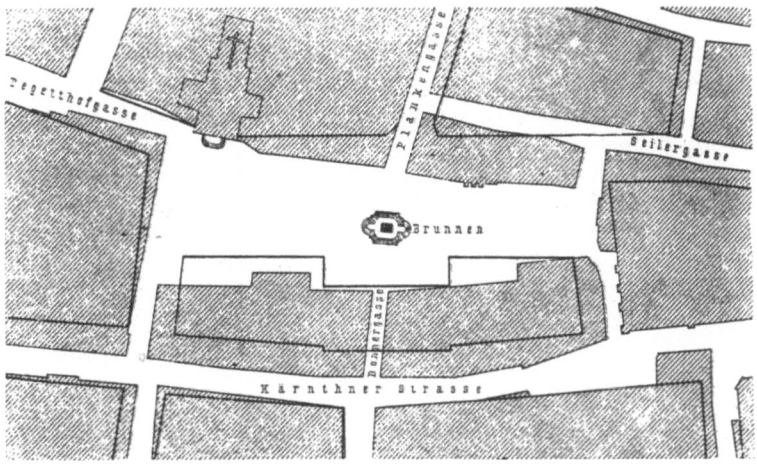

8 Neuer Markt in Wien (St., Abb. 772)

gesamte städtische Gebiet verhandeln bzw. es sich aneignen zu können, einschließlich der großen traditionell öffentlichen Räume wie Straßen und Plätze, nicht zu sprechen von den Fußgängerbereichen, wie Kolonnaden, Passagen, *squares*.
Es war sicherlich nicht der Augenblick, zwischen Grundeigentum und darüber befindlichem Gebäudeeigentum zu unterscheiden; im Gegenteil, es war der Augenblick, die noch heute offene Frage der Enteignung und der entsprechenden Entschädigung zu erheben, welche die Allgemeinheit Privatleuten zu zahlen hat, wenn sie deren Möglichkeiten, sich die Stadt anzueignen, einschränkt.
Die großen Umbau- und Infrastrukturmaßnahmen in den Städten des 19. Jahrhunderts lassen sich ohne ein Verständnis der Logik der „Privatisierung" der Stadt und der Eingriffe des Grund- und Immobilienbesitzes nicht erklären; den – in seinen Ausmaßen und seinen Problemen einer rationalen Ordnung vollkommen neuen – Rahmen, in dem sich all dieses abspielt, bildet die Industriestadt, in der sich die gesamte wirtschaftliche Entwicklung konzentriert.
Den Wissenschaftlern des 19. Jahrhunderts ist im übrigen der parasitäre Charakter der städtischen Grundrente keineswegs klar; sie neigen eher dazu, die Bodenspekulation zu verdammen, die immer dann in Erscheinung tritt, wenn sich der Bodenwert an einer Stelle der Stadt infolge besonderer stadtplanerischer Maßnahmen verändert[11], und verkennen den öffentlichen Ursprung des ganzen Prozesses der Aufwertung des städtischen Grund und Bodens.
Die großen öffentlichen Maßnahmen in der Stadt des 19. Jahrhunderts – die Boulevards, die Verkehrsnetze, die Parkanlagen, die monumentalen Plätze – schlagen keine anderen als die gleichen morphologischen Elemente vor, wenn auch in einem größeren Maßstab, die schon, in einer weniger institutionalisierten Form, in der mittelalterlichen und der barocken Stadt vorhanden waren. Diese Elemente und Nutzungen werden genau festgelegt und bestimmt: Der Stadtpark ersetzt die Gärten, die Boulevards ersetzen die Laubengänge, die monumentalen Baukomplexe ersetzen die formale Einheitlichkeit der Gesamtstadt. Alles, was nicht ausdrücklich öffentlich ist, ist privat – oder, genauer gesagt, privater Grund und Boden, denn eine Beziehung zwischen Bewohner und Stadt kristallisiert sich in Begriffen des Grundbesitzes und nicht (oder zumindest weitaus weniger) in Nutzungsbegriffen heraus.[12]
Von nun an verkörpert die Stadt nichts weiter als eine Summe bebaubarer Grundstücke; jede Maßnahme, die man in der Stadt durchführen möchte, muß zunächst mit dem Grundbesitz abrechnen, bevor sie sich damit auseinandersetzen kann, wie jene kollektiven Gebrauchsweisen, welche die Privatisierung der Stadt zerstört hat, möglicherweise wiederzugewinnen sind.

Die Gründe für den Städtebau

Welche Haltung hat der offizielle Städtebau gegenüber solch einem Stadtentwicklungsprozeß, der die Stadt auf ein bloße „bebaubare Fläche" reduzierte, eingenommen?
Die Antwort, die wir auf diese Frage geben können, ist weitaus eindeutiger als die, welche wir auf eine verschwommenere Frage, etwa folgende Art, geben müßten: Konnte der Städtebau den Problemen, welche die Entwicklung der großen Industriestadt aufwarf, begegnen?[13]
Es handelt sich darum zu überprüfen, ob der Städtebau die Zielsetzungen, die er sich gesetzt hatte – und die in der Form des Aufbaus der Disziplin und in deren Instrumentarium zum Ausdruck kommen –, erreichen konnte.
Mehr als alle anderen bildet im 19. Jahrhundert der Bebauungsplan das Instrument, das in vollendeter Weise das Bild der Stadt aufzeigt, welches dem Städtebau zugrunde liegt. Er stellt aber auch ein Instrument dar, das sich als weitgehend unzureichend erweisen wird, jene Mechanismen und Aktivitäten zu kontrollieren, zu lenken und zu verwalten, die man traditionell für diejenigen hält, welche die städtische Ordnung bestimmen. Die grundsätzliche Unmöglichkeit, ein Idealbild der Stadt, als Idealziel eine Reihe räumlicher Maßnahmen, mit der Realität einer sozialen und ökonomischen Entwicklung, die sich in ihren besonderen organisatorischen Erfordernissen laufend verändert, in Einklang zu bringen, hat es niemals erlaubt, aus dem Bebauungsplan das Allheilmittel zu machen, als das man es ausgab.
Allerdings entzündete sich von Beginn an Kritik nicht am Bebauungsplan als solchem, sondern an einer gewissen Art von „entworfenen", „gezeichneten" Plänen. Die architektonische Ausbildung vieler Stadtplaner führt anscheinend zu einer intensiven Beschäftigung mit der Zeichnung, welche die Beschäftigung mit graphisch weniger offensichtlichen Analysen, Programmen, Methoden weit übersteigt. Die penible Sorgfalt, mit welcher Zeichnungen hergestellt werden, die dazu verurteilt sind, jahrelang „auf dem Papier" zu bleiben, scheint jene Vorstellung von einem „Stadtorganismus", die von allen doch so betont wurde, zu widerlegen. Es handelt sich sozusagen um eine Vorherrschaft der formalen Intuition über einen umgreifenden wissenschaftlichen Ansatz. Es ist das Erbe der Beaux Arts, die Vorstellung, daß die Stadtplanung Tochter der Architektur sei, welche diese Überbewertung der Zeichnung und das geringe Interesse an den ökonomischen und sozialen Aspekten erklären mag. Dies wird in der heutigen Städtebauliteratur vielfach verdammt, die Wissenschaft gegenüber dem „intuitiven" Städtebau vehement verteidigt.
Unser Urteil hat jedoch ganz anders auszufallen, wenn wir jene Art, Städtebau zu machen, der Art und Weise, wie man die Stadt verstanden hat, gegenüberstellen. Dann stellen wir nämlich fest, daß jenes Desinteresse am Prozeßcharakter der Planung, jener Mangel an Strategien und Bewertungsverfahren, jene Allgemeinheit

der erklärten Zielsetzungen, Aspekte sind, die mit einer einzigen Absicht zusammenhängen: die Plan„zeichnung" zur Grundlage der Stadtentwicklung zu machen. D. h., es handelt sich um einen Städtebau, der – jenseits aller „mythischen" methodischen Vorschläge – zeigt, daß er vollkommen die Reduktion der Stadt verstanden hat, die durch die Grundrente vollzogen wurde.

Wenn die Stadt vor allem ein Vermögen an bebaubaren Flächen darstellt, dann kann ein städtebaulicher Plan nur ein Instrument sein, um dieses Vermögen zu verwalten und seinen Wert zu steigern. Diesem Zweck entspricht die Plan„zeichnung" voll und ganz. Dabei ist es unwesentlich, ob der Plan formalakademische Entwurfsprinzipien mehr oder weniger nur wiederholt; wesentlich ist eine Bestimmung der Stadterweiterungsflächen unter Berücksichtigung einer korrekten und vor allem stabilen Identifizierung der Erträge der Grundrente.

Nicht zufälligerweise erweist sich der Plan als ein sehr effizientes Mittel, die Rendite zu erzeugen oder zu zerstören, je nachdem ob er, als autoritäre öffentliche Maßnahme, das Privatrecht auf Ausnutzung eines Grundstücks sichert oder die Fläche als öffentliche Domäne ausweist. Daß die Stadt dann nicht „funktioniert", ist sicherlich mehr der Rendite anzukreiden als dem Plan, der sich daraus ableitet.

Der Vorwurf einer mangelnden Wissenschaftlichkeit kann somit nicht mehr aufrechterhalten werden, und der Gebrauch des klassizistischen formalen Vokabulars erweist sich als das, was er ist: als eine unwesentliche, aber, wie wir sehen werden, nicht unpassende Art und Weise der Rationalisierung der Bodenfrage.

So gesehen, kann der Städtebau des 19. Jahrhunderts nicht länger als vage und etwas einfältige Summe von Untersuchungen und Maßnahmen, die sich erst später zu einer Disziplin zusammengefügt hätten, abgestempelt werden, noch läßt sich die Behauptung aufrecht erhalten, es hätte zu dem Zeitpunkt, als sich die moderne Großstadt herausbildete, organisierte und strukturierte, keine „städtebauliche Doktrin" gegeben.

Die Eindeutigkeit des deutschen Städtebaus

Die Bedeutung des deutschen Städtebaus um die Jahrhundertwende liegt in seiner Eindeutigkeit.

Die Formen der Raumordnung werden explizit in eine Beziehung zu den Bildungsmechanismen der Industriestadt gesetzt: Das keineswegs „mythische" Ziel ist das eines „ausgeglichenen" Wachstums. Die Strategie ist die eines Ausgleichs der Interessenkonflikte und einer Rationalisierung des Wachstumsprozesses.

Diejenigen, welche die „Funktionäre des Städtebaus" genannt werden, zeigen im Gegensatz zu den „Utopisten", die der offiziellen Geschichtsschreibung so lieb sind, ein viel tieferes Interesse an den Entwicklungsbedingungen und -tendenzen der Stadt. Sie untersuchen, analysieren und beschreiben deren Phänomenologie erstmalig und auf systematische Art und Weise.

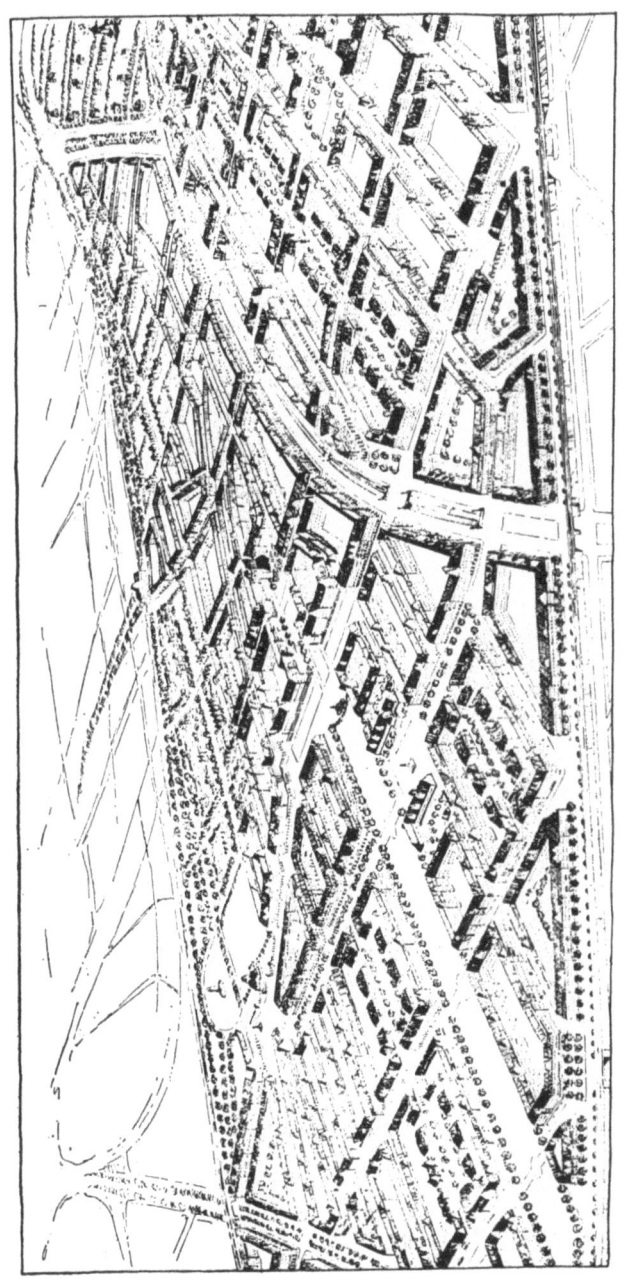

9 Wettbewerbsentwurf „Gesunder Nutzen" zum Bebauungsplan für das Südgelände von Schöneberg bei Berlin, von Henry Gross, Charlottenburg (DSTB, 1911, Tafel 31)

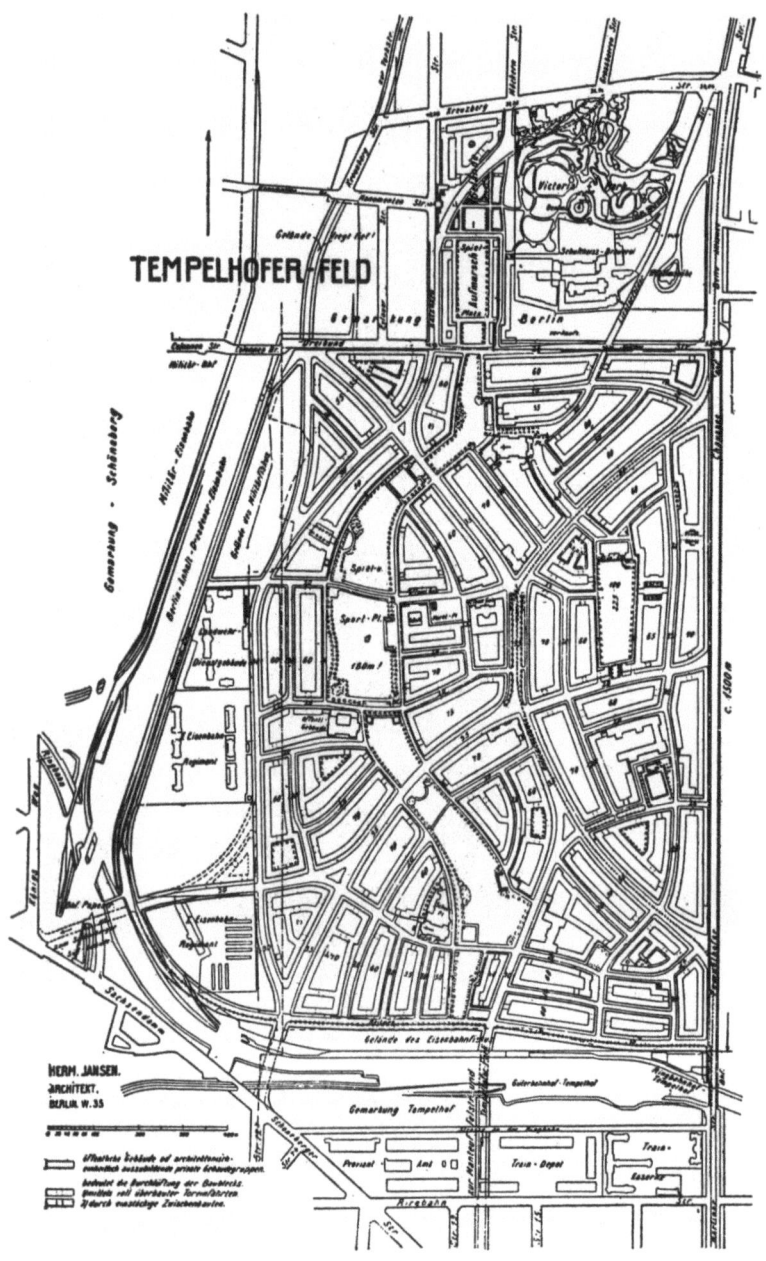

10 Hermann Jansens Entwurf für die der Bebauung geopferte Westhälfte des Tempelhofer Feldes (Heg., Abb. 397)

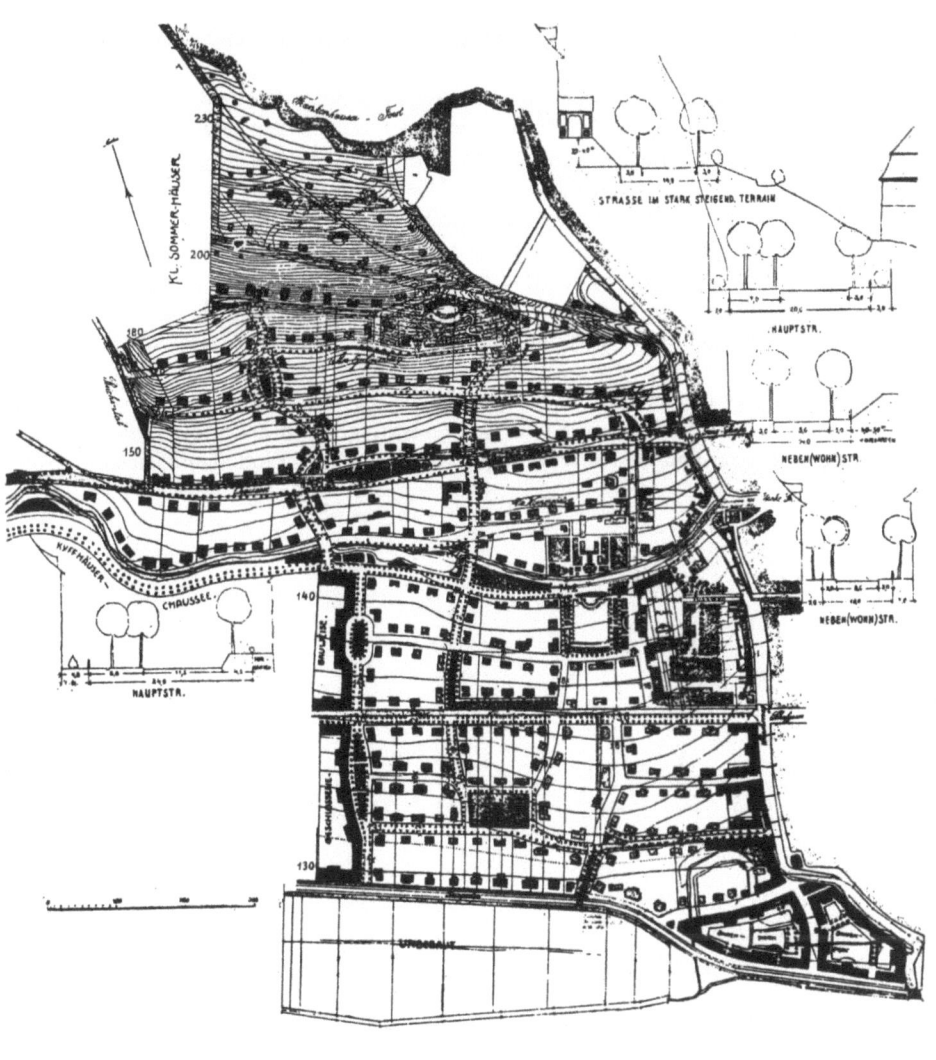

11 Wettbewerbsentwurf zur östlichen Stadterweiterung von Frankenhausen am Kyffhäuser, 2. Preis: H. Jansen, Berlin 1910 (DSTB, 1910, Tafel 72)

Sie versuchen eine quantitative Darstellung und arbeiten die wichtigsten Parameter heraus. Die leidenschaftliche Anklage ersetzen sie durch die Bestandsaufnahme von Daten; aber auch auf diese Weise bezeugen sie – durch ihre Hinweise und durch die Themen ihrer Arbeit – einige Charaktere und Probleme der Stadt, wie etwa die vorrangige Bedeutung individueller Interessen beim Aufbau der Stadt oder die gesundheitlichen und sozialen Folgen der Übervölkerung.

Auch wenn es sinnvoll und historisch korrekt ist, daß wir uns vorwiegend auf die deutsche Gesellschaft im sogenannten Zeitalter des Imperialismus beziehen, darf im übrigen nicht vergessen werden, daß die deutschen Stadtplaner eine wissenschaftliche Disziplin geordnet und systematisiert haben, zu deren Entstehung in weitgehend übereinstimmender Weise alle modernen kapitalistischen Gesellschaften beigetragen haben.

Oder anders gesagt, die Untersuchung, der wir den deutschen Städtebau unterziehen, ist ohne weiteres auf andere Kulturräume übertragbar, in denen die Diskussion zurückhaltender und die Ausarbeitungen von geringerem Einfluß erscheinen.

2 Die Ursprünge des Städtebaus

Die industrielle Revolution

Die sogenannte industrielle Revolution ist ein Prozeß wirtschaftlicher und produktiver Veränderungen, welcher sich über einen langen, nicht immer historisch homogenen Zeitraum erstreckt, bevor er sich konsolidiert und endgültig die westliche Gesellschaft bestimmt. Wir wissen von seinen Anfängen in England in der zweiten Hälfte des 18. Jahrhunderts und von seinem Übergreifen im 19. Jahrhundert, in unterschiedlichen Formen und mit ständig steigender Geschwindigkeit, auf die anderen europäischen Länder sowie die Länder europäischen Ursprungs.[14]
Seine wirtschaftlichen Mechanismen und politischen wie sozialen Aspekte zu verstehen, bedeutet auch, sich der letzten wahren „urbanen Revolution" in der Geschichte der Stadt[15] bewußt zu werden: der neuen Beziehungen zwischen Stadt und Land, zwischen Stadt und Stadtbewohnern, zwischen Stadt und Städtebau.
Zwischen der Stadt der industriellen Revolution und der barocken Stadt ist eine ebenso geringe Kontinuität festzustellen wie zwischen der barocken Stadt und der mittelalterlichen Stadt: Der Sprung ist, qualitativ wie quantitativ, radikal; auch die Permanenz bestimmter städtischer Formen oder Institutionen kann nicht darüber hinwegtäuschen.
In der Forschung findet auch der Begriff „vorindustrielle Stadt" Verwendung; er bezeichnet eine Vielfalt städtischer Phänomene (was die historische Epoche, die soziale und die räumliche Ordnung angeht), die von einer industriellen Umwälzung der Gesellschaft noch nicht betroffen sind, und umfaßt damit sowohl die antiken Städte als auch die Strukturen einiger heutiger, großer afrikanischer und asiatischer Zentren.[16]
Die auf der industriellen Entwicklung des 19. Jahrhunderts basierenden Veränderungen sind in allen europäischen Ländern etwa die gleichen, zumindest was den Ursprung der Industriestadt und die Entstehung des städtischen Proletariats angeht.

Allerdings sollte man sich zweier Sachverhalte bewußt sein: Die industrielle Entwicklung setzt nicht in ganz Europa zur gleichen Zeit ein, und je später sie einsetzt, desto rapider verlaufen sowohl der Prozeß der wirtschaftlichen Veränderungen als auch der Prozeß der Verstädterung.

In Deutschland kann man von einer wahren industriellen Entwicklung erst vom Jahre 1850 an sprechen, und diese erreicht ihren Höhepunkt in den Jahren nach der Reichsgründung 1871. Deutschland hat nach 1871 jene städtischen Probleme zu bewältigen, denen sich England schon einige Jahrzehnte zuvor gegenübergestellt sah; da sich inzwischen aber ein Bewußtsein der großen Veränderungen entwickelt hat, ist die Antwort, die man nun zu geben versucht, sehr viel umfassender, durchdachter als im frühindustriellen England.

Der Prozeß der industriellen Umwälzung im 19. Jahrhundert wird von einem rapiden Bevölkerungswachstum begleitet.

Im Jahre 1750 beträgt die Einwohnerzahl Europas 140 Millionen, im Jahre 1800 180 Millionen, im Jahre 1850 270 Millionen und im Jahre 1900 400 Millionen. Es ist festgestellt worden, daß diese „demographische Revolution" in einigen Ländern der „industriellen Revolution" um ein paar Jahrzehnte vorauseilt und somit eher auf die Zunahme der landwirtschaftlichen Produktivität gegen Ende des 18. Jahrhunderts zurückzuführen ist, sich dann aber in den nachfolgenden Jahrzehnten der frühen Industrialisierung fortsetzt.[17]

Hinzu kommen die steigende Verstädterungsrate sowie die Tendenz zu immer größeren Ballungszentren, wie sie sich im fortlaufenden Wachstum der Städte ausdrückt. In den Jahren zwischen 1800 und 1900 wächst die Weltbevölkerung von 906 Millionen auf 1608 Millionen. Gleichzeitig steigt die Verstädterungsrate (der Anteil der Bevölkerung in Städten mit mehr als 5000 Einwohnern) von 3% auf 13,6%. Zwischen 1750 und 1850 verzehnfacht sich die Einwohnerzahl der europäischen Großstädte. Schon im Jahre 1851 leben mehr als 50% der Einwohner von England und Wales in Städten, im Jahre 1901 sogar 77%.[18]

Im Jahre 1800 wohnten nur 2,2% der europäischen Bevölkerung in Städten mit mehr als 100 000 Einwohnern. Europa war weitgehend ein noch nicht verstädtertes Gebiet; aber diese Situation änderte sich in einigen Ländern sehr rasch. Im Jahre 1850 lebt in England, im Jahre 1900 in Deutschland und schließlich im Jahre 1930 in Frankreich mehr als die Hälfte der Bevölkerung in Städten. Auch die Großstädte wachsen unglaublich schnell: Im Jahre 1800 näherte sich nur eine Stadt, London, der Millionengrenze; 1850 zählt Paris eine Million Einwohner, London zwei Millionen. Im Jahre 1900 gibt es auf der Welt elf Millionenstädte, davon neun europäischen Ursprungs: London, Paris, Berlin, Wien, Moskau, Petersburg, New York, Chicago, Philadelphia, Tokio und Kalkutta.[19]

Veränderungen in der territorialen Struktur und ihre mangelnde Berücksichtigung durch den Städtebau

Die Zunahme der Bevölkerung in den Städten ist auf der einen Seite eine Folge des allgemeinen Bevölkerungswachstums, das, wie wir gesehen haben, im übrigen schon vor Beginn der industriellen Revolution einsetzte, auf der anderen Seite, prozentual in einem größeren Maß, das Ergebnis der Landflucht. In England spielen dabei vor allem zwei Faktoren eine Rolle: Die Familien der Kleinbauern verlassen nach ihrer Enteignung im Rahmen der sogenannten „Einhegungen" *(enclosures)* die Felder; häufige Hungersnöte in Irland zwingen viele Bauern, nach England und später nach Nordamerika auszuwandern.[20]
Der Übergang von einer agrarischen zu einer industriellen Volkswirtschaft führt zu einer grundlegend neuen Verteilung der städtischen Zentren: Das Netz der Städte im 19. Jahrhundert ist nicht nur dichter, sondern auch in seiner Struktur vollkommen anders als im 18. Jahrhundert.[21]
Betrachtet man den Verstädterungsprozeß in England, so zeigt sich, daß die Bevölkerung in den Orten mit weniger als 10 000 Einwohnern abnimmt (im Zusammenhang mit der Landflucht), während sie in den großen Städten zunimmt[22]:

Bevölkerungsanteil in Städten	1800	1890
mit mehr als 10.000 Einwohnern	21,30%	61,73%
20.000 Einwohnern	16,94%	53,58%
100.000 Einwohnern	9,73%	31,82%

Zwei Pole ziehen die Bevölkerung hauptsächlich an: die großen städtischen Zentren und, bedingt durch die steigende Nachfrage nach Eisen und Kohle, die Gebiete mit reichen Rohstoffvorkommen.
Sowohl technische als auch wirtschaftliche Gründe bedingen eine Konzentration der Arbeitsplätze in der Industrie. Die Verwendung der Kohle bei der Eisenproduktion führt zur Entstehung der großen Kohle-Eisen-Reviere; der Produktionsausstoß, der notwendig ist, um die aus den komplexen Produktionsprozessen resultierenden hohen Kosten aufzufangen, nimmt ständig zu. In der Maschinenbau- und der chemischen Industrie begründet man die Konzentration der Arbeitsplätze mit der Notwendigkeit, die Qualitätskontrolle der erzeugten Güter zu vereinheitlichen und zu verallgemeinern."[23] In allen Fällen, schließlich, stellen die Eisenbahnlinien einen wesentlichen Grund der Anziehung und Konzentration der Industrieanlagen dar.
Im übrigen besteht die Notwendigkeit, ein großes Angebot an Arbeitskräften zur Hand zu haben, um sowohl feste Kräfte als auch Saisonkräfte einstellen und damit die Schwankungen einer sehr sensiblen, nachfrageabhängigen Produktion auffangen zu können.[24]

Das Zeitalter der Industrialisierung in Europa ist ein Zeitalter erheblicher Veränderungen in der Siedlungsstruktur. Wanderungen von einer Region zur anderen, veränderte Nutzungen ganzer Landstriche, Realisierung neuer Kommunikationsnetze, Landflucht und Zustrom großer Bevölkerungsmassen in die Städte: In einer relativ kurzen Zeit, kaum mehr als einem Jahrhundert, in einigen Ländern auch weniger, verändern sich grundlegend die wirtschaftlichen, politischen und sozialen Strukturen, das Siedlungsgefüge, die Standorte der Produktionsstätten, die Beziehungen zwischen Stadt und Land.

Der Städtebau ist jedoch zu Anfang ausschließlich eine Wissenschaft von der *Stadt*.[25] Seine Ursprünge werden in jener Kritik an der damaligen Stadt gesehen, die oft Ausmaße einer heftigen Anklage annimmt, sobald nach und nach die Lebensbedingungen des städtischen Proletariats von der bürgerlichen Öffentlichkeit entdeckt werden.[26] Ohne jemals nach den Ursachen zu fragen, glaubt man die Probleme lösen zu können, indem man die am deutlichsten ins Auge fallenden Übel der letzten Phase des Entwicklungsprozesses kuriert. Man findet in der gesamten Städtebauliteratur des 19. Jahrhunderts keinen einzigen Hinweis auf die territorialen Ursprünge der Probleme. Alle Übel werden auf die Stadt selbst zurückgeführt: Man will ihnen innerhalb der Stadt begegnen oder, im äußersten Fall, durch eine andersgeartete Stadt.

Selbst die Wohnungsfrage, die keine Stadt fähig sein wird zu lösen, wird immer isoliert betrachtet, als „Schwachstelle" einer mangelhaften Ordnung der städtischen Struktur, aber niemals in Beziehung zu den großen Bevölkerungsbewegungen und der Konzentration der Arbeitsplätze gesehen.

Die bedeutenden physischen Veränderungen in der Landschaft, die Netze der Fernverbindungen, die Wasserbau- und Trockenlegungsmaßnahmen, kurz gesagt: der Aufbau eines Industrielandes, all dies entgeht dem offiziellen Städtebau. Dieser bleibt Städte-Bau im wahrsten Sinn des Wortes: Alles darüber Hinausgehende findet keine Berücksichtigung, nicht einmal in der theoretischen Auseinandersetzung. In der Städtebauliteratur ist alles, was nicht Stadt ist, eine idyllische Landschaft[27], eine Umwelt, die mit der industriellen Realität nichts zu tun hat.

Der Widerspruch zwischen der Realität und dem Bild, das der Städtebau von ihr entwirft, könnte nicht größer sein.

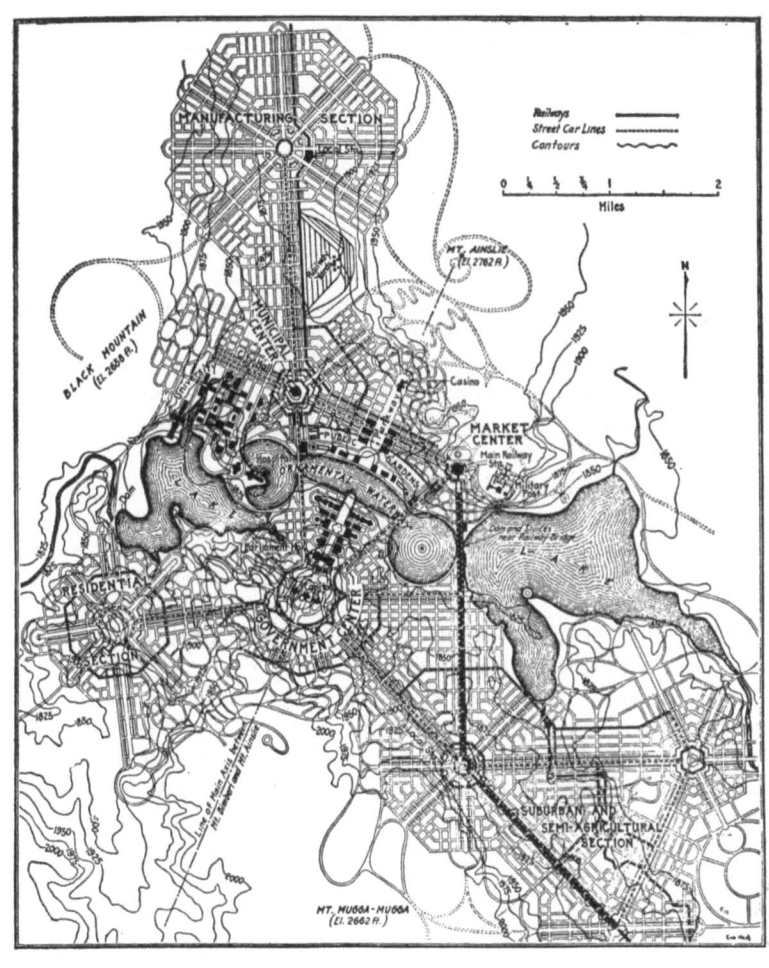

12 Wettbewerbsentwurf zu einem Bebauungsplan für die Bundeshauptstadt Australiens, Canberra, 1. Preis: W. Griffith, Chicago 1913 (DSTB, 1913, Tafel 38)

Die Industrialisierung in Deutschland

Der Industrialisierungsprozeß setzt im übrigen Europa erheblich später ein als in England: zunächst in Frankreich und in Belgien, später auch in Deutschland. Die Art und Weise, wie der Prozeß in Gang kommt, unterscheidet sich dabei kaum vom vorangegangenen englischen Beispiel.

Die Bauernbefreiung infolge der Verordnungen der Jahre 1807, 1811 und 1816 markiert den Anfang der demographischen und landwirtschaftlichen Revolution der Jahre 1816 bis 1865. Neue Gebiete für die Landwirtschaft werden erschlossen, neue ertragreichere Anbaumethoden eingeführt: Der Viehbestand steigt in 40 Jahren um 213 %, die Ernteerträge um 62 %, die Bevölkerung um 59 %.[28]

In den ersten 50 Jahren des 19. Jahrhunderts sind die Industrieanlagen, wie im 18. Jahrhundert, weiterhin durch Dezentralisierung und geringe Ausmaße geprägt: Als in England die Industrialisierung ihren Höhepunkt erreicht, ist Deutschland noch ein Agrarland.

Die plötzlich einsetzende und rapide industrielle Entwicklung in Deutschland nach 1850 ist, was Umfang und Geschwindigkeit angeht, ein in der Wirtschaftsgeschichte der ganzen Welt einmaliges Ereignis. Im allgemeinen betrachtet man die Zeitspanne von 1848 bis 1873 als den Beginn und die Zeit um 1910 als den Höhepunkt der Entwicklung.[29]

Prägendes Moment der industriellen Umwälzungen in Deutschland ist eine bewußt die Entwicklung unterstützende Politik.

Der Ausbau des Eisenbahnnetzes ist der Schrittmacher des gesamten Entwicklungsprozesses; die Eisenbahn übernimmt die Rolle, die 100 Jahre zuvor in England die Textilindustrie spielte. Die deutschen Länder beteiligen sich an der Finanzierung der Eisenbahn und werden schnell zu den Besitzern und Verwaltern der neuen Strecken. Im Jahre 1840 befinden sich noch 92 % der preußischen Eisenbahnlinien in privater Hand, aber 1860 nur noch 5,5 %: Der Ausbau der Streckennetzes, dessen Gesamtlänge 1871 20 000 Kilometer erreicht und damit das französische Netz um 2,5 % übertrifft, beruht ganz und gar auf öffentlicher Initiative.

Die industrielle Entwicklung folgt unmittelbar der Realisierung der Infrastrukturmaßnahmen: 1847 wird die erste Eisenbahnlinie im Ruhrgebiet eingeweiht, 1849 der erste große Kohle-Eisen-Industriekomplex.

Entscheidend ist die Unterstützung durch die großen Bankinstitute; in keinem anderen Land ist eine so enge Zusammenarbeit von Banken und Industrie festzustellen. Die Großbanken und Industriekonzerne, die modernen Industrieanlagen, der hohe technologische Standard: Dies sind die Voraussetzungen dafür, daß sich Deutschland nach der Weltwirtschaftskrise des Jahres 1873 im ersten Jahrzehnt des 20. Jahrhunderts als bedeutendes Industrieland behaupten kann.

Im Jahre 1910 exportiert Deutschland mehr Eisen und Stahl als Großbritannien, die jährliche Prokopfproduktion von Stahl beträgt 77 Tonnen (Großbritannien: 48 Tonnen), und die Preise liegen 20 % unter den britischen.[30]

Die Wirtschaftskrise im Jahre 1873 führt zu einem Preissturz der landwirtschaftlichen Produkte, beeinflußt die industrielle Entwicklung aber nur unwesentlich; im Gegenteil, sie stellt der Industrie Arbeitskräfte zur Verfügung, die sich zum Verlassen ihrer Felder gezwungen sehen.
Der ersten Phase der industriellen Entwicklung, die auf der Kohle- und Eisenproduktion basierte, folgt ab 1890 eine zweite Phase, die auf dem Ausbau der chemischen, elektrotechnischen und Maschinenbauindustrie gründet.
In diesen Zweigen ist die deutsche Industrie führend und richtungweisend. Neue technische und wissenschaftliche Entdeckungen werden unmittelbar in der Produktion umgesetzt, in inzwischen immer größeren Betrieben: Von 1882 bis 1907 steigt der prozentuale Anteil der Arbeiter in Fabriken mit mehr als 50 Beschäftigten von 26,3 % auf 45,5 %, die absolute Zahl der Arbeiter in Fabriken mit mehr als 1000 Beschäftigten von 205 000 auf 879 000.[31]
Im Jahre 1913 werden 30 % der Weltproduktion an elektrotechnischen Erzeugnissen von Deutschland geliefert, und 1914 werden 85 % des Weltbedarfs an synthetischen Farbstoffen von der deutschen Chemieindustrie produziert.
Die Banken, inzwischen unmittelbar beteiligt an der industriellen Entwicklung, fördern den Zusammenschluß großer Konzerne (Kohle-, Stahl-, pharmazeutische Konzerne), die Konzentration der wirtschaftlichen Macht.[32]
Das Ergebnis dieser Entwicklung ist außergewöhnlich: Das Bruttosozialprodukt pro Kopf der Bevölkerung steigt von 1890 bis 1913 um 70 %, trotz eines Bevölkerungszuwachses um 25 %.[33]
Das Bevölkerungswachstum in Deutschland entspricht etwa dem europäischen Durchschnitt: 24,5 Millionen Einwohner in Deutschland im Jahre 1800, 50,6 Millionen im Jahre 1900, 187 Millionen Einwohner in Europa im Jahre 1800, 401 Millionen im Jahre 1900. Die Bevölkerungsdichte ist hinter Belgien, Holland und Großbritannien die höchste in Europa.
Sehr bedeutend sind die Bevölkerungsbewegungen von einer Region zur anderen bzw. von einer produktiven Tätigkeit zur anderen.
Der Übergang von einer Agrar- zu einer Industriegesellschaft bewirkt tiefgreifende Veränderungen in der Bevölkerungsverteilung.
Man schätzt, daß in den zwei Jahrzehnten nach der Agrarkrise der siebziger Jahre ungefähr 1 700 000 Menschen auswanderten. Gegen Ende dieser Phase, als die Auswanderungswelle zum Stillstand kam, begann eine wachsende Zahl von Bauern, die östlichen Landesteile zu verlassen und Arbeit in den neuen Industrieregionen im Westen Deutschlands zu suchen. Sie wurden durch jährlich etwa eine halbe Million Saisonarbeiter aus Polen und Galizien ersetzt.[34]
Die urbanen Strukturen verändern sich grundlegend. An den Standorten der Bergwerke und der Industrieanlagen entstehen neue Städte; die alten Städte dehnen sich entweder rapide aus oder werden vollkommen verlassen. Von 1870 bis 1900 steigt die Zahl der Stadtbewohner von 15 auf 30 Millionen, die Zahl der Städte mit über 100 000 Einwohnern von 8 auf 41. Die Einwohnerzahl des Ruhrgebietes beträgt im

Jahre 1871 schon 913 000, 1910 erreicht sie 3 521 000; Köln zählt 1880 145 000 Einwohner, 1910 588 000, Düsseldorf 1880 95 000, 1910 358 000.
Die Eisenbahnlinien und schiffbaren Kanäle (3 500 Kilometer im Jahre 1910) bilden das Rückgrat der neuen territorialen Struktur. Das Zentrum des Eisenbahnnetzes, das ab 1840 in den einzelnen Ländern mit steigender Geschwindigkeit ausgebaut wurde, ist von Beginn an Berlin; in den Industriegebieten verdichtet sich das Netz. Gegen Ende des Jahrhunderts übernimmt die Zentralregierung die unmittelbare Kontrolle über die Eisenbahn.[35]
Der Ausbau des Straßennetzes schreitet dagegen nur zögernd voran: Die für die Industrie des 19. Jahrhunderts lebenswichtigeren Eisenbahnstrecken genießen Vorrang.

Die Ideologie des Liberalismus

Der Beginn der industriellen Entwicklung hängt mit der Übernahme der wirtschaftlichen Initiative durch soziale Schichten zusammen, die, im Gegensatz etwa zum alten Landadel, weder der Aristokratie noch dem Klerus angehören.
Die Verfügbarkeit über Gelder merkantilen und landwirtschaftlichen Ursprungs und der Ausbau des Bankwesens bilden die Voraussetzungen der Investition eines begrenzten Kapitals in erste industrielle Aktivitäten.
Das Unternehmerrisiko und das Finanzgeschäft sind jedoch nur innerhalb eines institutionellen Rahmens möglich, der Störungen durch Elemente ausschließt, welche die Regeln eines Spiels unterlaufen könnten, bei dem die Einigung aller Teilnehmer auf gemeinsame Verhaltensregeln von grundlegender Bedeutung ist. Diesen Rahmen liefert der Rechtsstaat, der liberale Staat, der mit der Französischen Revolution entstanden war und dessen Prinzipien sich in ganz Europa mit dem Aufstieg des Bürgertums verbreiteten.
Der Rechtsstaat, der – im zivilrechtlichen Sinn – die Gleichheit aller Bürger garantiert, bildet die Grundlage der weiteren Entwicklung. Die Zahl der Angehörigen der neuen aufsteigenden Klasse, des Bürgertums, ist weitaus größer als diejenige aller anderen Gruppen, die zuvor in der Geschichte die Hebel der Macht betätigt hatten; und es sind deshalb bürgerliche Gesetze notwendig, die weit über die Absprachen hinausgehen müssen, welche z. B. dazu ausreichten, den Zusammenhalt einer kleinen Gruppe von Erwählten zu gewährleisten.
Der ideologische Hintergrund, vor dem sich der Aufstieg des Bürgertums vollzieht, ist weltlich und rational geprägt. Das Vertrauen in den wissenschaftlichen Fortschritt und in dessen Fähigkeiten, Veränderungen zu bewirken, ersetzt den Glauben an die göttlichen und unveränderbaren Grundlagen der Welt und der sozialen Strukturen. Gleichzeitig führen die Ablehnung des Irrationalen, des Mythischen, des Sakralen und deren Ersatz durch eine positivistische Haltung, in deren Mittelpunkt das Bemühen um objektive, der Realität zu entnehmende Daten steht, auf der einen Seite

zu einer außergewöhnlichen Entwicklung des wissenschaftlichen Bewußtseins, auf der anderen Seite zu einer Vernachlässigung all dessen, was die zeitgenössische Wissenschaft nicht erklären kann.

Das 19. Jahrhundert ist das Zeitalter des bürgerlichen Liberalismus, auch wenn dessen Gewicht in den einzelnen europäischen Staaten unterschiedlich ist und seine politische Bedeutung in der zweiten Hälfte des Jahrhunderts rapide sinkt. Zweifellos stehen in der Auseinandersetzung zwischen monarchistischer Aristokratie und liberalem Bürgertum die Sozialwissenschaften auf der Seite des Bürgertums, ja sie stellen einen keineswegs unwesentlichen geistigen Ausdruck dieses Bürgertums dar. Der Liberalismus scheint, in jenem historischen Augenblick, den angemessensten ideologischen Weg einer gesellschaftlichen Entwicklung im allgemeinen und eines wissenschaftlichen Fortschritts im besonderen zu weisen.

Sein „Programm" – die Sicherung der Bürgerrechte, die Beteiligung am politischen Leben im Rahmen eines konstitutionellen Verfassungssystems, das freie Unternehmertum, die Begrenzung der staatlichen Eingriffe – liefert die konstanten Bezugspunkte der kulturellen Debatte, vor allem in den Wirtschafts- und Sozialwissenschaften.[36]

Es wäre deshalb außergewöhnlich, wenn sich im Städtebau, der sich in jenen Jahren etabliert und zu einem der Bereiche der Auseinandersetzung zwischen Bürger und Staat entwickelt, nicht die liberalen Ansätze widerspiegelten.

Der Liberalismus bildet sicherlich einen der ideologischen Ausgangspunkte des Städtebaus. Der „Privatisierung der Stadt", auf die wir schon hingewiesen haben, entspricht eine Übertragung der Macht von der Aristokratie auf das Bürgertum. Diese, selbstverständlich politische wie ökonomische, Machtübertragung vollzieht sich dadurch, daß an die Stelle des Untergebenen der Bürger tritt und daß gleichzeitig ein Katalog von Rechten und Pflichten aufgestellt wird, den alle betroffenen Seiten anerkennen. Der neue Mechanismus der Produktion und Güterverteilung entzieht sich somit den Feudalbeziehungen; gleichzeitig liefert der entstehende Städtebau die „wissenschaftliche" Bestätigung der „Natürlichkeit" des Bildungsprozesses der kapitalistischen Stadt.[37]

Der „starke Staat"

Der Liberalismus stellt allerdings nicht den einzigen ideologischen Bezugspunkt des Städtebaus dar. Denn von Anfang an wird auch die Frage nach der Verantwortung des Staates und nach dessen Fähigkeit, Probleme zu lösen, welche die Privatinitiative allein nicht bewältigen kann, erhoben.[38]

Es gibt kaum einen städtebaulichen Vorschlag, der nicht die öffentliche Verwaltung als Träger der Entwicklung vorsieht: Diese hat die Strategien festzulegen und die

Grundsatzentscheidungen zu treffen. Der öffentlichen Hand wird sozusagen die Kontrolle über eine ausgeglichene Entwicklung übertragen: Man glaubt an ihre Überparteilichkeit, an ihre aufgeklärte Gerechtigkeit.
Die soziale Anklage, wie sie in England zwischen 1830 und 1848, mitten im liberalen Zeitalter, erhoben wird, mündet in die staatlichen Maßnahmen zur Gewährleistung eines akzeptablen Minimums an hygienischen Bedingungen.[39]
Dies ist erst der Anfang. Die Rolle der öffentlichen Verwaltung nimmt nach und nach, während der Städtebau als theoretische Disziplin Fuß faßt, in ihrer Bedeutung zu, bis hin zu umfassenden Vollmachten in jüngerer Zeit, wenn auf Sondergesetze zur Verwirklichung der Vorstellungen von einer städtischen Erneuerung vertraut wird.
Die Ausklammerung der städtischen Phänomene aus dem Kontext des sozialen Organismus, die Betrachtung des „von oben" entwickelten Plans als des grundlegenden Instruments bei der Verwaltung des städtischen Territoriums, das Vertrauen in das Planungsrecht als Grundlage einer zufriedenstellenden Ordnung des Raums: Das sind Positionen, die in der städtebaulichen Diskussion um die Jahrhundertwende vielerorts mit Nachdruck vertreten werden.
An dieser Stelle kann man nicht umhin, auf den Einfluß des deutschen Städtebaus auf die internationale Diskussion zu verweisen und damit gleichzeitig auf die Vorstellungen von einem „starken Staat", welche den Aufbau der Industriegesellschaft im Reiche Bismarcks so besonders geprägt haben.
Der moderne Industriestaat entsteht in Deutschland einige Jahrzehnte später als in England, aber die Kontrolle und Lenkung der Entwicklung ist weitaus effizienter. Die erste wissenschaftliche Systematisierung des Städtebaus ist weitgehend den deutschen Wissenschaftlern zu verdanken, die dabei auf Planungsmethoden der öffentlichen Hand verwiesen haben, welche bis dahin höchstens hypothetisch in Erwägung gezogen worden waren.
Wir wollen damit nicht unbedingt sagen, daß die städtebauliche Diskussion in Deutschland besonders originär gewesen sei; was zählt, ist jedoch, daß alle Themen der internationalen Debatte und der zahlreichen Untersuchungen, Veröffentlichungen, Konferenzen wiederaufgegriffen und in einer Perspektive, in der die öffentliche Hand eine besondere Bedeutung genießt, geordnet werden.
Das Deutsche Reich entsteht 1871, als Krönung der politischen Bemühungen Bismarcks, und umfaßt vier Königreiche, fünf Großherzogtümer, dreizehn Herzog- und Fürstentümer sowie drei freie Städte (Hamburg, Bremen und Lübeck).
Im Vergleich zum absolutistischen Österreich ist Preußen ein konstitutioneller Staat dank der legislativen Neuerungen nach den Napoleonischen Kriegen, welche während und nach der Restauration zumindest zu einem Teil bestätigt werden.
Die bürgerliche Revolution der Jahre 1848/1849 war praktisch in allen deutschsprachigen Ländern gescheitert, doch das aufsteigende Industriebürgertum, dem schon die Zollunion im Jahre 1834 zu verdanken war, ließ nicht von der Vision einer Einigung ab.[40] Seine Wahl fiel auf Preußen, und in den Jahren 1871 bis 1879 sind

es gerade die Nationalliberalen, welche die Politik Bismarcks unterstützen und sich an der Regierung beteiligen. Es ist eine Zeit der liberalen Reformen, der Vereinheitlichung der Gesetzesbücher, der Währungen, der Verwaltungsstrukturen. Die Pressefreiheit, die freie Wahl des Wohnortes und die Gewerbefreiheit werden verkündet, darüber hinaus 1873 die Gemeindeautonomie, welche die Städte von der Kontrolle durch den Landrat, der im allgemeinen ein Großgrundbesitzer war, befreit.[41]

Die Wirtschaftskrise des Jahres 1879 unterbricht nicht die Entwicklung, zeichnet aber eine Wende in der Politik Bismarcks: Die industriellen Strukturen sind inzwischen vorhanden und müssen nun bewahrt werden. Die anti-amerikanischen Schutzgesetze für die Landwirtschaft bringen Bismarck die Unterstützung durch die Junker, die zusammen mit den Katholiken die Nationalliberalen in der Regierung ersetzen.

Es herrscht nun die große Angst vor dem Sozialismus. Die Ausnahmegesetze des Jahres 1879* drängen die Partei** in den Untergrund, doch in den unmittelbar darauffolgenden Jahren erläßt Deutschland die fortschrittlichste Sozialgesetzgebung Europas: 1884 die gesetzliche, teilweise vom Staat finanzierte Unfallversicherung, 1883 die Krankenversicherung und 1889 die Alters- und Invaliditätsversicherung. Damit übernimmt der Staat eine Rolle, welche die Vorstellungen des Liberalismus weit übersteigt.[42]

Bismarck neigt im übrigen dazu, das Parlament zu ignorieren; er stützt sich allein auf den König und das Heer, und nach seinem Sturz im Jahre 1890 übernimmt Wilhelm II. selbst die gesamte Autorität, indem er behauptet, die Regierung sei nur der Krone verantwortlich.

Doch die Arbeiterbewegung wächst. Im Jahre 1890 zählt die Gewerkschaft 227 000 Mitglieder, 1913 2 500 000, denen noch 340 000 Mitglieder der christlichen Gewerkschaften und 150 000 Angehörige sonstiger Gruppierungen hinzuzurechnen sind. Die Industriellen antworten darauf, indem sie sich ebenfalls zusammenschließen, Anti-Streik-Absprachen treffen, sogenannte „gelbe Gewerkschaften" finanzieren sowie selbst eine Reihe von Maßnahmen verwirklichen, welche die Arbeiter besänftigen sollen: Gewährung von Werkswohnungen, Sozialleistungen, Kohledeputaten.[43]

Nach 1900 nimmt die Zahl der fehlgeschlagenen Streiks zu, zwischen 1905 und 1910 schreitet die Armee mehrmals gegen Arbeiter ein, 1914 vollzieht sich die revisionistische Wende mit der Unterstützung der Kriegspolitik durch die Sozialisten.

---

*   Gemeint ist das Sozialistengesetz des Jahres 1878. (A.d.V.)
**   Gemeint sind die Sozialdemokraten, die vor 1890 den Namen Sozialistische Arbeiterpartei trugen (A.d.V.)

Das historische Umfeld, in dem sich der Städtebau entfaltet, ist somit deutlich gezeichnet:
Die Stadtplaner – in der Verwaltung, an den Universitäten, in der Forschung – kennen keine anderen Bezugspunkte, und selbstverständlich orientiert sich ihr Handeln an denselben Prinzipien, die auch das Verhalten der vorherrschenden Schichten bestimmen.
Die soziale und humanitäre Anklage, die den Ausgangspunkt der ersten Maßnahmen in England gebildet hatte, blieb ein isoliertes Phänomen, die Antwort darauf im allgemeinen eine spezifisch „städtebauliche".
Der Städtebau spiegelt die bürgerliche, fortschrittsgläubige Ideologie jener Zeit wider, das Vertrauen in die Möglichkeiten der Technik und in deren Objektivität gegenüber sozialen Konflikten: Die Naturwissenschaften erscheinen als die einzig wahren Wissenschaften, und ausgehend von diesen bestimmt man auch im Städtebau Kriterien zur Abgrenzung des Untersuchungsbereiches und zur Festlegung der Kausalbeziehungen der internen Phänomene. Und wie in den Naturwissenschaften isoliert man innerhalb des globalen Untersuchungsbereiches immer kleinere und spezifischere Bereiche. Im übrigen hält man die „natürliche" städtische Entwicklung durch die Autorität des Staates für gewährleistet. Die öffentliche Verwaltung hat die grundsätzlichen Planungsentscheidungen zu treffen, und es scheint keine andere Stelle zu geben, welche die notwendigen Entscheidungen ebenso rational und vor allem mit einer ebensolchen Autorität fällen könnte.
Die Übereinstimmung mit den Bismarckschen Ansätzen könnte nicht größer sein.

3 Städtebau und Industriestadt

Lebensbedingungen und soziale Konflikte

Niemals hat das Leben in der Stadt ähnliche Stufen einer Erniedrigung erreicht wie in der frühindustriellen Stadt. Die Lebensbedingungen, die das erste Industrieland, Großbritannien, auf traurige Weise berühmt gemacht haben, finden wir, mit wenigen Varianten, in allen großen Industriestädten wieder.[44] Die Sterblichkeitsziffer war in den Städten weitaus höher als auf dem Land. London, das seinen Wasserbedarf aus den Brunnen und Wasserläufen innerhalb des Stadtgebietes deckte, wurde regelmäßig von Choleraepidemien heimgesucht. 1841 betrug die Lebenserwartung eines Einwohners von Liverpool oder Manchester im Durchschnitt 26 Jahre, die Lebenserwartung in England und Wales insgesamt im Durchschnitt 41 Jahre.[45] Trotz der verbesserten Ernährung und den verbesserten hygienischen Verhältnissen war noch im ersten Jahrzehnt des 20. Jahrhunderts die Sterblichkeitsziffer in den Städten um ein Drittel höher als in den ländlichen Gebieten. Die Löhne waren äußerst niedrig (oft lagen sie unterhalb des Existenzminimums, so daß man zusätzlich auf die Armenbeihilfe angewiesen war), und Frauen wie Kinder mußten sowohl in der Textilindustrie als auch in den Stahl- und Bergwerken arbeiten.
Bis zur Mitte des 19. Jahrhunderts nahm die Kinderarbeit ständig zu (z. B. waren zwei Drittel der Arbeiter in den englischen Arkwright-Spinnereien Kinder), vor allem dank des laufenden technologischen Fortschritts in vielen Bereichen, der es erlaubte, die Erwachsenen zu anderen, schwereren Arbeiten einzusetzen: Das Mindestalter betrug im allgemeinen sieben Jahre, man arbeitete zwölf bis fünfzehn Stunden pro Tag und sechs Tage pro Woche. Kinder wurden nicht nur wegen der geringen Lohnkosten zur Arbeit herangezogen, sondern auch „weil es praktisch unmöglich war, Personen zu effizienten Arbeitern auszubilden, welche die Jahre der Pubertät überschritten hatten, sei es, daß sie aus der Landwirtschaft, sei es, daß sie aus dem Handwerk kamen".[46]

Als nach und nach das in die Industrie investierte Kapital stieg und die Maschinen komplizierter wurden, erhöhte sich auch die rigorose Kontrolle durch die Unternehmer innerhalb und außerhalb der Fabriken. Die Unterdrückung in der Fabrik wie in der Stadt war äußerst hart: In den neuen Industriezentren wurden zahlreiche Mietskasernen errichtet, und das Militär, die Polizei, die Spitzel, die Gerichte waren andauernd im Einsatz.[47]
Auch die deutschen Städte, später entstanden als die englischen, bieten dem städtischen Proletariat keine bessere Unterkunft als etwa London oder Manchester. 30 % der Wohnungen in Wien bestehen nur aus einem Raum und der Küche. In Berlin besitzen 48 % und in Chemnitz 70 % der Wohnungen nur ein heizbares Zimmer.[48]
„Die Zustände in den großen Miethcasernen für Arbeiterfamilien, wo oft zahlreiche Familien an demselben Flurgang in je einem Zimmer wohnen, sind in vielen Fällen mitleiderregend. Für Licht und Luft, für Reinlichkeit, Entwässerung und Aborte ist häufig schlecht gesorgt. Die Schar der Kinder ist auf die halbdunklen Flurgänge, auf die engen und hochumbauten Höfe und auf die Straße angewiesen! (...) So kommt es, daß das Geschäft der Vermiethung kleiner Wohnungen leicht in Hände fällt, die ein halbes oder ganzes, zuweilen recht hartes Wuchergeschäft daraus machen."[49]

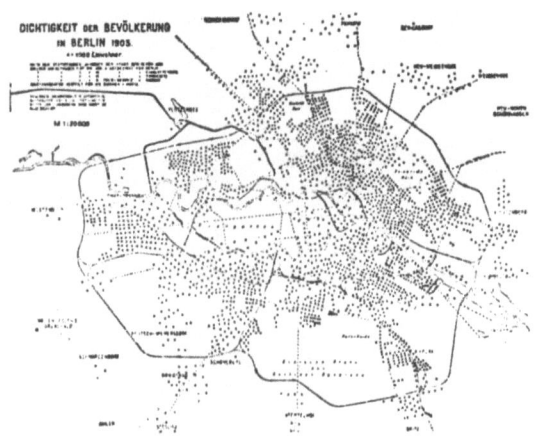

13 Bevölkerungsdichte in Berlin 1903;
    jedes Pünktchen = 1000 Einwohner (Heg., Abb. 22)

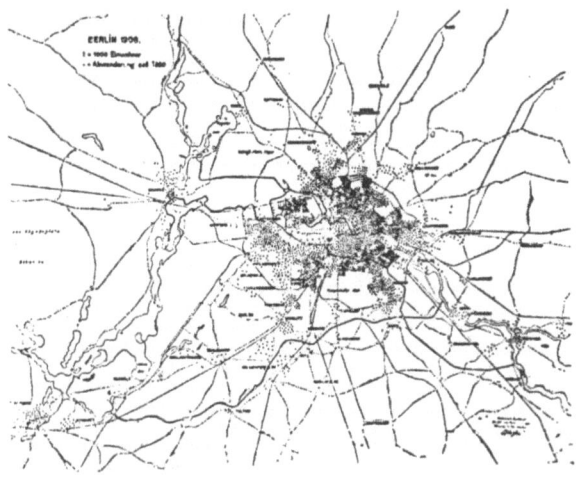

14 Bevölkerungsdichte in Groß-Berlin 1906;
jedes Pünktchen = 1000 Einwohner (Heg., Abb. 21)

Der Stadtorganismus

Wie die moderne Stadt, entsteht auch der moderne Städtebau im 19. Jahrhundert. Selbst wenn die Zeitspanne, auf die wir uns beziehen, sowohl die Jahre unmittelbar vor dem Ersten Weltkrieg als auch, zumindest in einigen Ländern, die letzten Jahrzehnte des 18. Jahrhunderts umfaßt, kann kein Zweifel bestehen, daß es sich hier um eine wahre Wasserscheide in der Stadtgeschichte der westlichen Gesellschaft handelt.

Es sind die Jahre, in denen sich ein neues Stadtverständnis durchsetzt, das auf einer Reihe funktionaler Modelle basiert, die durch eine eigene innere Logik und erklärte Ziele einer optimalen Effizienz bestimmt sind.

Die Stadt als Ganzes resultiert aus der Überlagerung dieser Modelle und bildet einen um so befriedigenderen „Organismus", je effizienter die Beziehungen zwischen den einzelnen Teilen (Verkehrsnetz, Gebäudestruktur, Grünflächensystem) gelöst sind. sind.

Es sind auch die Jahre, in denen sich der Städtebau vorrangig mit dem „baulichen" Aspekt des Siedlungsgefüges zu beschäftigen scheint und damit eine Tradition begründet, die bis auf den heutigen Tag Gültigkeit besitzt und so in einem erheblichen Gegensatz zur Realität öffentlicher Eingriffe in eine ständig steigende Zahl von Bereichen des sozialen Lebens steht.

Es ist allerdings äußerst wichtig, die historischen und ökonomischen Gründe zu verstehen, welche zu diesem Stadtverständnis geführt haben, das der Vergangenheit gegenüber so radikal neu und gleichzeitig von der Wirklichkeit des menschlichen Eingriffs in das Siedlungsgefüge dem Anschein nach so weit entfernt ist.

Die Übertragung des Begriffs „Organismus" auf die Stadt erwies sich als ein unmittelbarer Erfolg.[50]

Die Möglichkeit, die städtischen Phänomene nach den (so objektiven und gesicherten) Methoden der Naturwissenschaften klassifizieren zu können, begeistert die Stadtplaner und verleiht ihnen wissenschaftliches Prestige.

Die Vorstellung eines Stadt„organismus" geht von einer Beziehung zwischen den verschiedenen Bestandteilen der Stadt aus und, auf analoge Weise, von einer Beziehung zwischen den verschiedenen Planungsmaßnahmen. D. h., es handelt sich darum, die traditionelle Art und Weise städtebaulicher Techniken zu überwinden, einer Politik des „Stück für Stück", der „zufälligen" Maßnahmen zur Lösung eines lokalen Problems ohne Berücksichtigung des Gesamtzusammenhangs entgegenzutreten.

Diese neue Haltung dem Städtebau gegenüber zieht jedoch eine Konsequenz nach sich, welche, anfänglich noch unklar, später immer deutlicher in Erscheinung tritt: Die Stadt und, allgemein gesagt, alle Siedlungsformen werden von nun an als „autonome" Bereiche verstanden, als Phänomene, deren innere Struktur und Beziehungen zu klären sind und auf die in einer möglichst „spezifischen" Art und Weise einzugehen ist.

Es fällt leicht zu beobachten, wie das Beharren auf Analogien zur natürlichen Umwelt, angefangen von den Geddes'schen biologischen Theorien bis hin zu den jüngeren thermodynamischen Modellen[51], eine weitgehende Abkehr von dem politischen und sozialen Engagement zur Folge hat, das die ursprüngliche Stadtkritik prägte.

Der Städtebau, der anfänglich mit einer Kritik an den Institutionen und Mechanismen, welche die Industriegesellschaft kennzeichnen[52], zusammenzufallen schien, entwickelt sich somit zur Beschäftigung mit einer neuen, anderen „Natur".

Und die „Natürlichkeit" der städtischen Phänomene führt, neben der Tatsache, daß die neuen gesellschaftlichen Bedingungen grundsätzlich als Teil eines fortschreitenden (und fortschrittlichen) Evolutionsprozesses akzeptiert werden, zur Isolierung gerade jener – nun als „Schwachstellen" verstandenen – Aspekte einer menschenunwürdigen Umwelt, welche die ersten städtebaulichen Interessen geweckt hatten.[53]

Gleichzeitig bedeutet das Beharren auf dem „spezifisch" Städtebaulichen ein Abschieben all derjenigen, die auf diesem Gebiet keine Fachleute sind. Dies ist vollkommen verständlich in einer Phase der Bestimmung und des Aufbaus der Disziplin, führt aber schließlich zu einer Schwächung der Beziehungen zum politischen und sozialen Umfeld.

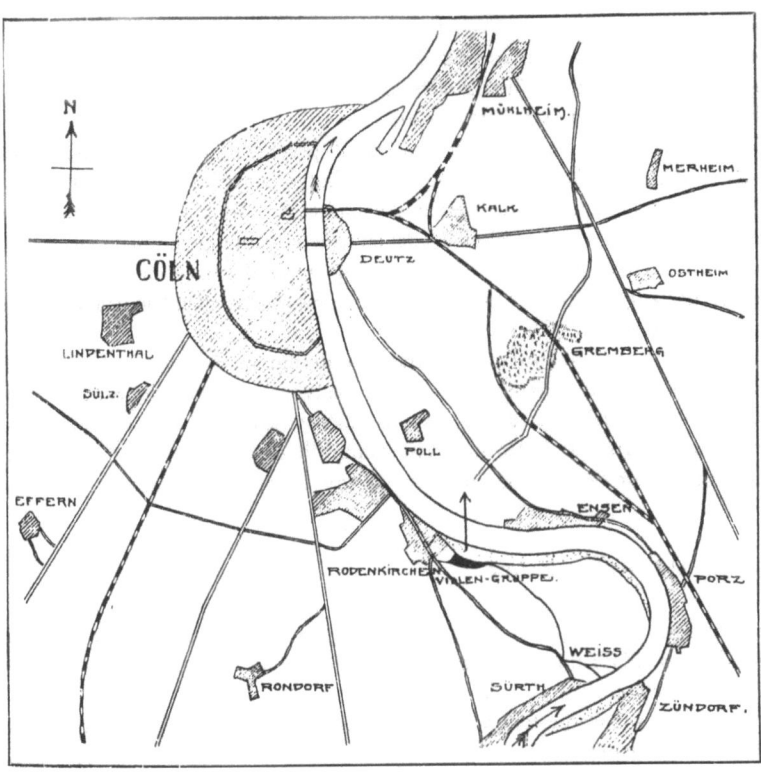

15 Vororte von Köln (DSTB, 1910, Abb. 1, S. 33)

Die Funktionstüchtigkeit der städtischen Maschine

Die Stadt wird auch als eine komplexe Maschine verstanden, deren Funktionstüchtigkeit zu sichern ist. Die Funktionstüchtigkeit wird dabei mit dem Funktionieren weniger elementarer Mechanismen gleichgesetzt (Verkehr, Hygiene u.a.).[54] Die besondere Betonung einiger Bereiche bedeutet natürlich, daß dort die größten Probleme liegen, daß dort die Maschine nur schwerfällig funktioniert, ja daß sogar ein vollständiger Stillstand droht. Und da in der Stadt, wie nie zuvor, die ganze Energie und Hoffnung der neuen Gesellschaft zusammengeballt ist, stellt ihre Rettung eine Aufgabe der gesamten Gesellschaft dar.

Die Konzentration der wirtschaftlichen Macht in den Städten, die schon traditionell Sitz der politischen Macht waren, und vor allem die Verlagerung der ökonomisch

wesentlichen, produktiven Aktivitäten in die Städte, und damit die Konzentration der Arbeitsplätze, bestimmen den Zusammenbruch jeglicher komplementärer Beziehungen zum Umland (das bezeichnenderweise in der angelsächsischen Literatur als *undeveloped land* apostrophiert wird).
Die Stadt ist inzwischen der Ort, wo „alles" geschieht, aber auch der Ort, wo die Widersprüche, die Ungerechtigkeiten und die Leiden am größten sind.
Die mangelnde Funktionstüchtigkeit der städtischen Maschine ist nichts anderes als der Widerschein einer Gesellschaft, die enormen Spannungen unterworfen ist; aber der Städtebau hat, auch wenn seine Ursprünge in der Literatur der sozialen Anklage liegen, die aufgezeigten Mängel immer als „Schwachstellen" verstanden, niemals ihren „strukturellen" Charakter erkannt.
Das Ergebnis konnte nur ein Instrumentarium sein, das – von einer Pathologie der städtischen Phänomene ausgehend – darauf ausgerichtet war, der Stadt ein „natürliches Gleichgewicht" wiederzugeben, welches diese jedoch in jenem ökonomischen und sozialen Kontext in Wirklichkeit niemals besessen hatte[55]; der Städtebau entstand mehr zum Schutz und zur Verteidigung als zur Veränderung.

Sektorale Maßnahmen

Die typische Haltung jenes Städtebaus, die Suche nach unmittelbar anwendbaren, praktikablen Maßnahmen, rechtfertigt wohl die allgemein schwache theoretische Auseinandersetzung.
Es ist schon oft festgestellt worden, daß der Städtebau des 19. Jahrhunderts das Resultat einer ganzen Reihe unkoordinierter, sektoraler Maßnahmen ist, von denen jede einzelne auf eine Verbesserung in ihrem *spezifischen* Bereich abzielt.[56] Die Forschung und die Diskussion konzentrieren sich in der Tat auf die Funktionstüchtigkeit, die Leistungsfähigkeit, die Verwaltung individueller Bereiche: vom öffentlichen Nahverkehr bis zu den Grünanlagen, vom Brandschutz bis zur Art der Flächennutzung.
Es ist wahr, daß die Stadt des 19. Jahrhunderts Schauplatz zahlreicher Veränderungen ihrer räumlichen Struktur gewesen ist: die Parzellierung neuer Wohngebiete, die neuen Plätze, die Stadtbahnnetze, die öffentlichen Parkanlagen. Es ist aber auch wahr, daß diese Maßnahmen oft unabhängig voneinander erfolgt sind, infolge autonomer Entscheidungen unabhängiger Institutionen und administrativer Abteilungen, jede mit eigenen Interessen und Kompetenzen.
All diese Maßnahmen, die in der Tat die historische Stadt grundlegend verändern, leisten unterschiedlichen Anforderungen Genüge und finden ihre Rechtfertigung viel eher in der Funktionstüchtigkeit individueller Bereiche als in dem Einfluß, den sie auf den städtischen Gesamtzusammenhang ausüben.
Es ergibt sich deshalb die Notwendigkeit eines neuen Instrumentariums, um zumindest in der Planung eine Koordination der unterschiedlichen, sektoralen Maß-

nahmen zu erreichen: der „Bebauungsplan" (auch „Erweiterungsplan" genannt), der, wiederum von der Vorstellung eines „Organismus" ausgehend, versucht, Beziehungen festzulegen (wenn auch oft im nachhinein).[57]
Allerdings hat gerade jene sektorale Beschäftigung mit Teilbereichen der städtischen Realität zu einer hervorragenden Ausbeute an Ergebnissen geführt, während den Bebauungsplänen nur schwer ein ebensolcher Erfolg zu bescheinigen ist. Dies hat dazu beigetragen, daß den sektoral Beschäftigten mehr Gewicht beigemessen wurde als den Planern, nicht nur aufgrund der Offensichtlichkeit ihrer jeweiligen Realisierungen im Gegensatz zum weitaus schwierigeren Verständnis eines Planzusammenhangs (mit all seinen politischen Konsequenzen), sondern auch aufgrund der effektiven Konzentration wirtschaftlicher Macht in bestimmten Bereichen.
Abgesehen von den Problemen der Flächennutzung und der Bodenspekulation, auf die wir an anderer Stelle eingehen werden, gibt es weitere Aspekte, die in ihrer geschichtlichen Bedingtheit zu erfassen sind.
Die Entwicklung der modernen Stadt erfolgt nach einer Logik, die sich nicht sehr von derjenigen unterscheidet, welche der Etablierung der Privatinitiative in der Welt der Wirtschaft zugrunde liegt: Auch dort werden die Aktivitäten der einzelnen Glieder als Voraussetzung einer Verwirklichung immer höherer Stufen im allgemeinen Fortschritt der städtischen Gesellschaft verstanden, ohne daß die Art und Weisen explizit geklärt würden.
Einige Entscheidungen – im industriellen Deutschland betreffen sie das Eisenbahnnetz und die Wasserstraßen – kommen grundsätzlich jeder Bemühung des Stadtplaners um Vermittlung zuvor[58]; dieser spielt eine Rolle, die zwischen dem technisch Ausführenden von Entscheidungen, die von einem Stärkeren getroffen wurden, und dem unerhörten Souffleur räumlicher Ordnungen, deren Effizienz zu beweisen er von keiner Seite gefragt wird, schwankt.[59]

Ordnung und Vereinfachung

Was die Ordnung und die Interpretation der Stadt angeht, so hat man in erster Linie die städtische Realität auf die Gegenüberstellung einer Reihe funktionaler Beziehungen reduziert. Die Mechanismen der Stadt werden zum ersten Mal systematisch herausgestellt, untersucht und klassifiziert, und man glaubt, auf diese Weise die ganze Komplexität der Stadt erfassen zu können.
Man stellt fest, daß es eindeutig lesbare Strukturen gibt, welche die Stadtanlage auf besondere und unmißverständliche Art und Weise bestimmen und sich auf Aktivitäten, Situationen und Bedingungen beziehen, die in anderen Zusammenhängen nicht nachweisbar sind bzw., falls sie es wären, sich auf jeden Fall vollkommen anders darstellen würden.[60]
Jede Funktion wird in ein Organisationsschema übertragen, dessen Ziel darin besteht, die Funktion zu optimieren. Die städtische „Unordnung" wird auf eine

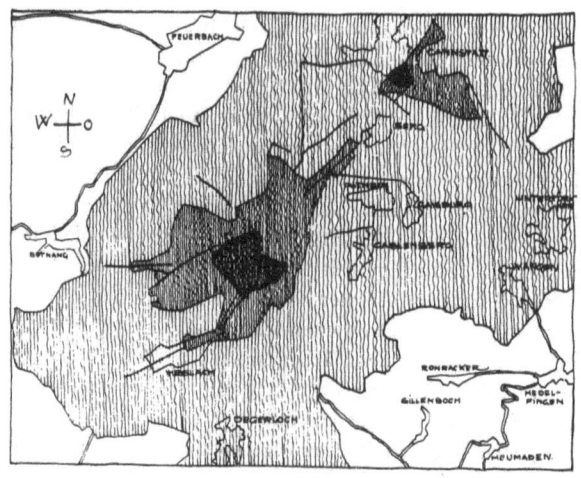
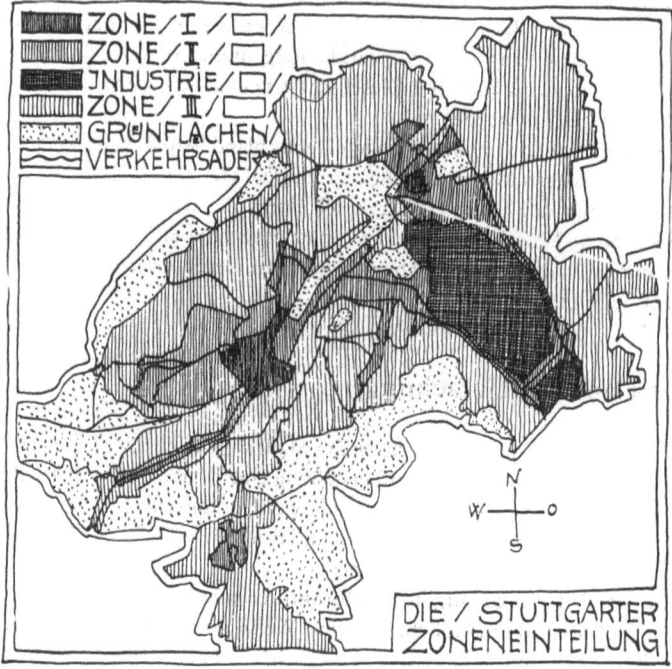

1. Stadtgebiet Groß-Stuttgart: Schema der Aufteilung nach dem Entwurf der Ortsbausatzung; 2. Die Stuttgarter Zoneneinteilung (DSTB, 1910, Tafel 62)

mangelhafte Effizienz bestimmter Funktionen zurückgeführt, oder umgekehrt ausgedrückt: Die unerreichbare Optimierung aller Funktionen würde, so glaubt man, zu einer „geordneten" Stadt führen.[61]
Mehr als jede andere Wissenschaft ist der Städtebau von Beginn an eine bürgerliche Wissenschaft, darum bemüht, alles Reale rational zu erfassen, auch auf Kosten einer äußerst vereinfachenden Schematisierung der strukturellen Modelle.
Die bürgerliche Stadt ist in der Tat viel ärmer als alle Stadttypen, die ihr vorausgingen. Sie bietet eine ganze Reihe von Elementen und Gegebenheiten nicht mehr an, die in der Vergangenheit einen komplexen und anerkannte soziale Werte zum Ausdruck bringenden Gebrauch ihrer Struktur begünstigten.
Die Stadt gilt nun nur noch soviel, wie aus der Grundrente zu gewinnen ist: Letztere wird zum einzigen Wert, den die Stadt in vollendeter Weise ausdrückt.
Innerhalb der neuen, erweiterten physischen Dimension nutzen die sozialen Schichten die Stadt auf unterschiedliche Weise.
Es ist nicht mehr das individuelle Wohnhaus, das die unterschiedlichen Einkommensverhältnisse der Nutzer zum Ausdruck bringt, sondern die Qualität des städtischen Gewebes selbst: In den Vierteln der Mietskasernen sind die Straßen enger, die Dichten höher, die Dienstleistungen geringer.[62]
Die neue Stadt ist durch eine soziale Segregation gekennzeichnet: Die einzelnen Bereiche sind innerhalb der Gesamtstadt ablesbar; sie zeigen jeweils wenn schon kein einheitliches Wertesystem, so doch gleiche ökonomische Verhältnisse an.
Der formale Verfall der modernen Stadt, der Verlust der Form als expressiven Wertes und ihr Wiedergewinn als bloße Stadt„kosmetik"[63] sind demzufolge nicht dem Übergewicht der Fragen einer funktionalen Ordnung des neuen städtischen Maßstabs anzukreiden, sondern, viel einfacher, dem Verlust der kollektiven städtischen Werte, welche die Substanz formaler Gestaltung ausmachen: Der Bedeutungsverlust, den die Stadt erfahren hat, nachdem sie zum bloßen bebauten (bzw. bebaubaren) Grund und Boden degradiert worden ist und sich einzig in Flächennutzungsbegriffen hat behaupten können, bringt den Verlust aller weitergehenden Werte mit sich.
Dies verhindert durchaus nicht, daß die Stadt „funktioniert", d. h. vorrangiger Ort bestimmter Aktivitäten der Produktion, des Konsums, des Austauschs ist, soziale, wirtschaftliche, psychologische Beziehungen hier ermöglicht werden, die sich eben nur in der Stadt abspielen können; aber all diese unterschiedlichen Gebrauchsweisen spielen, bei der konkreten Ausformung des städtischen Raums, gegenüber den durch die Bodennutzung auferlegten Bedingungen nur eine zweitrangige Rolle.[64]

Die Verwaltung der Stadt und die „Funktionäre" des Städtebaus

Die Stadt wird wie ein Unternehmen verwaltet. In den letzten Jahrzehnten des 19. Jahrhunderts verfestigen sich die Stadtverwaltungen in einer Organisationsstruktur, die überall die gleiche ist.

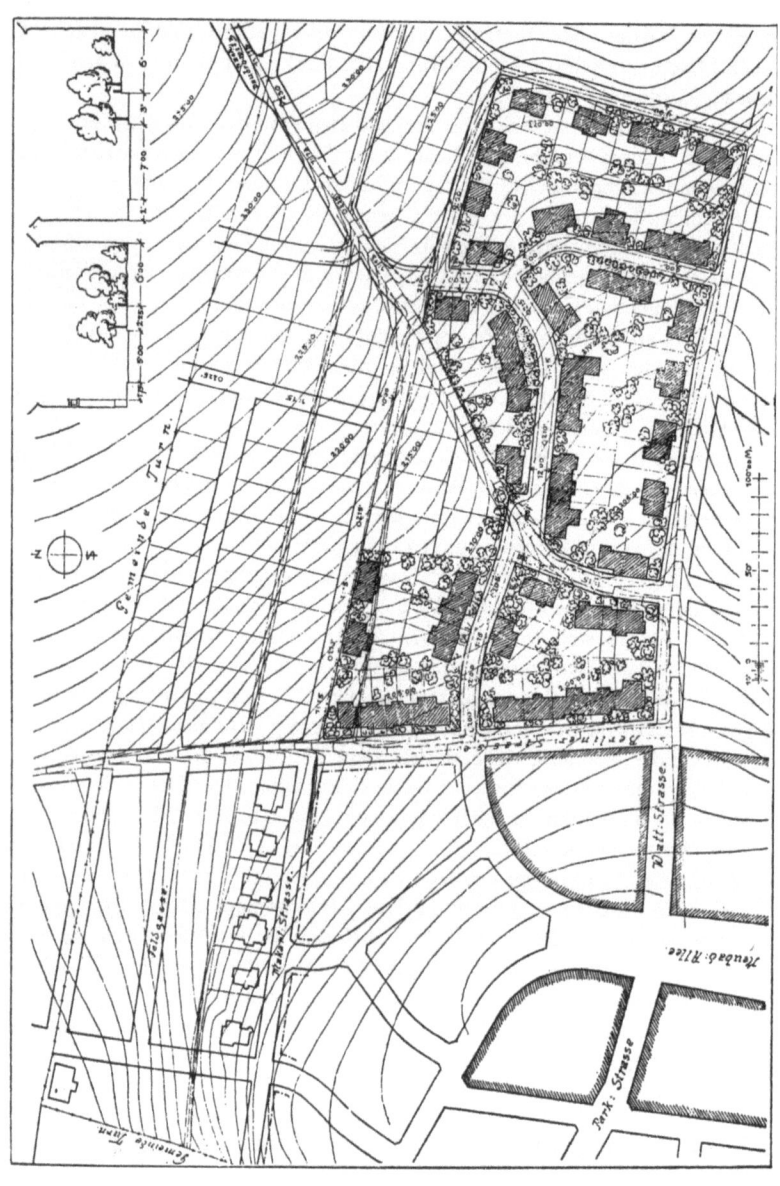

17 Bebauungsplan für eine Wohnhauskolonie in Teplitz, von Siegfried Sitte, Wien 1909 (DSTB, 1909, Tafel 41)

Man bestimmt den verästelten Aufbau der städtischen Verwaltungshierarchie, man klärt die Beziehungen zwischen den politisch Verantwortlichen und den technischen Abteilungen, man legt die (allerdings oft nicht eindeutigen, sondern konkurrierenden) Kompetenzen der einzelnen Abteilungen fest. Die Stadtverwaltung spaltet sich dabei immer mehr in eine Reihe voneinander getrennter Fachabteilungen auf. Jeder dieser Bereiche entwickelt sich zu einer eigenständigen Fachrichtung.[65] Die Trinkwasserversorgung der Stadt, die Abwasserkanäle, die öffentlichen Verkehrsmittel, das sind die Themen immer häufigerer Untersuchungen, Veröffentlichungen, Kongresse. Man tauscht die Untersuchungsdaten und die Planungsprogramme aus, man erfindet neue graphische Darstellungsweisen, man vergleicht die unterschiedlichen Erfahrungen.

18. Graphische Darstellung des Omnibusverkehrs in Berlin im Winter 1904/05, von Richard Petersen, Berlin 1905 (Heg., Abb. 191)

Nach und nach wird die traditionelle Weise, die Stadt als ein großes „Baumanufakt" zu verstehen und zu beschreiben, durch eine neue verdrängt, welche die Methoden und Erfolge bei der Verwaltung der einzelnen Funktionsbereiche in den Vordergrund rückt. So wird z. B. eine Stadt im System ihrer Abwasserkanäle besonders fortgeschritten sein, eine andere in der Ausstattung und Pflege öffentlicher Grünanlagen, eine dritte in ihrem Nahverkehrsnetz.
Wie in einem großen Unternehmen arbeitet jede Abteilung, auch wirtschaftlich, selbständig, nach eigenen Effizienz- und Produktivitätskriterien. Allerdings ist die

19 Anzahl der im Jahre 1904 auf einem Kilometer Bahn-(Straßen-)länge beförderten Reisenden in Millionen, von Richard Petersen, Berlin 1905 (Heg., Abb. 192)

20 Graphische Darstellung des Straßenbahnverkehrs in Berlin in den Wintern 1903/05, von Richard Petersen, Berlin 1905 (Heg., Abb. 193)

Mechanik der städtischen Verwaltung komplexer und konfuser als diejenige eines Unternehmens, und so sind die Augenblicke, in denen sich die Arbeit der einzelnen Abteilungen zu einem geordneten Gesamtbild zusammenfügt, äußerst selten.
Hier liegt der Ursprung jener so typischen Art der Verwaltung des Wachstums der modernen Städte: Die Überlagerung unterschiedlicher Maßnahmen in unterschiedlichen Bereichen, welche jede auf ihre Weise nach einer optimalen Lösung suchen, ohne daß es irgendeine Koordination gäbe.
Dabei ist gerade, wie wir noch sehen werden, eine geordnete, koordinierte Entwicklung das „mythische" Ziel aller theoretischen Beiträge im Städtebau des 19. Jahrhunderts.
Eine Gruppe erfahrener und bei der Verwaltung der Städte, oder, genauer gesagt, bei der Verwaltung der einzelnen städtischen Bereiche, kompetenter Fachleute („Funktionäre") beginnt sich herauszubilden.
Diese werden zu den Schlüsselfiguren der außerordentlichen Entwicklung der Städte im 19. Jahrhundert. Ingenieure, Verkehrsplaner, Hygieniker entwerfen und verwirklichen Infrastrukturnetze eines bislang ungekannten Ausmaßes, welche dem städtischen Wachstum vieler Jahrzehnte genügen werden.
Die traditionelle Figur des „Stadtarchitekten" findet zwischen diesen Fachleuten immer weniger Platz. Die Trennung zwischen Wissenschaft und Technik auf der einen und schönen Künsten auf der anderen Seite scheint endgültig zu sein. Einzig die technischen und administrativen Aspekte interessieren die Verantwortlichen in den Verwaltungen.

Die Vermittlungskanäle des Städtebaus

Die Gruppe der „Funktionäre" umfaßt sicherlich nicht alle, die sich damals mit Städtebau beschäftigten. Mit immer größerer Deutlichkeit bildet sich die Figur des Stadtplaners als eines Fachmanns in „städtischen Fragen" heraus, der auf der Grundlage eines wachsenden Paketes an Wissen und Erfahrungen in unterschiedliche Situationen eingreift. Dieses Paket an Wissen und Erfahrungen wollen wir als „städtebauliche Kultur" definieren.
Sie entspringt einer Reihe unterschiedlicher, letztlich jedoch zusammenfließender Quellen. Das Fehlen einer etablierten Wissenschaft, auf die man sich beziehen könnte, fördert eine ganze Reihe unterschiedlicher Formen der Kommunikation und des Austauschs von Erfahrungen und Programmen.
Hierzu zählen die nationalen und internationalen Kongresse, die Seminare, die Ausstellungen, die Zeitschriften, die Handbücher, die theoretischen und historischen Untersuchungen.[66]
Die Berichte, Beiträge, Schriften nehmen zu, die einen antworten den anderen, und nach und nach bildet sich ein Kreis von Stadtplanern mit eigenen Veranstaltungen, Einrichtungen und immer mehr einer eigenen Sprache heraus.

Es handelt sich selbstverständlich um einen internationalen Kreis, in dem die einzelnen Individuen bedeutend mehr Gewicht besitzen als die nationalen Gruppierungen: Noch wenige Monate vor Ausbruch des Ersten Weltkriegs macht Patrick Geddes eine lange, ausgiebige Reise durch Deutschland und kehrt begeistert von den besichtigten städtebaulichen Realisierungen zurück.[67]
Die Namen, die am häufigsten auftauchen, sind die einer ziemlich beschränkten Gruppe von Personen; man kann diesen von Jahr zu Jahr anhand der Zeitschriftenveröffentlichungen und der Kongreßakten folgen, die Hintergründe der individuellen Erfahrungen erkennen, Veränderungen von Meinungen feststellen.
Dieser Kreis von Stadtplanern möchte gerne, entsprechend den Vertretern anderer wissenschaftlicher Disziplinen, einheitliche Prinzipien seiner Fachrichtung aufstellen. Die nationalen und regionalen Unterschiede bleiben dabei, bei der Betonung der Allgemeingültigkeit der Vorschläge, auf der Strecke. Eine im wesentlichen mechanische Interpretation des städtischen Wachstums kann keine, je nach Kontext erheblichen Unterschiede zugeben.
So scheint z.B. der Unterschied zwischen den Mietskasernen in Wien und Berlin und den kleinen Häuschen in den Vororten von London nur in einer anderen kulturellen Tradition zu liegen, nicht jedoch in einer grundsätzlichen Verschiedenheit des Bodenmarktes, oder, um ein anderes Beispiel zu nennen, die Radialstraßen scheinen das ideale Rezept für jedes städtische Gewebe zu sein.[68]
Es wäre allerdings ungerecht, eine Gruppe von Stadtplanern der Oberflächlichkeit und Verallgemeinerung – Aspekte, die in ihrer Bedeutung in späteren Jahren erheblich zunehmen werden – anzuklagen, die zu ihrer Zeit darum bemüht waren, zunächst einmal eine eigene Identität zu finden, die Aufgaben zu klären und den Bereich ihres Fachgebietes abzustecken, eine innere Systematik noch verschwommener Problemfelder aufzuzeigen.
Es ist dagegen wahr, daß die Themen, die damals angeschnitten wurden, in den Jahrzehnten nach dem Ersten Weltkrieg, und manchmal sogar bis in die fünfziger und sechziger Jahre, immer wieder mehr oder weniger unverändert auftauchen. Nur ein Thema wird ausgelassen, und dieses ist, nicht zufälligerweise, das wichtigste: die Zusammenhänge zwischen der Art und Weise der städtischen Entwicklung und der wirtschaftlichen Struktur der Gesellschaft, vor allem der Verteilung der städtischen Grundrente.[69]
Hiervon abgesehen, verdienen die Aktivitäten jenes ersten Kreises von Stadtplanern eine aufmerksame Untersuchung, da diese mit Sicherheit zu einer Klärung der Entwicklung und Herausbildung der Disziplin des Städtebaus beitragen kann.
Die ersten internationalen Kongresse werden von *L'Art public*[70] organisiert, d. h. von einer Gruppe von Forschern, die sich um die gleichnamige Zeitschrift herum zusammengefunden haben und vor allem an Fragen der Stadtgestaltung interessiert sind. An diesen Kongressen nehmen die bekanntesten Stadtplaner der damaligen Zeit teil; sie beschäftigen sich mit Themen des städtebaulichen Entwurfs sowie insbesondere mit dem Instrumentarium einer baulichen und städtebaulichen Kontrolle: den

Kommissionen für Schönheitsfragen, den Denkmalpflegeämtern, den Bauordnungen und den Erhaltungssatzungen.
Wichtiger sind jedoch die Kongresse, die in den Jahren 1906 und 1910 vom *Royal Institute of British Architects (RIBA)* in London veranstaltet werden. Vor allem zwei „Schulen", die deutsche und die englische, stehen sich hier bei allen Themen der Debatte gegenüber: von den Entwicklungsperspektiven der Großstädte (der Wettbewerb für Groß-Berlin) über die städtebaulichen Untersuchungen (die Arbeit von Geddes über Edinburgh) bis zum Bebauungsplan und den rechtlichen Fragen.[71]
Die Spannweite der Beispiele, auf denen die Ausführungen beruhen, ist sehr weit: von den englischen Dörfern bis zu den Plänen von Burnham für Chicago und San Francisco, von der historischen Stadt bis zur zukünftigen. Es zeigt sich inzwischen deutlich, daß der Städtebau entschieden die lokale Ebene, auf der er seinen Ursprung gehabt hat, verlassen hat und nun das ganze „urbane Universum" umgreift.
Zahlreich sind auch die Kongresse über Fragen des Wohnungsbaus, aus denen vor allem die Kongresse in London im Jahre 1908 und in Wien im Jahre 1910 herausragen.[72] Die Themen sind hier der soziale Wohnungsbau und seine Typologien, seine Kosten, seine Finanzierung. Man glaubt, daß die Modellsiedlungen, die vielerorts errichtet werden, „eher als das Werk aufgeklärter Industrieller als der Gemeinden"[73], städtische Ordnungsmodelle liefern, die eine grundsätzliche Gültigkeit für Wohngebiete besitzen. Außergewöhnliche Realisierungen, die jedoch außerhalb der den allgemeinen Wachstumsprozeß der Stadt regulierenden Marktmechanismen entstanden sind, werden somit in kurzer Zeit zu konstanten Bezugspunkten der Städtebauliteratur, die auf diese Weise nach einer annehmbareren städtischen Morphologie sucht.
Es finden auch Kongresse statt, die unter einer sehr spezifischen Thematik stehen: so der internationale Kongreß über den Straßenbau 1908 in Paris, der Kongreß im gleichen Jahr in Stuttgart, parallel zur Bauausstellung, Kongresse über sanitäre Fragen, über Wasser- und Gasversorgung.[74]
Ein Kapitel für sich bilden die Städtebauausstellungen. Zwischen 1900 und 1914 findet eine ganze Reihe solcher Ausstellungen, sei es über allgemeine, sei es über spezifische Themen, statt.
Man regt auf diese Weise eine Diskussion an, die sich auf den Kongressen und in den Zeitschriften fortsetzt.
Zu den ersten zählt die Ausstellung in Dresden im Jahre 1903 über die deutschen Städte und über deren Bebauungspläne, welche erstmalig eine umfangreiche Sammlung alter und neuer Stadtpläne zeigt.[75]
Ausstellungen über städtische Park- und Grünanlagen finden 1904 in Düsseldorf[76] und 1905 in Darmstadt[77] statt, darüber hinaus 1904 eine internationale Ausstellung in Wien[78] und im selben Jahr eine Ausstellung des Bayrischen Vereins für Volkskunst und Volkskunde über die Bedeutung und Erhaltung heimischer Architektur.[79]
Kaum ein Städtebaukongreß findet ohne Ausstellung eines umfangreichen Dokumentationsmaterials statt: so z.B. auch die schon erwähnten, von der Zeitschrift *L'Art public* veranstalteten Kongresse.[80]

Von allen internationalen Städtebauausstellungen ist die umfangreichste, und auch die mit dem größten Widerhall, sicherlich diejenige in Boston im Jahre 1909, die später, erheblich erweitert, auch in Berlin und Düsseldorf gezeigt wird. Bebauungspläne, demographische Tabellen, Analysen des Verkehrsflusses, Diagramme der Verkehrsinfrastrukturen u. a. werden in großer Zahl vorgestellt; die Hälfte der Ausstellung ist dem Wettbewerb für Groß-Berlin gewidmet, an dem praktisch alle deutschen Stadtplaner teilnehmen.

Der Katalog der Ausstellung, von Hegemann in zwei Bänden herausgegeben[81], gibt sehr detailliert einen großen Teil der ausgestellten Dokumente wieder, die sich mit zehn Großstädten befassen, aber der Schwerpunkt liegt, aufgrund einer bewußt subjektiven Interpretation der Ausstellung, auf Fragen der Stadtgestaltung. Gegenüber anderen Ausstellungen der damaligen Zeit hebt diese sich durch zweierlei hervor: den Reichtum und die Genauigkeit der vorgestellten Analysen sowie die bedeutenden amerikanischen Beiträge, zu denen unter anderen die Studien der städtischen und territorialen Struktur der Parkanlagen in Boston zählen, die auf den genialen Entwürfen Olmsteds basieren.[82]

Die erste Städtebauzeitschrift, in Wien und Berlin herausgegeben, wird im Januar 1904 unter dem Namen *Der Städtebau* veröffentlicht. Camillo Sitte, der sie zusammen mit Theodor Goecke leiten sollte, stirbt noch vor Erscheinen der ersten Nummer, und Goecke bleibt fünfzehn Jahre lang der Alleinverantwortliche. Die Zeitschrift erscheint als solche bis zum Jahre 1930, danach bis 1939 als Beilage zu *Wasmuths Monatsheften*.[83] Es gibt in jenen Jahren kein städtebauliches Thema oder Ereignis, das nicht in dieser Zeitschrift kommentiert und diskutiert wird. Auch wenn die Beiträge sich, gemäß Sitteschen Grundsätzen, vorzugsweise mit Fragen des städtebaulichen Entwurfs beschäftigen, finden zahlreiche engagierte Erörterungen der unterschiedlichen technischen, finanziellen und rechtlichen Aspekte des Städtebaus

21 „Der Städtebau": Titelblatt des ersten Heftes, Januar 1904 (DSTB, 1904, S. 1)

Platz. Zwar sind Bezüge zur deutschen Realität am häufigsten, doch nichtsdestoweniger liegen die Interessen der Zeitschrift auf einer internationalen Ebene; sie reflektiert Positionen des ganzen „europäischen Städtebaus". Der Abbildungsteil ist ausgezeichnet, mit großen, schwarzweißen und farbigen Bildern und graphischen Darstellungen: Die gesammelten Hefte des *Städtebaus* bilden heute die wichtigste Quelle für jeden, der sich mit den städtebaulichen Fragen jener Zeit beschäftigen will.

Die zweite wichtige Zeitschrift wird erst etliche Jahre später gegründet: Es ist *The Town Planning Review*, die ab 1910, unter der Leitung von Patrick Abercrombie, von der Universität Liverpool herausgegeben wird.[84]

Ein weiterer Vermittlungskanal der „städtebaulichen Kultur" sind die Seminare, die oft veranstaltet werden, um bei den Verwaltungsangestellten ein Bewußtsein für die Probleme der Stadt zu wecken: In Deutschland ist das bedeutendste das Seminar in Berlin-Charlottenburg, welches die wichtigsten Beiträge in einer eigenen Schriftenreihe, den *Städtebaulichen Vorträgen*, veröffentlicht.[85]

Es ist aber vor allem auch eine Zeit der Handbücher.

Das erste, im Jahre 1876 in Berlin veröffentlicht, ist das von Reinhard Baumeister, welches sozusagen das Schema festlegt, an dem sich alle späteren orientieren. Sehr detailliert, und damit schnell überholt, ist es jedoch sehr klar in seinen Grundannahmen und seinen logischen Folgerungen.[86]

Im Jahre 1890 wird das Handbuch von Joseph Stübben* veröffentlicht, dem innerhalb und außerhalb Deutschlands ein außerordentlicher Erfolg beschieden sein wird; bis 1924 erscheint es in mehreren überarbeiteten Auflagen, und es wird zahlreiche Male übersetzt. Systematisch wie kein anderes, bildet es letztendlich einen Katalog von Beispielen für jede Gelegenheit.[87]

Im Jahre 1909 erscheint das Handbuch von Rudolf Eberstadt[88], das ausschließlich dem Wohnungsbau gewidmet ist. Die Sprache ist hier kritischer, analytischer, weniger deskriptiv als in den vorausgegangenen Handbüchern, vielleicht ein Zeichen einer höheren Entwicklungsstufe, die der Städtebau, zu dessen bekanntesten Vertretern der Autor dieses Buches zählt, inzwischen erreicht hat.

Im selben Jahr 1909 wird auch in London ein berühmtes Handbuch veröffentlicht, das von Raymond Unwin, bei dem, gerade im Vergleich mit den deutschen, die bewußte Unsystematik beeindruckt.[89]

Parallel zu den Handbüchern erscheinen einige bedeutende Schriften. Die bekannteste und einflußreichste ist sicherlich die von Camillo Sitte[90], 1889 in Wien veröffentlicht, aber eine weite Verbreitung erfährt auch die von Charles Buls, welche sich mit ähnlichen Themen beschäftigt und in ihrer ersten Auflage 1882 in Brüssel erscheint.[91]

---

* Joseph Stübben, Der Städtebau. Reprint der Erstauflage 1890, 1980 bei Vieweg erschienen. (A.d.V.)

4 Allgemeine theoretische Grundlagen

Theorie und Praxis

Die Städtebauliteratur gegen Ende des 19. und zu Beginn des 20. Jahrhunderts besteht weitgehend aus Handbüchern. Diesen kann eine erhebliche Menge an Informationen entnommen werden, sie allein liefern aber noch kein ausreichendes Bild des Aufbaus und der Motivationen der Disziplin des Städtebaus: Die Handbücher befassen sich in erster Linie mit dem Gebrauch, der Anwendung des Städtebaus und mit den Aufgaben der Stadtplaner selbst; dabei liefern sie ein Bild vom Städtebau, das sich in den technisch-wissenschaftlichen Rahmen der damaligen Zeit einfügt. Die Gliederung der Handbücher, so wie sie seit dem Buch von Baumeister erfolgt, übernimmt die Aufgabe, den Stoff in voneinander unabhängige Themenbereiche aufzuspalten, damit dann, Bereich für Bereich, Teillösungen erarbeitet werden können und, schließlich, eine endgültige Lösung als Summe aller Teillösungen.

Der Städtebau will vor allem eine angewandte Wissenschaft sein. Selbst historische Informationen in der Fachliteratur besitzen eine unmittelbar praxisnahe Bedeutung als Vergleichsmaßstab oder sogar als Ausgangspunkt neuer Vorschläge.[92]

Der Charakter der Abhandlungen ist normativ: Es werden die Mängel aufgezeigt, und es werden die Lösungen vorgeschlagen, nach einer so strikten Methode, daß gar kein Platz bleibt, sich nach den zugrunde liegenden Zielsetzungen und nach den Bewertungskriterien zu fragen.

Es gibt sicherlich Ansätze einer theoretischen Hinterfragung einzelner Bereiche, aber die vorgeschlagenen Ordnungsmodelle – angefangen vom Straßennetz über die Verteilung der Gebäudetypen bis zu den Grünflächensystemen – sind stets unmittelbar anwendbarer und niemals, oder nur selten, interpretativer Natur.[93]

Andererseits scheint es offensichtlich, daß eine derartige Fülle an praktischen Hinweisen, Normen, sektoralen Modellen usw. die Existenz allgemeiner theoretischer Grundlagen voraussetzt, die, auch wenn sie nirgends explizit ausgedrückt werden, ein gemeinsames Vermögen aller Beteiligten darstellen.

Es ist deshalb notwendig, die Bezüge zwischen den sektoralen Entscheidungen zu klären, die Werte, die der städtebaulichen Forschung zugrunde liegen, aufzudecken und die Aspekte aufzuzeigen, welche der Städtebau des 19. Jahrhunderts als selbstverständlich annimmt, welche jedoch einen ganz bestimmten Bereich politischer und kultureller Optionen abstecken.

Geschlossenheit und Eindeutigkeit

Ein solches Vorhaben wird durch die weitgehende Geschlossenheit und Eindeutigkeit der Disziplin des Städtebaus möglich gemacht. Meinungsverschiedenheiten in bestimmten Bereichen und über bestimmte Fragen – z. B. welches die vorrangigen Maßnahmen sind, wie weit die Befugnisse der öffentlichen Hand reichen sollen, wie detailliert die Pläne zu sein haben u. a. – rühren nicht eine Art grundsätzliches Einvernehmen an, das allen Arbeiten und Forschungen gemeinsam ist.[94] Dies ist um so verwunderlicher, als der Städtebau, aus der Situation einer sozialen Krise hervorgegangen, von Natur aus als kontrovers erscheinen müßte.

Die Lebensbedingungen in der Industriestadt widersprechen auf eklatante Weise der herrschenden Ideologie, die auf dem Mythos des Fortschritts gründet. Die Bereiche möglicher Eingriffe sind zahlreich, und in Ermangelung einer allgemeingültigen Methodik, wenn nicht sogar einer verbindlichen Theorie, hätte man eigentlich eine unüberschaubare Fülle an unterschiedlichen Vorschlägen erwartet, nicht nur was die Lösungen, sondern auch was die überhaupt in Angriff zu nehmenden Probleme angeht.

Statt dessen ist der deutsche Städtebau der damaligen Zeit, und das trifft weitgehend auch auf den europäischen und den amerikanischen zu, durch eine grundsätzliche Geschlossenheit und Eindeutigkeit gekennzeichnet: Nicht nur die Ziele, sondern auch die Bewertungskriterien und die Bezugswerte sind für alle Planer die gleichen. Anderslautende Stimmen, grundsätzliche Kritiken tauchen nur am Rande auf: Der Anspruch auf Wirklichkeitsnähe schließt ganz bestimmte ideologische Entscheidungen mit ein. Der Städtebau nimmt voll am Aufbau der kapitalistischen Industriegesellschaft teil, seine Werte sind die der vorherrschenden Klasse, d. h., er schließt das aus, was die Voraussetzungen in Frage stellen könnte, er besteht auf sektoralen Maßnahmen und Spezialisierung, um beunruhigende Fragen zu vermeiden.

Die Ablehnung der Utopie

Ansätze allgemeingültiger Modelle lassen sich oftmals innerhalb der einzelnen Bereiche, Sektoren, des Städtebaus finden; doch auch hier beschränkt man sich darauf, optimierte Ordnungsmodelle nur in bezug auf die festgelegten restriktiven Bewertungskriterien (von den Kosten und den Hygieneverhältnissen im sozialen

Wohnungsbau bis zur Ästhetik einer monumentalen Stadtgestaltung) festzulegen. Das Interesse liegt eindeutig anderswo, der Wert der Vorschläge steigt proportional zu ihrer Wirklichkeitsnähe, zur Möglichkeit ihrer unmittelbaren Verwendung. Einen Beweis hierfür liefert die Tatsache, daß in der „offiziellen" Städtebauliteratur utopische oder zumindest radikal neue Vorschläge fast vollkommen fehlen: Um sie zu finden, muß man sich anderen kulturellen Bereichen zuwenden, die weniger in den Aufbau der Städte eingespannt sind und um so mehr den zugrunde liegenden sozialen Strukturen ihre Aufmerksamkeit schenken. Es gibt keinen Platz für „Generalisten" wie Howard oder Geddes, die den Vertretern des herrschenden Städtebaus ebenso fremd sind wie Owen oder Kropotkin.[95]

Selbst die Polemik um die Thesen von Sitte und seinen Anhängern ist reich an Rufen, auch sarkastischen, nach mehr Realismus, während Sitte seinerseits die vordergrün-

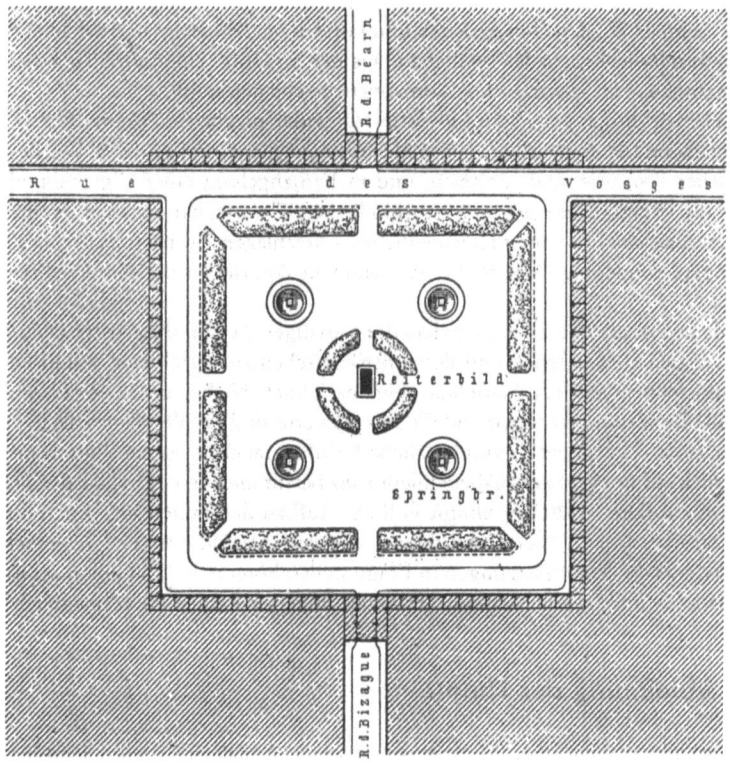

22 Reiterstandbild auf der Place Royale, jetzt Vogesenplatz, in Paris (St., Abb. 764)

dige Wirklichkeitsnähe von Vorschlägen angreift, die oft von formalen Konzeptionen ausgehen anstatt von einer genauen Betrachtung der konkreten städtischen Bereiche, in welche die Maßnahmen eingreifen.[96] Ebenso bezeichnend ist die Tatsache, daß Bezüge zur marxistischen Theorie fehlen, daß selbst die „Wohnungsfrage" von Engels vollkommen ignoriert wird. Dies mag auf die Verpönung des Sozialismus durch die Gesellschaft im Zeitalter Bismarcks zurückzuführen sein, entspricht aber auch vollkommen den Grundsätzen der auf höchste Effizienz bedachten „Funktionäre" des Städtebaus. Im übrigen wird auch die viel harmlosere Gartenstadtbewegung niemals vollständig in den offiziellen Städtebau integriert, sondern vielmehr als „Beiwerk" einer Disziplin betrachtet, die sich zur Bewältigung weit schwieriger, unmittelbarer Aufgaben gerufen fühlt.

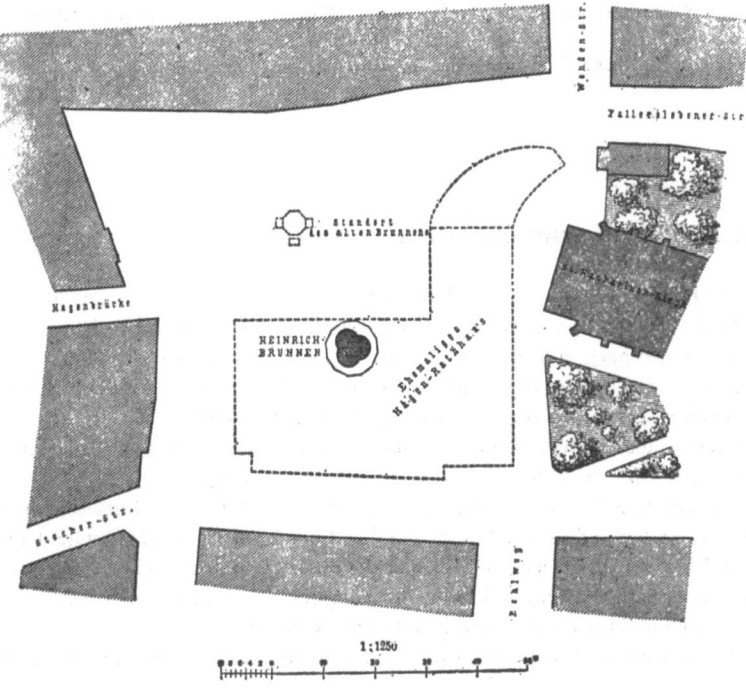

23 Heinrichs-Brunnen auf dem Hagenmarkt in Braunschweig (St., Abb. 775)

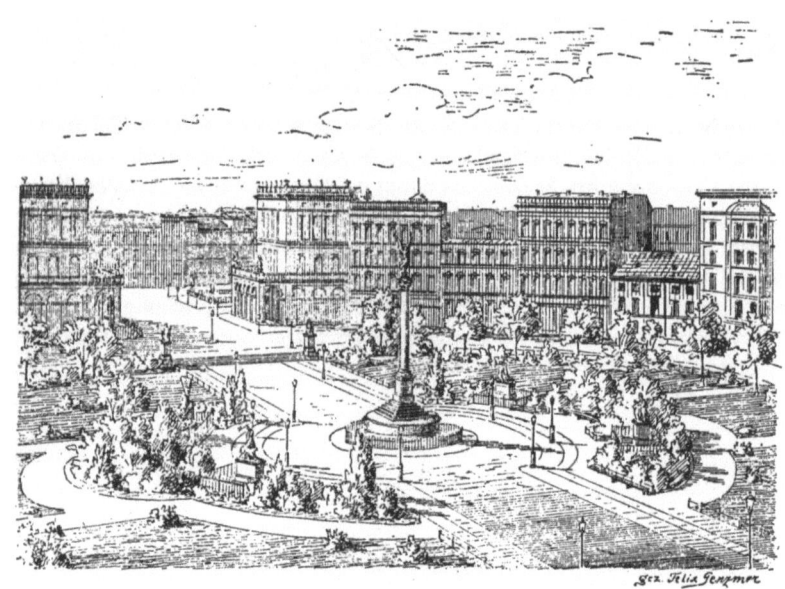

24 Belle-Alliance-Platz in Berlin, Entwurf von Felix Genzmer (St., Abb. 776)

Die Bedeutung der Geschichte

Welche Bedeutung mißt man, in diesem kulturellen Zusammenhang, der Geschichte des Städtebaus bei? In jenen Jahren beginnt eine systematische Beschäftigung mit historischen Fragen, auf den Kongressen ist zumindest immer ein Referent anwesend, der über Themen der Stadtgeschichte vorträgt, in den Handbüchern scheint ein einleitendes Kapitel über historische Aspekte die Regel zu sein.[97]
Dies reicht aber nicht aus, den Kritiker davon zu überzeugen, daß das effektiv notwendige Maß an historischer Analyse erreicht wurde.
Man betrachte z. B. die Handbücher und die große Zahl von Hinweisen auf Gegebenheiten der Stadtgeschichte, die wir dort finden: Im allgemeinen ist der Umfang des deskriptiven Teils weitaus größer als der des analytischen, nicht nur weil das zur Kritik notwendige Handwerkszeug unzulänglich ist, sondern auch weil man der Beschreibung einen erheblichen didaktischen Wert beimißt.
Die Geschichte ist in diesen Schriften immer Lehrmeister, *magistra vitae:* Die Information besitzt einen unmittelbaren Wert als Vergleichsmaßstab, wenn nicht sogar als Grundlage neuer Vorschläge.

Fragen des städtebaulichen Entwurfs bilden eines der häufigsten Motive für historische Bezüge. Hier scheinen Technokraten und Historiker übereinzustimmen, hiervon gehen aber auch, wie wir sehen werden, zwei grundsätzlich verschiedene Annäherungen an die morphologische Frage aus.
Im übrigen besteht auch in diesem Fall – abgesehen von wenigen bemerkenswerten Ausnahmen – nicht die Absicht einer historischen Analyse der städtischen Morphologie, sondern der Aufstellung einer zeitlosen Beispielsammlung, auf die man bei Bedarf zurückgreifen kann.
Es interessiert ziemlich wenig, wie die Stadt entstanden ist, es interessiert dagegen sehr vorauszusehen, wie sie wachsen wird. Die Stadtgeschichte als ein Hilfsmittel bei der Erforschung der die Entwicklung der Stadt bestimmenden Mechanismen bildet erst ein Kapitel am Rande, und dies mehr aus bürgerlichem Ehrgeiz denn aus wirklich wissenschaftlichem Interesse. Um so abwegiger erscheinen deshalb der damaligen Zeit die Interpretationen eines Sitte und, in noch größerem Maße, eines Geddes, der nicht zögert, den Wert der historischen Interpretation, auch in Hinblick auf ihre praktische Anwendbarkeit, anzuerkennen, und eine dynamische Betrachtung der territorialen Phänomene geltend macht, wobei er seiner Zeit um einige Jahrzehnte voraus ist.[98]

Allgemeines

Eine Betrachtung der theoretischen Substanz des Städtebaus des 19. Jahrhunderts und des beginnenden 20. Jahrhunderts muß auf den zeitgenössischen Schriften als grundlegender Quelle basieren, da diese in ihren Aussagen sicherlich treffender sind als alle Folgerungen, die man aus verwirklichten städtebaulichen Maßnahmen ziehen mag.
Es ist jedoch notwendig, zwischen den Zeilen zu lesen, denn die verfügbaren Schriften haben niemals einen solchen (theoretischen) Schwerpunkt besessen, im Gegenteil, sie vermeiden möglichst allgemeine Erörterungen und orientieren sich am jeweilig konkreten Fall.
Die anscheinend pragmatische Haltung des offiziellen Städtebaus ist lange Zeit der offensichtlich ideologischen Haltung der utopischen Tradition gegenübergestellt worden, mit dem Ergebnis, ein Bild von den „Funktionären" des Städtebaus zu entwerfen, das im wesentlichen durch technische Effizienz und geringes Engagement geprägt war. Es war vor allem die Kritik des 20. Jahrhunderts, die diese angebliche „Beschränktheit" (des Städtebaus des 19. Jahrhunderts) angeprangert hat, unfähig – da in der gleichen kulturellen Tradition stehend – dessen wahre ideologische Reichweite zu erkennen.
Es gibt jedoch, selbstverständlich, eine theoretische Basis; erst diese macht jene Geschlossenheit und Eindeutigkeit der Standpunkte möglich, auf die wir schon hingewiesen haben. Um sich dieser theoretischen Substanz bewußt zu werden, muß

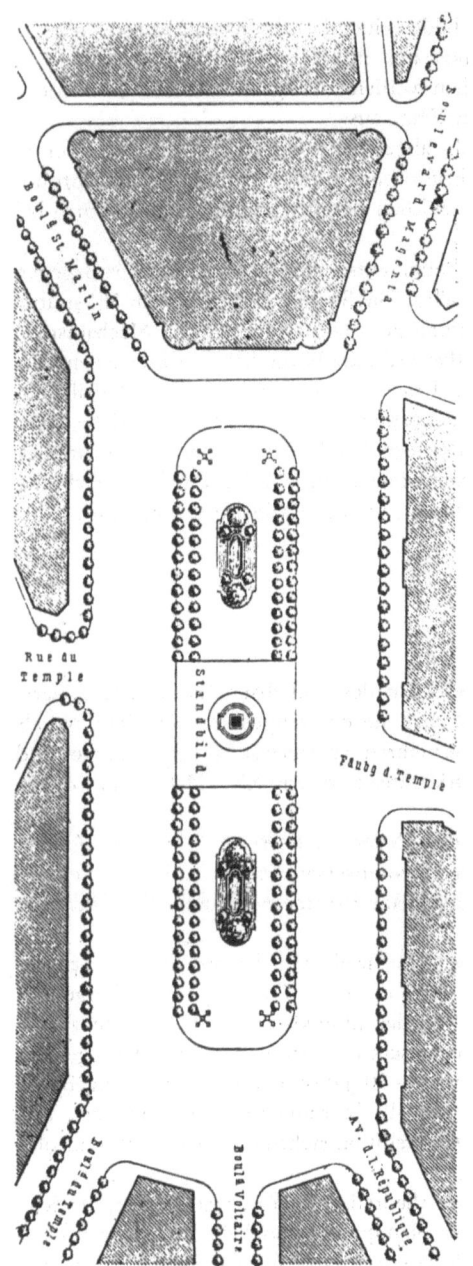

25 Place de la République in Paris
(St., Abb. 778)

26 Aufstellung von Brunnen an der Lorenz-Kirche in Nürnberg (St., Abb. 780)

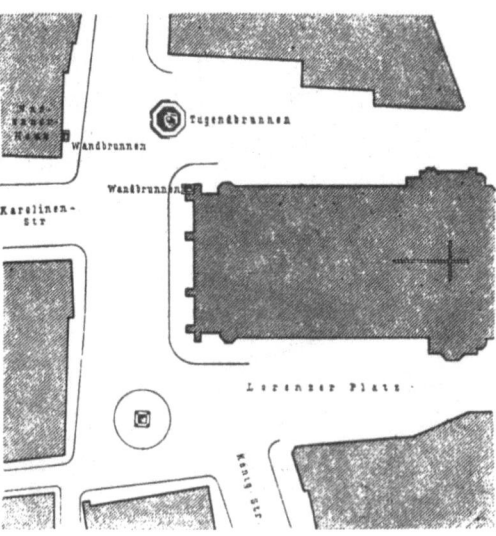

man eine Untersuchung ganz „im Inneren" der städtebaulichen Disziplin durchführen, ohne Abschweifungen auf der Suche nach expliziten Bestätigungen in den Schriften oder gar in der gebauten Umwelt.

Erst dann wird es möglich sein, die Gründe zu verstehen, die z. B. zur Schaffung eines bestimmten Instrumentariums, zur Auswahl eines bestimmten Maßnahmebereiches, zur Beschäftigung mit bestimmten Problemen geführt haben.

Erst dann gewinnt die Disziplin des Städtebaus ihre Würde als Wissenschaft wieder, zeigt sie sich engagiert bei der Verwirklichung eines historisch korrekten, beachtlichen sozialen Projektes.

Sicherlich, dieses Projekt ist nicht jenes grundlegend reformerische, das später immer häufiger verkündet werden wird, aber seine tatsächlichen Eigenschaften zu erkennen ist zweifellos nützlich in Hinblick auf seine mögliche Neubegründung.

Wir wollen zunächst sehen, wie es sich ausdrückt.

Ausdrucksformen

Wie alle Wissenschaften basiert der Städtebau auf einigen *Grundsätzen*, Postulaten, die niemals zur Debatte gestellt werden, da sie am Ausgangspunkt der Disziplin stehen. Wir werden sehen, daß es gerade diese Grundsätze sind, welche dem Städtebau einen rationalen und konservativen Charakter verleihen, trotz allen lautstarken Aufsehens und Protestes, die oft seine Maßnahmen begleiten.

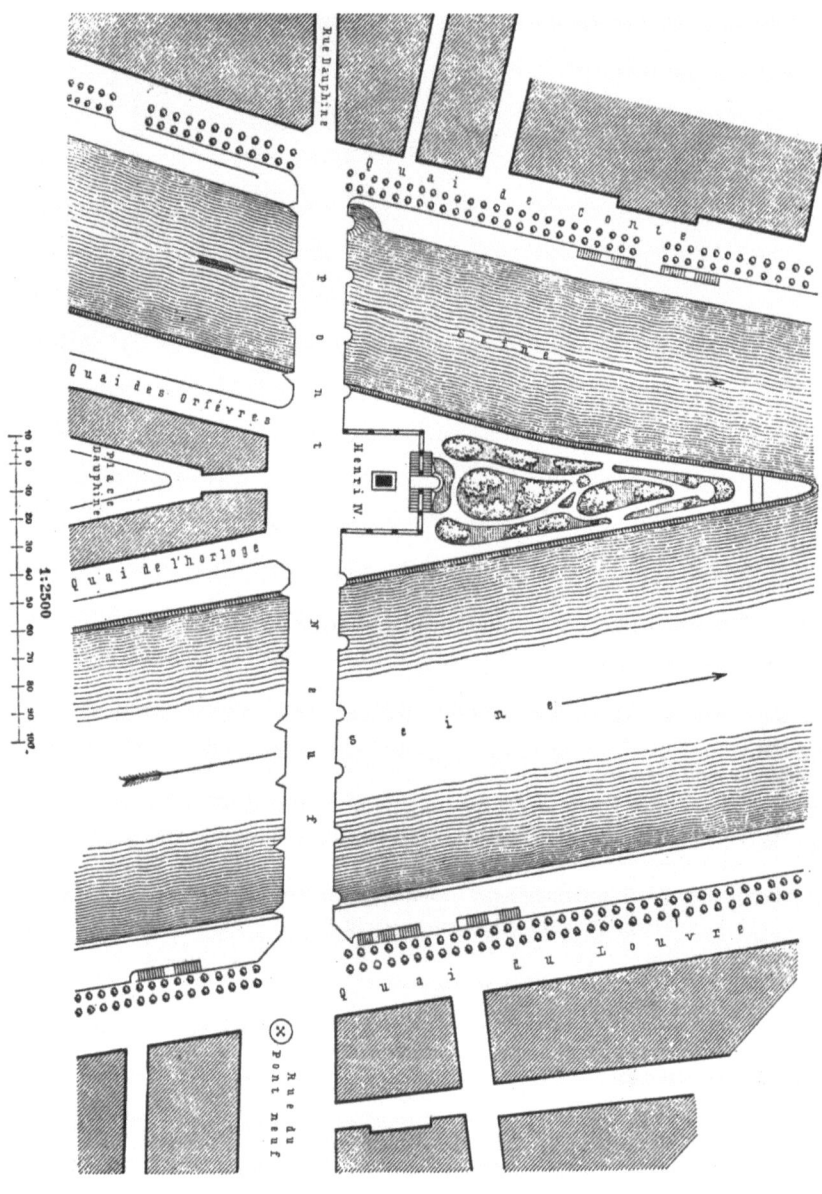

27 Denkmal Heinrichs IV. neben dem Pont Neuf in Paris (St., Abb. 785)

28 Triumphbogen in Paris, gesehen aus der Avenue du Bois de Boulogne (St., Abb. 786)

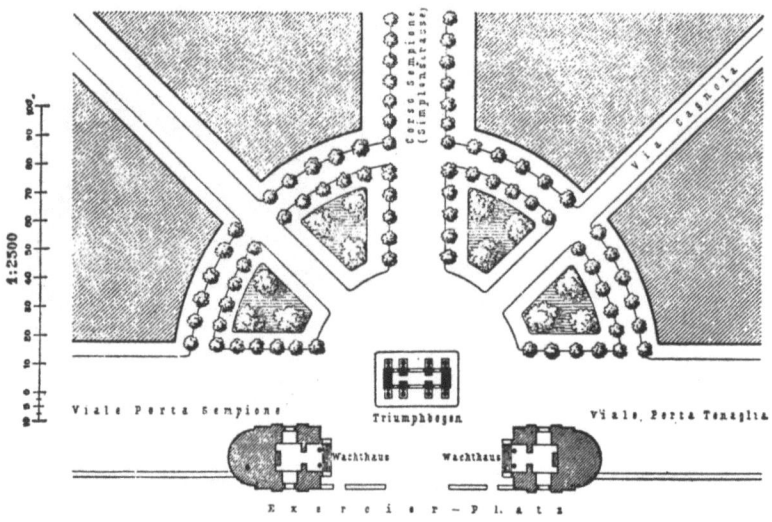

29 Arco del Sempione in Mailand (St., Abb. 787)

Der Städtebau entwickelt sich im Laufe der Zeit; er basiert dabei auf Grundlagen, die aus seiner „Geburt" und Entstehung in einer ganz bestimmten historischen Epoche resultieren. Er erweist sich weitgehend als unfähig, seine ursprünglichen Motivationen in Frage zu stellen, arbeitet stets in der Richtung weiter, die zu Beginn festgelegt wurde, wobei ein immer höheres Maß an Perfektion erreicht wird, widerspricht damit aber laufend neu erklärten Zielen.[99]

Ferner gibt es einige *Fragen,* mit denen sich der Städtebau vorrangig beschäftigt. Diese Fragen bilden die Hauptthemen der Städtebauliteratur, und kein Forscher der damaligen Zeit kann eine Stellungnahme, für oder gegen die verschiedenen Vorschläge, umgehen.

Einige dieser Fragestellungen sind noch heute akut, man denke nur an das Thema der Enteignung von für die Stadtentwicklung notwendigen Flächen oder an den sozialen Wohnungsbau, andere, z. B. die typologische Frage, besitzen nur noch einen dokumentarischen Wert als Zeugnisse der Vergangenheit.

Bei der Debatte dieser Fragen entwickelt und verfeinert der Städtebau sein technisches „Handwerkszeug": Mit penibler Genauigkeit untersucht man das jeweilige Thema wieder und wieder, dringt man bis ins Innerste vor, bewertet man die aus unterschiedlichen Lösungen resultierenden Konsequenzen.

Es ist der Beginn einer spezifisch städtebaulichen Tradition, die in ihren grundsätzlichen Fragestellungen und in ihrem Untersuchungsbereich eindeutig bestimmt ist.

30 Entwurf zur Änderung eines Bebauungsplananteiles der Flur Einsiedel bei Chemnitz, von Paul Klopfer, Holzminden 1908 (DSTB, 1908, Tafel 21)

Es ist auch der Beginn einer Beschäftigung mit Modellen und Abstraktionen von der Realität, welche die Beziehungen zwischen den städtebaulichen Phänomenen und dem sozialen und wirtschaftlichen Umfeld vernachlässigt.

Der Städtebau möchte in der Epoche, mit der wir uns beschäftigen, vor allem eine angewandte Wissenschaft sein, und er ist es auch. Seine *rechtlichen Instrumente* sind im wesentlichen zwei: der Bebauungsplan und die Bauordnung.

Der Bebauungsplan wird, man beachte, nicht als „Diskussionsgrundlage", sondern als „verbindliche Festlegung" verstanden. D. h., es handelt sich nicht um einen Vorschlag, welcher der Allgemeinheit zur Begutachtung vorgelegt wird, sondern um ein Instrument, welches die Lösungen, die von fachlicher Seite angeboten werden, verbindlich durchsetzen will.

Eine derart autoritäre Haltung scheint der liberalen Ideologie zu widersprechen, welche den philosophischen Hintergrund der Entwicklung im 19. Jahrhundert ausmacht. Es ist jedoch festzustellen, daß man verbindliche Planfestlegungen in dem Augenblick systematisch zu diskutieren beginnt, in dem man erkennt, daß der Entwicklungsprozeß schon grundlegend die einstige städtische Wirklichkeit verändert hat, und man die Notwendigkeit verspürt, Maßnahmen zu treffen, welche eine größere Kontinuität der Entwicklung gewährleisten. Der Eingriff der öffentlichen Hand, der in Deutschland im Zeitalter Wilhelms II. in verschiedenen Bereichen des sozialen und wirtschaftlichen Lebens große und komplexe Ausmaße annimmt, ist auch im Städtebau deutlich zu spüren, sowohl was kurzfristige Maßnahmen als auch was langfristige Planungen angeht.

Liberalismus und „starker Staat" erweisen sich als zwei Seiten ein und derselben Medaille, die sich nicht widersprechen; sie sind die Pfeiler, auf denen die Entwicklung des Zweiten Reiches ruht: Im Städtebau, einer abhängigen Wissenschaft, wenn überhaupt einer, spiegeln sich beide wider.

Die Grundsätze

Wir wollen an dieser Stelle einige der Grundsätze des Städtebaus aufführen:
a) Die Stadt ist der alleinige Anwendungsbereich des Städtebaus.
Auch in einer Zeit großer territorialer Veränderungen begegnet man dem Ungleichgewicht und zeigt man dessen Ursachen nur in der Stadt auf. In der Fachliteratur fehlt jeder noch so kleine Hinweis auf die Bevölkerungsumverteilungsprozesse, auf die Zerstörung der natürlichen und landwirtschaftlichen Umwelt, auf die soziale Entwurzelung. Daß die Verstädterung eine Auswirkung und keine Ursache darstellt, ist eine Tatsache, welche die Stadtplaner lieber vergessen.[100]
b) Die Stadt ist dazu verurteilt, bis ins Unendliche zu wachsen. Die Frage einer Begrenzung dieses Wachstums stellt sich nicht.[101]

Das Wachstum als ein natürliches, indiskutables Phänomen zu verstehen, hängt natürlich wiederum damit zusammen, daß sich der Untersuchungsbereich auf die Stadt allein beschränkt. Es wird im deutschen Städtebau niemals die Frage nach der optimalen Größe einer Stadt erhoben, welche dagegen in der utopisch-reformerischen Tradition eine so große Rolle spielt.
Dies ist eine sehr wichtige Tatsache, da sie der Forschung einen „realistischen" Anstrich verleiht: Im Gegensatz zu den Alternativen eines Howard[102] oder eines Saarinen[103] übernehmen die Deutschen die Rolle von Realisten, welche die Probleme effektiv auf dem Boden der Wirklichkeit angehen und nach Lösungen suchen, die keine „Sprünge" irgendeiner Art bedingen.

c) Die Stadt ist selbstverständlich monozentrisch; ein Wachstum in alle Richtungen wird als „ausgeglichen" definiert.[104]
Diese Definition faßt implizit das Ziel allen städtebaulichen Bemühens zusammen. Die Stadt wächst, und allein dadurch produziert sie Reichtum, indem sie einen Wertzuwachs der durch die Expansion betroffenen Grundstücke bewirkt: Somit stellt sich die Aufgabe, ein homogenes, kontinuierliches und in alle Richtungen gleichmäßiges Wachstum zu gewährleisten, damit die Grundstücke der gesamten Stadt gleichmäßig an Wert gewinnen.[105]
Ein ungleichmäßiges Wachstum, das nicht durch besondere Gegebenheiten (einen Fluß, ein Schloß, Festungsanlagen usw.) bedingt ist, oder ein Wachstum, das bewußt in eine Richtung gelenkt wird, wären das falsche Modell, ein typischer, zu vermeidender Fehler.[106]
Ungleichmäßiges Wachstum bedeutet Unordnung, gleichmäßiges Wachstum bedeutet Ordnung. Bei einem ausgeglichenen Wachstum nimmt der Verkehr gleichmäßig vom Zentrum zur Peripherie hin ab: Ein unveränderter, feststehender Schwerpunkt der Verkehrsadern gilt dabei als Bestätigung eines ausgeglichenen Wachstumsprozesses.[107]

d) Unterschiedliche Klassen und Schichten nutzen die Stadt auf unterschiedliche Weise; es ist Aufgabe des Stadtplaners, die Besonderheiten dieser unterschiedlichen Gebrauchsweisen zu erkennen.
Die Notwendigkeit einer Klassifizierung und Zonung der Stadtgebiete wird mit unterschiedlichen Begründungen gerechtfertigt: hygienischen, funktionalen, sozialen.
Was letztere angeht, so sind die besseren Gebiete natürlich als Wohngebiete für die Bürger mit dem höchsten Einkommen vorzusehen; auch die Straßen, die Grünanlagen, die Ausstattung des öffentlichen Raums sind dort von einer höheren Qualität.[108]
Der Mittelschicht bleiben die Gebiete einer minderen Qualität und Ausstattung vorbehalten, welche genau entsprechend den unterschiedlichen Einkommen klassifiziert werden[109], während die Arbeiterklasse nur ein Wohnumfeld benötigt, in dem der Mindeststandard der Bewohnbarkeit gewährleistet ist.[110]

Der Arbeiterwohnungsbau wird immer am Stadtrand oder in der Nähe der Industrieanlagen angesiedelt; damit wird die Vorstellung einer sozialen Segregation, welche die Grundlage der Strategie der Zonung bildet, zu ihrem Extrem geführt.[111]
e) Die Baufreiheit stellt eines der grundlegenden Bürgerrechte dar.[112]
Dies ist nur dann vollkommen zu verstehen, wenn man sich die Tatsache ins Bewußtsein ruft, daß die Baufreiheit eine Errungenschaft des Liberalismus ist, welche erst kurze Zeit zuvor der Willkür des Fürsten entrissen worden war. So war es z. B. der Fall, daß noch gegen Ende des 19. Jahrhunderts einige deutsche Länder, die von den neuen Prinzipien des napoleonischen Rechts weitgehend unberührt geblieben waren, das Recht auf Baufreiheit nicht anerkannten. Der Kampf um die Baufreiheit gewinnt, so gesehen, die Bedeutung eines Konfliktes zwischen dem Alten und dem Neuen, eines Kampfes um die Befreiung von der Tyrannei der Macht.

f) Das vornehmliche Ziel der Eingriffe der öffentlichen Hand besteht in der Sicherung der Mindestbedingungen für eine „natürliche" Entwicklung.
Eine vorrangige Aufgabe der öffentlichen Verwaltung ist es deshalb, Schutzverordnungen zu erlassen, dabei aber nur jene Bereiche der Bautätigkeit einzuschränken, in die sie unmittelbar selbst durch Bereitstellung besonderer Dienstleistungen eingreift.[113] Den Brandschutzbestimmungen entspricht die Feuerversicherung, der Beschränkung der Wohndichte die Anlage von öffentlichen Park- und Grünflächen, den verkehrstechnischen Bestimmungen die Bereitstellung von Ampeln und Bürgersteigen. In den meisten Fällen gewährleisten die Verordnungen einen Mindeststandard. Optimale Lösungen sind selten das Ziel der Maßnahmen der öffentlichen Verwaltung; sie sollen sich von selbst ergeben, sobald der Wachstumsprozeß in geordneten Bahnen verläuft.

5 Die „Fragen"

Wir haben bereits darauf verwiesen, daß die Städtebauliteratur (wozu die Zeitschriften, die Handbücher, die Kongreßakten, die sonstigen Schriften zu zählen sind) sich vornehmlich mit einigen Schlüsselthemen beschäftigt.
Diese Themen sind für uns in dreierlei Hinsicht interessant: erstens, was ihre Auswahl angeht (d. h. die Frage, warum gerade diese Themen und nicht andere), zweitens, was die Art und Weise angeht, in der sie behandelt werden, und drittens, weniger was die (begrenzte) Spanne der vorgebrachten Lösungen, als vielmehr was das Licht angeht, das eine nach und nach vertiefte Analyse auf die Eigenarten und Probleme der Stadt des 19. Jahrhunderts wirft.

Die Gebäudetypologie

Eine der am heftigsten debattierten Fragen betrifft die Gebäudetypologie: *geschlossene* oder *offene Bauweise*?[114]
Es geht hier nicht allein um eine Frage der Nutzung, sondern um eine Grundsatzentscheidung vor allem, aber nicht nur, im Rahmen des Wohnungsbaus: Es geht um das Muster des städtischen Wachstums, wobei eine ganze Reihe von auch sozialen Überlegungen eine Rolle spielen.
Abgesehen von wenigen Ausnahmen, die insbesondere unter den Architekten und weniger unter den Stadtplanern zu suchen sind[115], liegen die Sympathien im allgemeinen bei einem Wohnungsbau mit geringen Dichten. Allerdings gibt Stübben zu: „Es wäre also Thorheit, wollte man in einer Stadt die offene Bauweise zur allgemeinen Regel machen."[116]
Weite Teile der Bevölkerung mit mittleren und niedrigen Einkommen können in der Tat das Miethaus nicht umgehen, das auch in seinen Unterhaltungskosten billiger ist. Darüber hinaus ist dieser Gebäudetypus geeigneter für Geschäfts- und Gewerbezwecke, sicherer, da er nur von einer Seite zugänglich ist, und er wird von den Grundbesitzern vorgezogen, da er einen größeren Profit verspricht.[117]

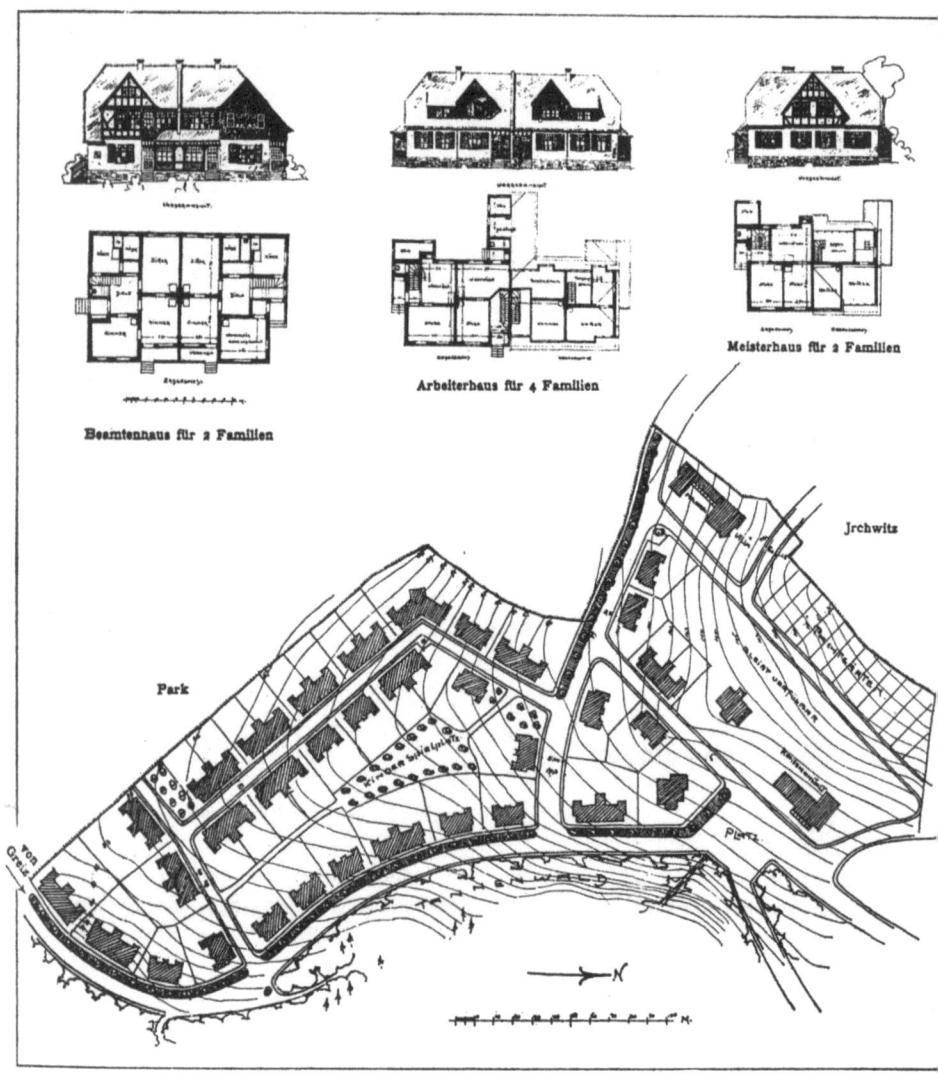

31 Wohnungsbaukolonie der Papierfabrik von Otto Günther in Greiz, von Theodor Goecke, Berlin 1909 (DSTB, 1909, Tafel 8)

Unter Wohnungsbau in offener Bauweise versteht man freistehende Einfamilienhäuser mit gewöhnlich nicht mehr als zwei Geschossen. Jedes Gebäude ist einer Parzelle zugeordnet, die unterschiedlich groß sein kann, als Garten und Hof genutzt wird und etwaigen Nebenbauten Platz bietet. Das Haus ist somit von einem Garten umgeben, sein Abstand von der Parzellengrenze, der Straßenlinie und den Nachbargebäuden wird im allgemeinen durch die Festlegung von Mindestabstandsflächen geregelt.[118]
Dies ist die grundsätzliche Form der Anlage herrschaftlicher Viertel, überhaupt das Wohnideal überall dort, wo es die finanziellen Möglichkeiten erlauben. Es sind Häuser, die zum Wohnen und nicht aus Profitgier erbaut werden, die dem Bürger und dessen Lebensstil entsprechen, die keine Zwänge auferlegen.[119]
Hier, aber nur für die wohlhabenden Schichten, scheint jene alte Beziehung des Gleichgewichts und des gegenseitigen Respekts von Bürger und Stadt wieder verwirklicht zu sein, innerhalb eines anerkannten Wertesystems, das allen Beteiligten ihre bestimmte Rolle bei der Prägung der Umwelt zuteilt.
Dies ist und kann aber nicht die typische Art des Wachstums der Industriestadt sein. Typisch ist vielmehr ein Wachstum, das sich je nach Einkommen der Bewohner in seinen Art und Weisen und seinen Typologien zutiefst unterscheidet.[120]
Selbst die offene Bauweise läßt sich in eine Reihe von Kategorien unterteilen, die von den großen, von einem Park umgebenen Stadtvillen bis zu den kleinen Häuschen auf handtuchgroßen Grundstücken reichen, für welche die Bauordnung einen Bauwich von drei Metern festlegt.[121]
Aber die offene Bauweise sei, so sagt man, keine Sache, die nur den jeweiligen Bewohnern diene. In Wirklichkeit ziehe die ganze Stadt daraus einen Nutzen, da der Reichtum an Freiflächen aus diesen Gebieten wahre „grüne Lungen" innerhalb der immer heftiger von der Luftverschmutzung betroffenen städtischen Agglomerationen mache.[122]
Mit derartigen Bemerkungen sanktioniert man auch in den fortschrittlichsten Bebauungsplänen die private Aneignung desjenigen Gutes, das dem Städtebau so sehr am Herzen zu liegen schien: die Wiederherstellung einer gesunden und möglichst naturnahen Umwelt – auch dieses Ziel wird durch eine äußerst starre und auf allen Ebenen eindeutige soziale Schichtung filtriert.
Die geschlossene Bauweise ermöglicht hohe Dichten. Da das gesamte Grundstück mit Gebäuden und Höfen überbaut wird, ist die notwendige Grundfläche je Wohneinheit viel geringer als bei freistehenden Häusern.
Diese Typologie erweist sich als die geeignetste für den Mietwohnungsbau, außerdem für Gebäude, die nicht dem Wohnen dienen. Sie verbreitet sich sehr schnell in Deutschland, in Rußland, in Österreich und Ungarn sowie in den lateinischen Ländern. Abgesehen von England und von wenigen Regionen auf dem Kontinent, wo die offene Bauweise (wenn auch in reduzierter Form) weiterhin die typische Art und Weise des städtischen Wachstums ausmacht, setzt sich die geschlossene Bauweise in den großen europäischen Industriestädten durch.
Der Mietwohnungsbau stellt in erster Linie eine Kapitalanlage dar.[123]

Man baut ein Mietshaus des maximalen Gewinns, nicht des maximalen Komforts wegen. Der Seinsgrund eines Mietshauses ist ein vollkommen anderer als der eines Einfamilienhauses. Dies macht komplizierte Bauordnungen erforderlich, die jene Mindestanforderungen an die Hygiene und die Sicherheit gewährleisten, welche die elementare Logik des Profits vernachlässigen könnte.[124]
Da eine unmittelbare Beziehung zwischen Bewohner und Gebäude fehlt, entstehen schwierige Probleme bei der Verwaltung der Gemeinsamkeiten, von den Eingangsfluren bis zu den Toiletten, den Trennwänden, den Schornsteinen.[125]
Der Mangel an *privacy*, die ausschließlich ökonomische Beziehung zwischen der Wohnung und ihrem Nutzer – kurz und gut, der Verzicht auf einen Gebäudetypus, der ein vermittelndes Element zwischen der öffentlichen und der privaten Sphäre darstellte – denn man steht in der Tat vor einem allmächtigen Privatbesitzer, welcher alle Ebenen des Gebrauchs der Wohnung und ihres Umfelds regelt –, bringen natürlich entsprechende Vorteile mit sich: Am bedeutendsten sind die niedrigen Kosten der Wohnung, dank der anteilig gemeinschaftlich getragenen Kosten (vor allem der Grundstückskosten).
Da man auf diese Weise Bürgerschichten ansprechen kann, welche in ihren Einkommen von jenen, die vom freien Wohnungsmarkt versorgt, bis zu jenen, die überhaupt nicht versorgt werden (es erhebt sich die wichtige, im nächsten Abschnitt behandelte Frage des sozialen Wohnungsbaus), reichen, wird diese Typologie von der Bau- und Bodenspekulation, die das Wachstum der Großstadt bestimmt, bevorzugt.[126]
Stübben schätzt, daß um 1880 im östlichen Deutschland 90 % bis 96 % der städtischen Bevölkerung zur Miete und 1871 in Dresden 10 % der Bevölkerung zur Untermiete wohnen:
„(...) so ist die Anhäufung vieler Familien in fremdem Hause, wenn nicht ein Rückschritt, so doch eine schlimme Schattenseite unserer Civilisation."[127]
Die typologische Debatte[128] entzündet sich vor allem an den Fragen des Wohnungsbaus; jedoch wird die Möglichkeit einer über das Wohnen hinausgehenden Nutzung im allgemeinen als ein Zeichen der Überlegenheit des einen über einen anderen Typus gewertet.[129] Dies zeigt, daß das Thema in Wirklichkeit die Form des städtischen Wachstums ist, d. h. die Frage, welche Typologie am besten dem Ziel eines geordneten Wachstums entspricht.
Unter geordnetem Wachstum versteht man, wie wir bereits erwähnt haben, ein ausgeglichenes Wachstum, bei dem die Stadt sich gleichmäßig ausdehnt und ein allmählicher und gleichmäßiger Wertzuwachs der von der Erweiterung betroffenen Grundstücke erfolgt. Dieser Wertzuwachs kann aber nur durch Bebauung abgeschöpft werden, d. h. durch eine möglichst hohe Dichte. Es ergibt sich daher das Problem, den Grundbesitzern, welche natürlich eine geschlossene Bauweise bevorzugen, in Anbetracht der Vorteile für die Gesamtstadt eine offene Bauweise aufzuerlegen. Der Frage ausweichend, verweist man im allgemeinen auf den Bebauungsplan als den geeignetsten Ort einer Überprüfung der Formen des städtischen Wachstums.[130]

Die Frage nach offener oder geschlossener Bauweise stellt sich heute nicht mehr, nicht weil sie inzwischen geklärt wäre, sondern weil sie von anderen Überlegungen verdrängt wurde. Die typologischen Untersuchungen der Architekten der Moderne, das übersteigerte Interesse an einer strikten Entsprechung von Bautyp und Funktion[131], die Festlegung optimaler Standards entsprechend den unterschiedlichen Nutzungserfordernissen (für wen, für welche Aktivität, an welchem Standort usw.) haben zur Entwicklung einer ausgeprägten Reihe von Typologien geführt, die in erster Linie die Bauproduktion interessieren. Nur sind es nicht die Interessen der Bauindustrie gewesen, welche Art und Weise des städtischen Wachstums bestimmt haben, sondern die Interessen des Grundbesitzes. Diese Tatsache, die den deutschen Stadtplanern um die Jahrhundertwende so klar war, ist von den Architekten der modernen Bewegung vergessen worden, so daß es nur einem sehr geringen Teil ihrer kreativen Bemühungen, meist mit großer Verspätung, gelungen ist, nicht im engmaschigen Netz der Bau- und Städtebauordnungen hängenzubleiben.

Der soziale Wohnungsbau

Die Wohnungsfrage gehört zu denjenigen, die – von Beginn an debattiert – sich bis heute in ihrem Wesen nicht verändert haben. Es zeigt sich schon zu einem frühen Zeitpunkt sehr deutlich, daß der Bedarf an Wohnungen beim Aufbau der Großstadt ständig wächst, trotz der Intensivierung der Bauproduktion und der städtebaulichen Maßnahmen. Wenn es wahr ist, daß die Stadtbevölkerung in einer Weise zunimmt, welche die Möglichkeiten der Bauproduktion eindeutig übersteigt, so daß der Wohnungsmangel von jeher ein Kennzeichen der modernen Stadt ist, so ist es ebenso wahr, daß für eine breite Schicht der Bevölkerung diese Knappheit chronisch ist, ein auswegloser Schicksalsschlag zu sein scheint.[132]
Eine Stadtentwicklung, die durch Grundrente und private Aneignung des durch die Stadterweiterung erzeugten Mehrwerts des Grund und Bodens bestimmt wird, erlaubt keine Verwirklichung menschenwürdiger Wohnungen für weite Teile der einkommensschwachen Bevölkerungsschichten.[133]
Die hohen Bodenpreise und die niedrigen Löhne führen zu einem Arbeiterwohnungsbau, der nicht nur knapp, sondern auch von äußerst schlechter Qualität und somit oft schon kurze Zeit nach Fertigstellung den Elendshütten zuzurechnen ist. In den meisten Fällen drängen sich die Arbeiterfamilien in den älteren Stadtvierteln, wo die Bevölkerungsdichte Werte wie nie zuvor erreicht, die von den Hygienikern wie den Hütern der öffentlichen Ordnung und Moral gleichermaßen gefürchtet werden.[134]
Daher ist der Schritt zur Forderung, daß die Gemeinschaft dort eingreifen müsse, wo die Privatinitiative kein Interesse zeige, nur kurz. An den unterschiedlichen Formen möglicher Maßnahmen entzündet sich die Debatte. Teilweise befaßt man sich natürlich mit dem Problem der Grundrente[135], teilweise akzeptiert man diese

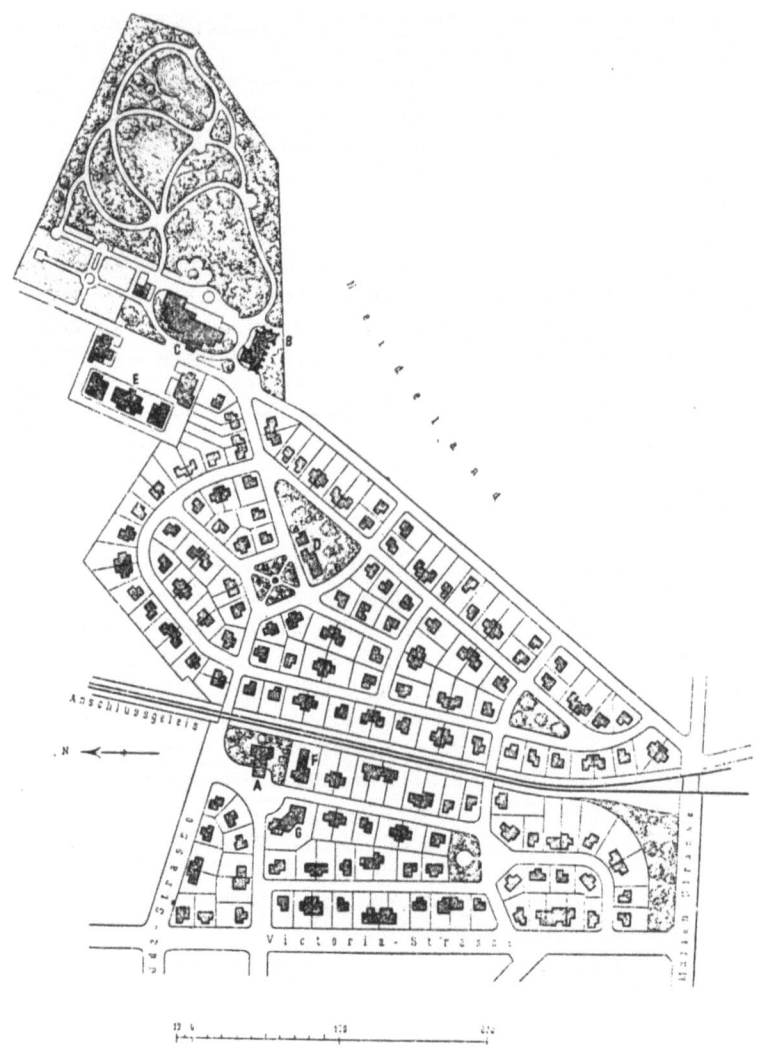

32 Krupp'sche Arbeiterkolonie Altenhof bei Essen, Architekt: Schmohl (St., Abb. 62)

A = Evangelische Kapelle, B = Katholische Kapelle, C = Erholungshaus, D = Konsumanstalt, E = Pfründnerhäuser, F = Feuerwehr, G = Korbflechterei

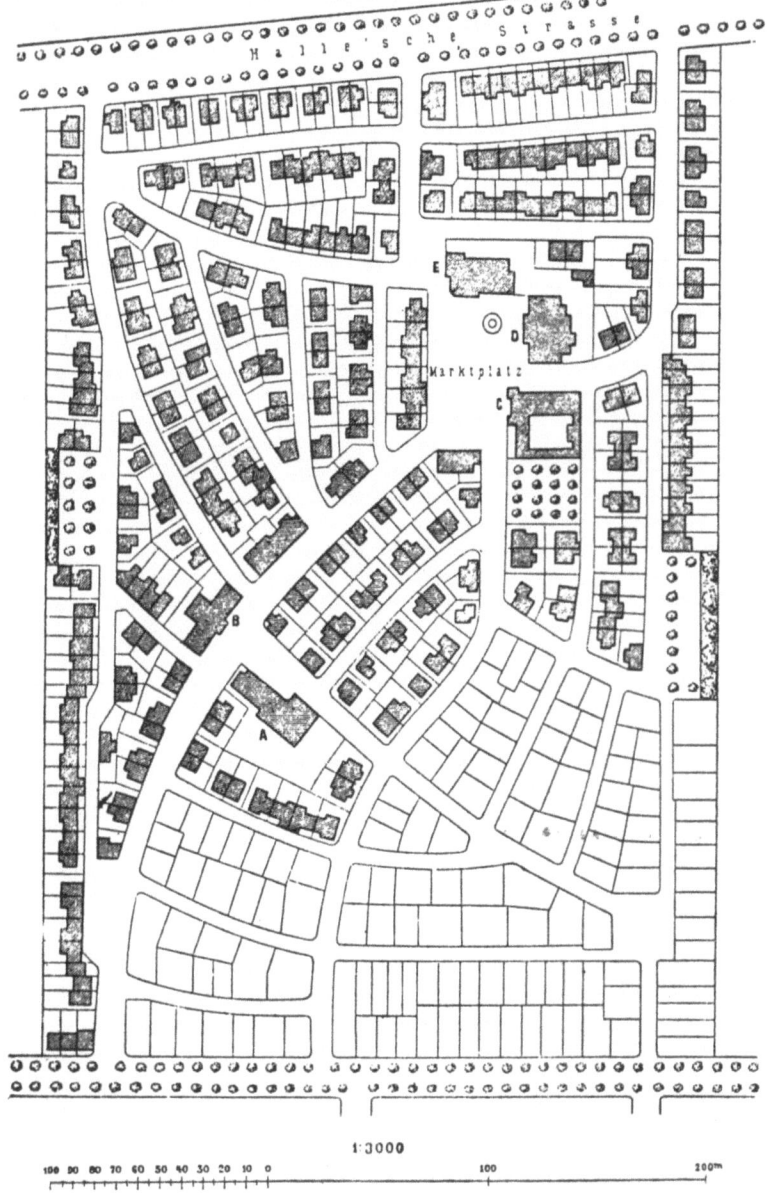

33 Arbeiterkolonie der Solvay-Werke, Architekten: Knoch und Kallmeyer (St., Abb. 63)
A = Schule, B = Bad, C = Restaurant, D = Konsumanstalt, E = Bäckerei und Fleischerei

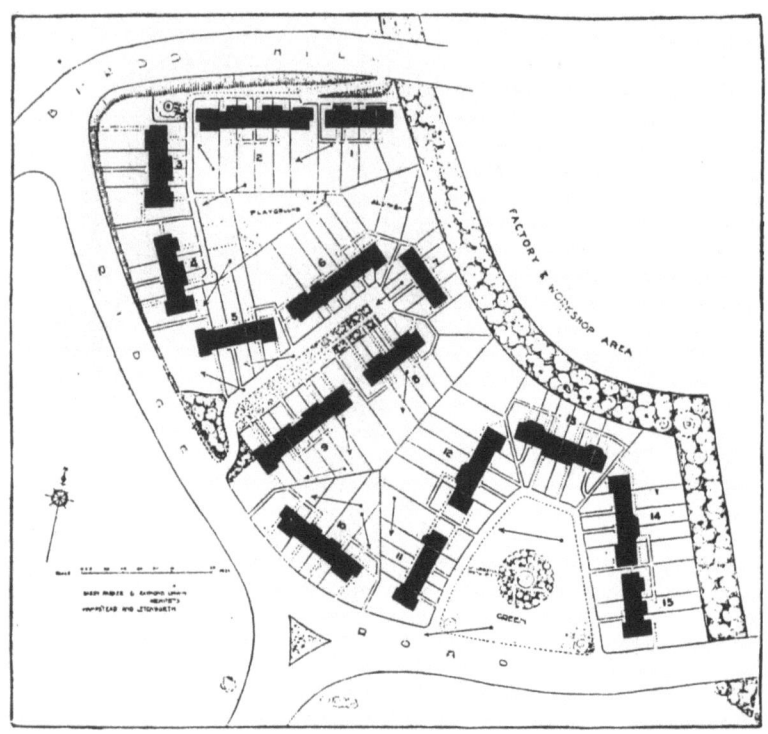

34 Birds Hill in Letchworth, von Raymond Unwin und Barry Parker (St., Abb. 949)

einfach als eine Gegebenheit und konzentriert sich auf das finanzielle und das unternehmerische Instrumentarium.[136]

Zu diesem Zeitpunkt entstehen die Modellsiedlungen des Arbeiterwohnungsbaus, in denen die Stadtplaner oft das ideale Muster einer Stadterweiterung sehen. Maßnahmen wie die Kruppsiedlungen in Essen oder die englischen Siedlungen – von Saltaire bis Port Sunlight –, das Werk aufgeklärter Industrieller und die vielleicht besten Beispiele des Wohnbaus jener Zeit, werden als beispielhaft gepriesen.[137] Entfernt vom Stadtzentrum, jedoch in der Nähe der Fabriken, versorgt mit den notwendigen Dienstleistungen, fühlen sich die Arbeiter eher in das System integriert. Die Wohnungen umgeben die Fabrik: ein soziales Ideal, das aus den Arbeitern die Hüter der öffentlichen Ordnung und des Rechts auf Eigentum macht.[138] Man geht auch so weit zu wünschen, daß die drei Gruppen – Arbeiter, Angestellte, Unternehmer – gemeinsam um die Fabrik herum wohnen mögen, und unterstreicht auf

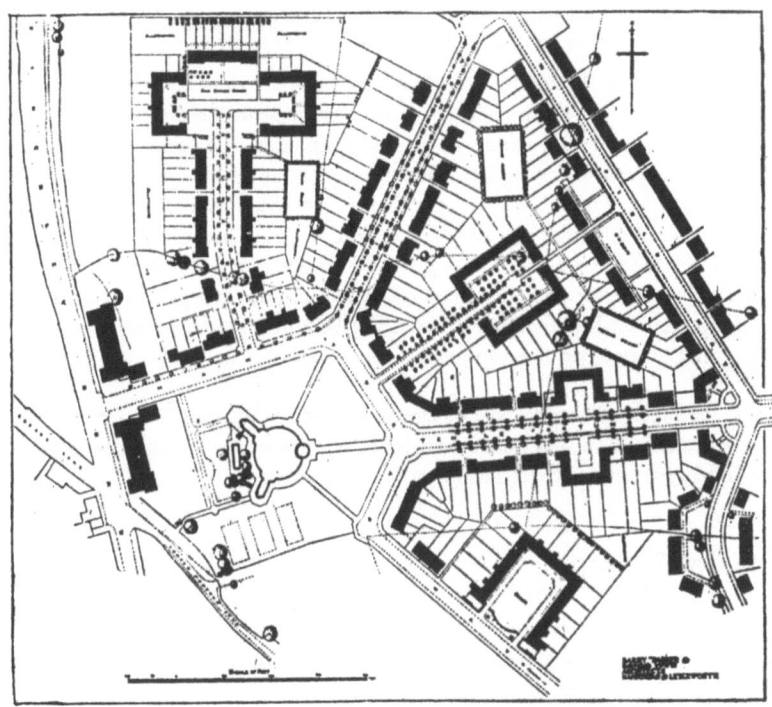

35 Planausschnitt der Gartenvorstadt Hampstead, von Raymond Unwin und Barry Parker (St., Abb. 951)

diese Weise ein weiteres Mal die Notwendigkeit, den potentiellen sozialen Konflikten der großen städtischen Agglomerationen aus dem Wege zu gehen.[139] Damit verschwinden nach und nach die Unterschiede zwischen den Vorschlägen einer sozialen und städtebaulichen Erneuerung seitens der Utopisten auf der einen und den Realisierungen aufgeklärter Industrieller auf der anderen Seite. Die einen wie die anderen schlagen räumliche Ordnungsmodelle vor, die im wesentlichen anti-urban sind, eine weitgehend autonome Struktur der Dienstleistungen sowie eine Bebauung mit geringen Dichten und viel privatem und öffentlichem Grün.[140] Sicherlich, es bleiben gewisse Unterschiede, die vor allem den Ansatz betreffen – die utopischen Vorschläge beziehen den gesamten sozialen Organismus mit ein, die Arbeitersiedlungen haben nur das Ziel, die Arbeiter zu besänftigen und sie, trotz niedriger Löhne, enger an die Fabrik zu binden –, aber dies scheint vielen bekannten Stadtplanern, die begeistert sind, jene räumlichen Strukturen verwirklicht zu sehen, die der normale Marktmechanismus zu verbieten scheint, zu entgehen.[141]

Allerdings sind und können diese Siedlungen nicht die grundsätzliche Lösung der Wohnungsfrage liefern. Man appelliert an die öffentliche Hand, Gesetze zu erlassen, die eine Enteignung erleichtern, aber vor allem dem sozialen Wohnungsbau Kredit- und Steuervergünstigungen zu gewähren, damit die Bauindustrie auch in diesem Marktsektor wirtschaftlich arbeiten kann.[142] Die sofortige Gründung von öffentlichen (von der Gemeinde oder vom Staat getragenen) und privaten Gesellschaften, von gemeinnützigen Gesellschaften, von Genossenschaften ist das Thema einer Debatte, die sich auf der einen Seite um eine Lösung der Frage des ständig steigenden Wohnungsbedarfs, auf der anderen Seite um eine Bewältigung der in regelmäßigen Abständen wiederkehrenden Krisen der Bauwirtschaft bemüht, welche mehr als alle anderen Wirtschaftszweige den Schwankungen der Volkswirtschaft gegenüber empfindlich ist.[143]

Die Gegenüberstellung der Vorschläge und Beispiele über die Formen des Maßnahmeninstrumentariums, über die Frage, ob Eigentums- oder Mietwohnungsbau, über die Gebäudetypen ist weitreichend und detailliert.[144]

Die Enteignung

Die Forderung nach Enteignung ergibt sich aus der Notwendigkeit, dem Privatbesitz die Kontrolle über den für eine geordnete Stadtentwicklung nötigen Grund und Boden zu entreißen. Da, wie wir gesehen haben, eines der Ziele eines geordneten Wachstums in der allmählichen Wertsteigerung des städtischen Grund und Bodens liegt, erscheint die Enteignung letztendlich als ein Instrument zur Stützung des Privateigentums. Diese Überlegungen stehen am Ausgangspunkt einer der am heftigsten debattierten Fragen; zweifellos führt dabei die Notwendigkeit eines rationalen Entwurfs des städtebaulichen Plans mehr als einen Wissenschaftler dazu, die Grenzen der von einer Enteignung betroffenen Gebiete immer weiter auszudehnen.

In Deutschland sind dies insbesondere die Flächen für die im Bebauungsplan vorgesehenen Straßen und Plätze, außerdem für die Eisenbahntrassen und die Wasserstraßen, jedoch im allgemeinen nicht für öffentliche Ausstattungen wie Schulen oder Grünanlagen, da diese Flächen in der Regel auf dem Markt zu erwerben sind.[145]

Die Stadtplaner schauen neidisch auf jene Länder, wie Frankreich (die Haussmannschen Dekrete der Jahre 1852 und 1858) oder Italien (das Gesetz für Neapel aus dem Jahre 1885), wo sogar eine Flächenenteignung zwecks Sanierungsmaßnahmen möglich ist.[146]

In der deutschen Fachliteratur wird die Flächenenteignung im allgemeinen mit der Frage einer Umlegung in Verbindung gebracht. D. h., in den Fällen, in denen sich

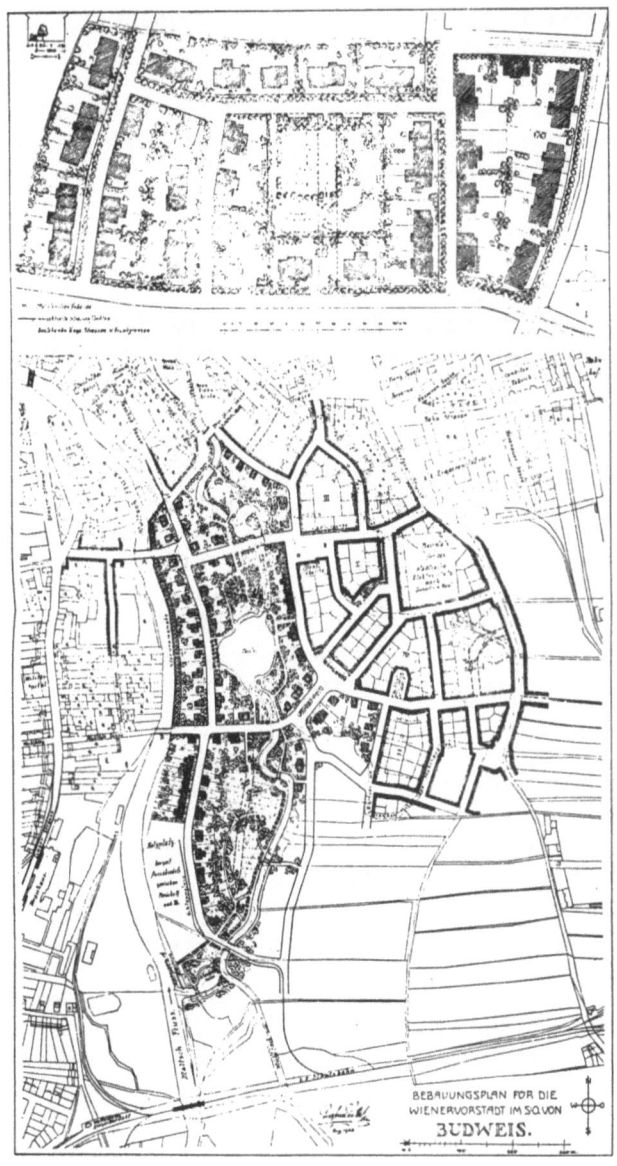

36 oben: Bebauungsplan für eine Wohnhauskolonie in Budweis; unten: Bebauungsplan für die Wiener Vorstadt im Südosten von Budweis, von Siegfried Sitte, Wien (DSTB, 1909, Tafel 42–43)

die Stadt bei ihrer Erweiterung einer alten, unvernünftigen Parzellierung gegenübergestellt sieht, erscheinen die Enteignung und Umlegung der Katasterparzellen als die einzig verfügbaren Mittel, um zu verhindern, daß auf der einen Seite einige Grundbesitzer auf unzumutbare Weise benachteiligt werden und daß auf der anderen Seite einzelne, die sich dem Willen der Gemeinschaft entgegenstellen, diese auf leichte Art und Weise erpressen können.[147]

Für eine Verstaatlichung allen Grund und Bodens, um dadurch der Gemeinschaft den Mehrwert zu sichern, der aus dem Wachstum der Stadt resultiert, setzen sich die Stadtplaner kaum ein:
„Es läßt sich nicht verkennen, daß die Forderung, Baugelände für neue Wohnungen durch Entziehung des Privatbesitzes zu schaffen, etwas stark Sozialistisches an sich hat, und es ist deshalb zu verstehen, daß auch manche fortgeschrittene Köpfe vor dieser Maßregel zurückschrecken."[148]
Die Frage (des Mehrwerts*) stellt sich erneut in dem Augenblick, in dem über die Entschädigung einer Enteignung gesprochen wird. Bei der Bestimmung der Höhe dieser Entschädigung und bei der Diskussion der Frage, ob diese allein dem Wert des ursprünglich landwirtschaftlich genutzten Grund und Bodens entsprechen solle oder nicht, vertuscht man nicht den „öffentlichen" Ursprung des Wertzuwachses, nimmt es gleichzeitig aber als gegeben an, daß das öffentliche Ziel eine individuelle Bereicherung sei.[149] Man geht sogar soweit, für all jene Flächen eine Entschädigung zu fordern, die aufgrund ihres Zuschnitts oder ihrer Größe infolge von Straßenbaumaßnahmen von Privatleuten keiner Nutzung mehr zugeführt werden können.[150]

Die Bodenspekulation

Die Bodenspekulation manifestiert sich in der bekannten Art und Weise: Große Flächen landwirtschaftlichen Grund und Bodens werden in Hinblick auf eine spätere Ausweisung als Bauland aufgekauft und für etliche Jahre „eingefroren". Sie werden zu einem weitaus höheren Preis wieder auf den Markt geworfen, sobald sie Teil des Stadtgebietes geworden sind.[151] Die Stadtplaner beanstanden nicht grundsätzlich den Wertzuwachs, den der Grund und Boden bei seinem Übergang von einer landwirtschaftlichen zu einer städtischen Nutzung erfährt, sie widersetzen sich jedoch einem „künstlichen", durch Spekulation veranlaßten Wertzuwachs, der einen Wachstumsprozeß grundlegend verändert, welcher ansonsten einfach durch das Gesetz von Angebot und Nachfrage geregelt würde.[152]

---

* A. d. Ü.

Der Bebauungsplan wird als ein Instrument zur Wiederherstellung „natürlicher" Bodenmarktbedingungen verstanden, er erweist sich aber in allen Fällen als unwirksam. Für Eberstadt ergibt sich der Wert eines Baugrundstückes aus der Summe eines festen Wertes (des sogenannten Wertes zum Hausbau) zum Zeitpunkt der Aufgabe der ursprünglich landwirtschaftlichen Nutzung, eines in Abhängigkeit von der Lage variablen Wertes (des sogenannten Wertes der Stadtlage) und eines von der jeweiligen Art der Bebauung abhängigen Wertes (des sogenannten Wertes der besonderen Bauweise).[153] Dies bedeutet, daß nicht der hohe Bodenpreis eine entsprechende bauliche Ausnutzung des Grundstücks auferlegt, sondern daß das Gegenteil der Fall ist: Die Festlegung einer hohen Ausnutzungsziffer läßt die Bodenpreise in die Höhe schnellen. Dieser Tatsache ist es zu verdanken, daß die Spekulation nicht dem Verlauf der Rendite folgt, d. h. vom Zentrum zum Stadtrand abnimmt, sondern gerade dort anzutreffen ist, wo die Bodenpreise anfänglich am niedrigsten sind:
„Das Massenmiethaus wird zunächst vereinzelt ausgeführt; sofort erreicht der Bodenpreis eine künstlich getriebene Höhe. (...) Der neue Bodenpreis überträgt sich naturgemäß allgemein auf den umliegenden Bezirk."[154]
Gerade diesen „künstlichen" Wertzuwachs der Bodenpreise sollte der Städtebau, indem er das ihm zur Verfügung stehende Instrumentarium richtig nutzt, zu besiegen in der Lage sein.

6 Der Bebauungsplan

Die Gründe für den Plan

Sich allein überlassen, entwickelt sich die Stadt in einer chaotischen Weise, erreicht sie in kurzer Zeit unerträgliche Ausmaße an funktionalem Durcheinander und an sozialen Spannungen: Die Erfahrung der frühen, von Epidemien und Kriminalität geplagten Industriestadt, in welcher der einzelne Eigentümer zum ausschließlich und unmittelbar eigenen Nutzen handelte, bestätigt die Notwendigkeit, die Probleme der Stadt als Probleme der Allgemeinheit zu begreifen. Da die Allgemeinheit mit der öffentlichen Verwaltung identifiziert wird, ist es diese, welche – in einer mehr oder weniger autoritären und alle Fäden zusammenziehenden Art und Weise – die Aufgabe übernimmt, die städtische Entwicklung zu planen und zu lenken.
Im übrigen ist, seit der Fürst der neuen, aufsteigenden Bürgerschicht die Macht überlassen hat, frei über die Stadt zu verfügen, d. h., jeder Bürger das Recht besitzt, seinen eigenen Grund und Boden zu bebauen, eine Stadterweiterung durch große, einheitliche Maßnahmen, von Ausnahmefällen abgesehen, nicht mehr denkbar. Die Zersplitterung der Stadt in eine Vielzahl privater Grundstücke – und damit die potentielle Konfliktsituation beim Wettbewerb um die eine oder andere mögliche Form der Stadterweiterung – macht eine zusammenhängende, einheitliche Politik bei der Verwaltung der Stadt erforderlich.
Diese Notwendigkeit bildet einen der Ausgangspunkte des Städtebaus überhaupt; so schreibt Baumeister 1876:
„daß ein Plan ganz unumgänglich sei, um bei prinzipiell unbeschränkter Baufreiheit in der ganzen Umgebung der Stadt im allseitigen Interesse Ordnung zu halten".[155]
Und Eberstadt erklärt dreißig Jahre später:
„Das Erfordernis oder zumindest die Ersprießlichkeit, in die Aufteilung des städtischen Bodens eine bestimmte Planmäßigkeit zu bringen, ergibt sich schon aus rein wirtschaftlichen Gründen, d. h. aus der ordnungsgemäßen, vorteilhaften und rechnerisch günstigen Verwendung der Bauflächen."[156]

Man sollte sich dieser Tatsache sehr bewußt sein, denn später betont man in der Fachliteratur immer wieder die sozialen Ursprünge des Städtebaus, mit dem Ergebnis, das Hauptziel mit einer Nebenwirkung zu verwechseln und somit vor einem mit dieser Annahme auf eigenartige Weise unvereinbaren technischen Apparat und Instrumentarium zu stehen.
Das wirkliche Ziel des Städtebaus ist es nicht, die Mißstände zu beseitigen, die Ungerechtigkeiten abzubauen, die Spannungen zu entschärfen, wie aus einer Betrachtung der allerersten Maßnahmen, die man im allgemeinen als die Ursprünge des Städtebaus bezeichnet, erscheinen könnte. Die Ungereimtheiten sind nicht in einer Disziplin zu suchen, die klar und zusammenhängend aufgebaut und motiviert ist, sondern vielmehr bei deren späteren Verfechtern, die nicht die ganze Wahrheit begreifen.
Die Überlegungen im deutschen Städtebau gegen Ende des 19. Jahrhunderts sind ein reifer Ausdruck aller bis dahin gemachten Erfahrungen: Das Hauptziel, das alle weiteren Absichten bedingt und rechtfertigt, bildet die Maximierung und gleichmäßige Verteilung des aus dem Wertzuwachs des Grund und Bodens resultierenden Reichtums.
So gesehen, stellt der Bebauungsplan ein Instrument dar, das in die Realität eingreifen soll, um Fehlentwicklungen zu korrigieren; er soll eine aktive Rolle in einem Kontext spielen, dessen Entwicklung – sich allein überlassen – den Interessen der Allgemeinheit widerspräche.[157]

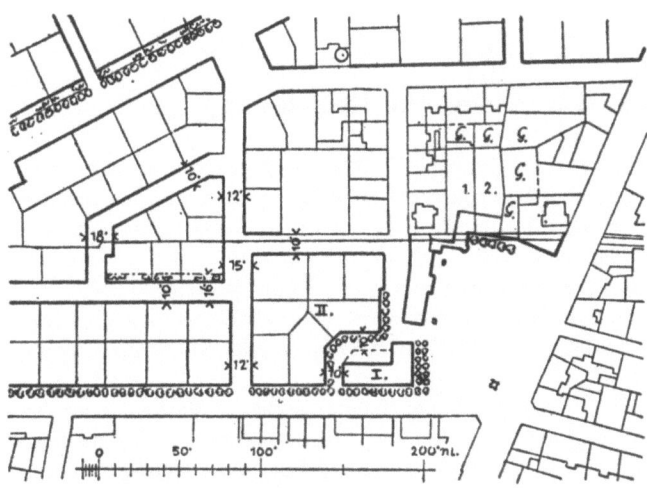

37 Übersichtsplan zur Platzbildung für Marienberg, von Camillo Sitte, Wien 1904 (DSTB, 1909, Abb. 1, S. 74)

Die „Entwicklungen" und „Veränderungen", welche die Bebauungspläne versprechen, in denen sie, so die Äußerungen, ihre wahre Existenzberechtigung sehen, sind jedoch – was den Apparat und die Möglichkeiten der Disziplin angeht – nichts als Worte, die letztendlich zu einer Verschleierung der zugrunde liegenden ökonomischen Motivationen beitragen.

Es entsteht der „Mythos" vom Bebauungsplan als einer Hoffnung auf technische Lösungen und wirkliche Erneuerung.

Und es entsteht auch der „Mythos" vom Bebauungsplan als Produzent von Reichtum und nicht bloß als Instrument der Umverteilung der städtischen Güter.

Dem tatsächlichen Aufbau der Disziplin gegenübergestellt, erfüllen all diese Ansprüche ungewollt eine andere Funktion: Sie beleuchten den zutiefst ideologischen Charakter der „Mythen" vom Bebauungsplan.

Es fällt in der Tat leicht zu erkennen, daß die vom Plan versprochenen Veränderungen nichts weiter als die Wiederherstellung der ursprünglichen, „natürlichen Entwicklungsbedingungen" beinhalten, in der Annahme einer fortschreitenden Evolution der Gesellschaft der Bürgerrechte zu immer höheren – aber auch immer angepaßteren – Zielen an Wohlstand und sozialer Integration.[158]

In diesem Sinn gewinnt der Plan eine offensichtliche Bedeutung als Instrument zur Sicherung der Rechte des Einzelnen, der öffentlichen Ordnung, der Hygienevorschriften, des Verkehrsflusses usw., d. h. einer Ordnung, die, auch wenn sie zuvor nie in dieser Form existiert hat, zur wirtschaftlichen Behauptung des Bürgertums beiträgt.

Vor allem bekommt der Plan unmittelbar die Aufgabe übertragen, die Bodenwerte zu sichern.

Stadtentwicklung und Grundrente

In der Tat hängt die ganze Problematik des Bebauungsplans, nicht zufälligerweise, viel enger mit der Frage der Bodennutzung zusammen als z. B. mit der sozialen Frage, welche eigentlich die Ausgangsbasis jeden Versuchs einer städtischen Erneuerung darstellen müßte.

Es läßt sich sogar behaupten, der gesamte Städtebau drehe sich um die Interessen des Grundbesitzes oder sei davon zumindest entscheidend geprägt.

Die Kräfte, welche den Plan bekämpfen oder unterstützen, sind die des Grundbesitzes.

Die Frage der Enteignung, einer wesentlichen Maßnahme bei der Verwirklichung des Plans, stellt sich mehr in den Stadterweiterungsgebieten – wo erheblich größere Möglichkeiten der Spekulation gegeben sind –, weniger in den schon bebauten Stadtgebieten.

Ebenso heftig debattiert wird die Frage der Parzellierung und Umlegung, d. h. die Art und Weise einer gerechten Verteilung der städtischen Güter, wobei man die Last

der Abtretung des für das Straßennetz nötigen Grund und Bodens (zu einem hohen Preis) akzeptiert.
Immer in Hinblick auf die Rechte des Grundbesitzes diskutiert man über eine begrenzte Gültigkeit des Plans, über Verfahren zur Planänderung, über Verbindlichkeit und Flexibilität des Plans.[159]
Selbst die typologische Frage steht in einem Zusammenhang mit den Rechten des Grundbesitzes, seit die Gebäudetypologie als eine unabhängige Variable verstanden wird, als Ursache, nicht als Wirkung des Wertzuwachses des Grund und Bodens: „Der Bauunternehmer führt die Wohnungen in der Form und Preislage aus, wie sie der Bodenspekulant ausrechnet."[160]
Angesichts einer Stadterweiterung, die sektoral und abschnittsweise erfolgt (zeitlich, räumlich, infrastrukturell gesehen) und sehr oft durch punktuelle Maßnahmen gezeichnet ist, versteht sich der Bebauungsplan – und die ihn begleitende Ideologie – als ein allgemeiner Bezugsrahmen, als Bild und Instrument einer globalen Entwicklung, die in Wirklichkeit jedoch den Bildungsprozeß der kapitalistischen Stadt niemals geprägt hat.
Der Plan wird sich zwar als eines der Instrumente erweisen (nicht immer das wichtigste, sicherlich jedoch das offizielle), um auf den Bodenmarkt einzuwirken; doch andere Kräfte und Institutionen verändern die Landschaft und beeinflussen zutiefst den Bodenmarkt. Dies sind vor allem die Industrieanlagen und die großen Infrastrukturen – Eisenbahntrassen, Wasserstraßen –, welche einer Logik folgen, der die Grundrente fernsteht. Mit diesen legen sich die Stadtplaner sofort an, denn sie erkennen genau die Gefahr, die hier dem regulären Gang des Marktes droht, aber es wird in vielen Fällen ein Gespräch zwischen Tauben bleiben.[161] Denn es sind zwei unterschiedliche Machtzentren, die hier aufeinanderstoßen, ebenso verlaufen die Entscheidungsprozesse unterschiedlich, und in der Realität wird der Plan systematisch in Zusammenstöße verwickelt, anstatt über den Parteien zu stehen.
Die Zonung, erstmalig angewandt, stellt den Versuch dar, das Wachstum in einem Ordnungsschema aufzufangen, das eine wirksame Kontrolle der Bodenwerte gewährleistet.[162]
Sobald die Richtungen des Wachstums festgelegt sind (wobei als das „beste" immer ein konzentrisches Wachstum betrachtet wird), hängt die Anziehungskraft und damit der ökonomische Wert der einzelnen Gebiete von ihrer Lage innerhalb des Gesamtnetzes der Flächennutzungen ab.
Dies ist der Grund für die Absonderung der emissionsstarken Industriegebiete.[163]
Es ist auch der Grund für eine die Industriestadt so kennzeichnende Segregation der einzelnen Bevölkerungsschichten, denn unerwünschte Nachbarn können den Wertzuwachs behindern.
„Die ungelernten aber regelmäßig beschäftigten (Arbeiter) gilt es (...) aus dem Stadtinneren herauszuziehen in die Vorstädte und sie hier so unterzubringen, wie bisher die gelernten Arbeiter oder vielleicht gleich noch besser, wie in den ‚Gartenstädten' im engeren und weiteren Sinne. Die unterste, halb kriminelle Schicht aber,

81

ungelernte und nicht einmal regelmäßig beschäftigte Arbeiter, die immer in der Nähe der Arbeitsgelegenheit bleiben müssen, werden im allgemeinen nur im Stadtinneren in Miethäusern für mehrere Familien untergebracht werden können (...).
In Deutschland haben wir (...) die extensiv sehr viel größere (Aufgabe) zu lösen, zunächst einmal unsere Mittelklassen und oberen Arbeiterklassen, ja selbst den größten Teil unserer wohlhabenden Klasse von der Herrschaft der Mietskaserne zu erlösen und ihnen ein (...) menschenwürdiges und gesundes Wohnen (...) zu ermöglichen."[164]

Soviel Kühlheit und Klarheit bei der Übersetzung der übelsten Aspekte der Verstädterung in technische Anleitungen zeigen ziemlich deutlich die Tiefe der sozialen Interessen der Vertreter der neuen Disziplin des Städtebaus – oder besser gesagt, tragen dazu bei, deren grundverschiedene Motivation noch einmal zu unterstreichen. Vor allem in den Stadterweiterungsgebieten begegnen wir der Bodenspekulation: Bei seinem Übergang von einer landwirtschaftlich genutzten zu einer dicht bebauten städtischen Fläche bietet der Grund und Boden die Möglichkeit des größten Profits.[165] Dies ist aber nur dann möglich, wenn die alte Vorliebe der wohlhabenden Schichten für das Zentrum umschlägt und die Stadtrandgebiete als die Vorzugsgebiete angesehen werden. Eberstadt bemerkt dies, wenn er sagt:

„Als den ersten Gegensatz zwischen der von uns vorgefundenen Stadtanlage und den neu zu schaffenden Formen möchte ich bezeichnen die vollständige Umkehrung in der Stellung des Zentrums und des Außenbezirks. (...) In den dem landesfürstlichen Städtebau entstammenden Stadtanlagen ist das fürstliche Residenzschloß der glanzvolle Hauptpunkt, der oft schon äußerlich das Stadtbild beherrscht und an dessen Umgebung die meistbegünstigten Stadtteile sich anschließen. (...) Bis in die 60er Jahre des 19. Jahrhunderts hatte sich an dieser Bewertung von Innenstadt und Außenbezirken in Deutschland nichts Wesentliches geändert. Heute dagegen hat fast in jeder Großstadt die Stadtmitte (...) aufgehört, den bevorzugten Wohnbezirk zu bilden. (...) Die Außenstädte und Vorstädte dagegen haben den Charakter der Minderwertigkeit verloren; in ihnen vollzieht sich nach jeder Richtung hin, wenn auch mit Unterscheidung des Wertes der Lage, die neuere Stadterweiterung. Die uns überlieferte Stadtanlage hat einen zentripetalen, die neuzeitliche hat einen zentrifugalen Charakter."[166]

Die Frage des historischen Stadtzentrums

Es ist darum nicht verwunderlich, daß der Bebauungsplan vor allem ein Stadt*erweiterungs*plan ist, d. h., sich mit dem städtischen Raum der Zukunft beschäftigt, mit der Ausbreitung der Stadt in die offene Landschaft.
Mit der überlieferten Stadt befaßt sich der „Veränderungsplan", der zum ersten Mal das historische Stadtzentrum unabhängig von den allgemeinen städtischen Wachs-

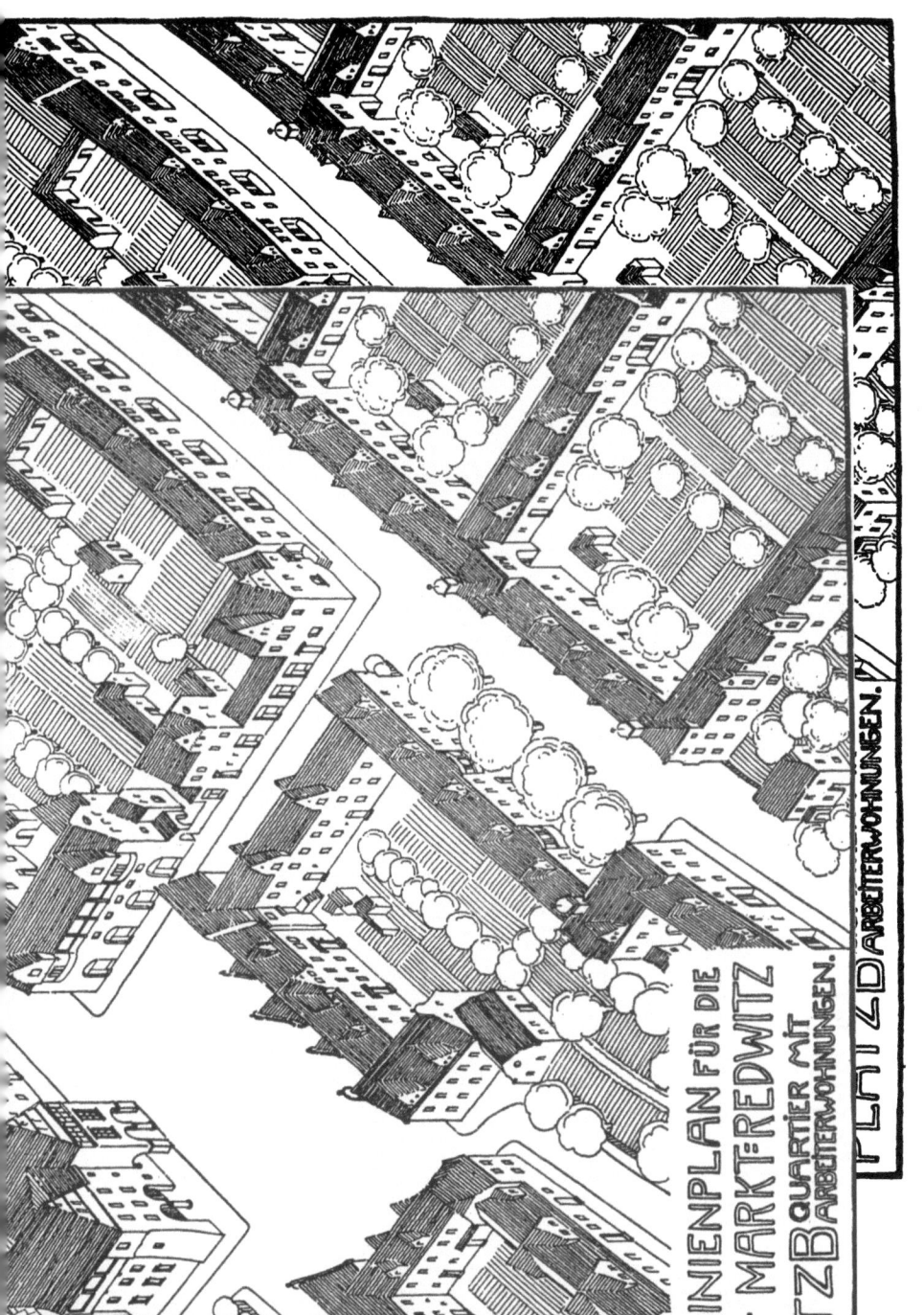

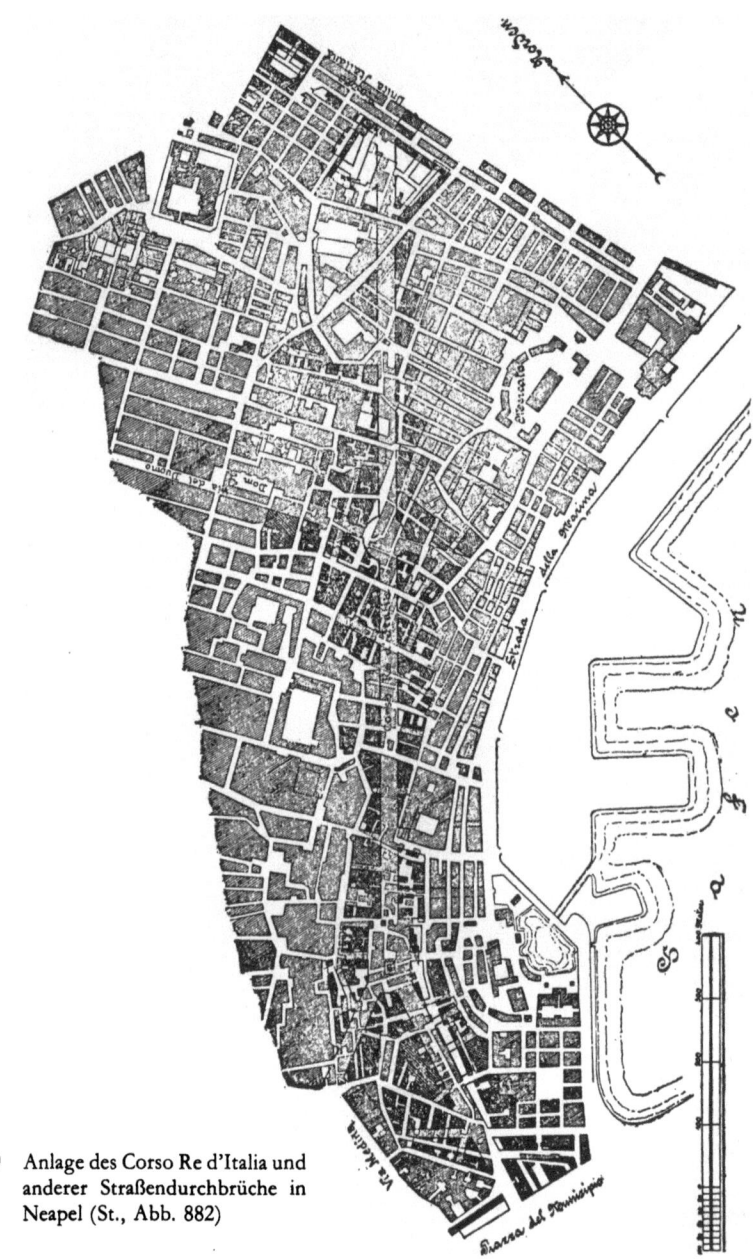

39 Anlage des Corso Re d'Italia und anderer Straßendurchbrüche in Neapel (St., Abb. 882)

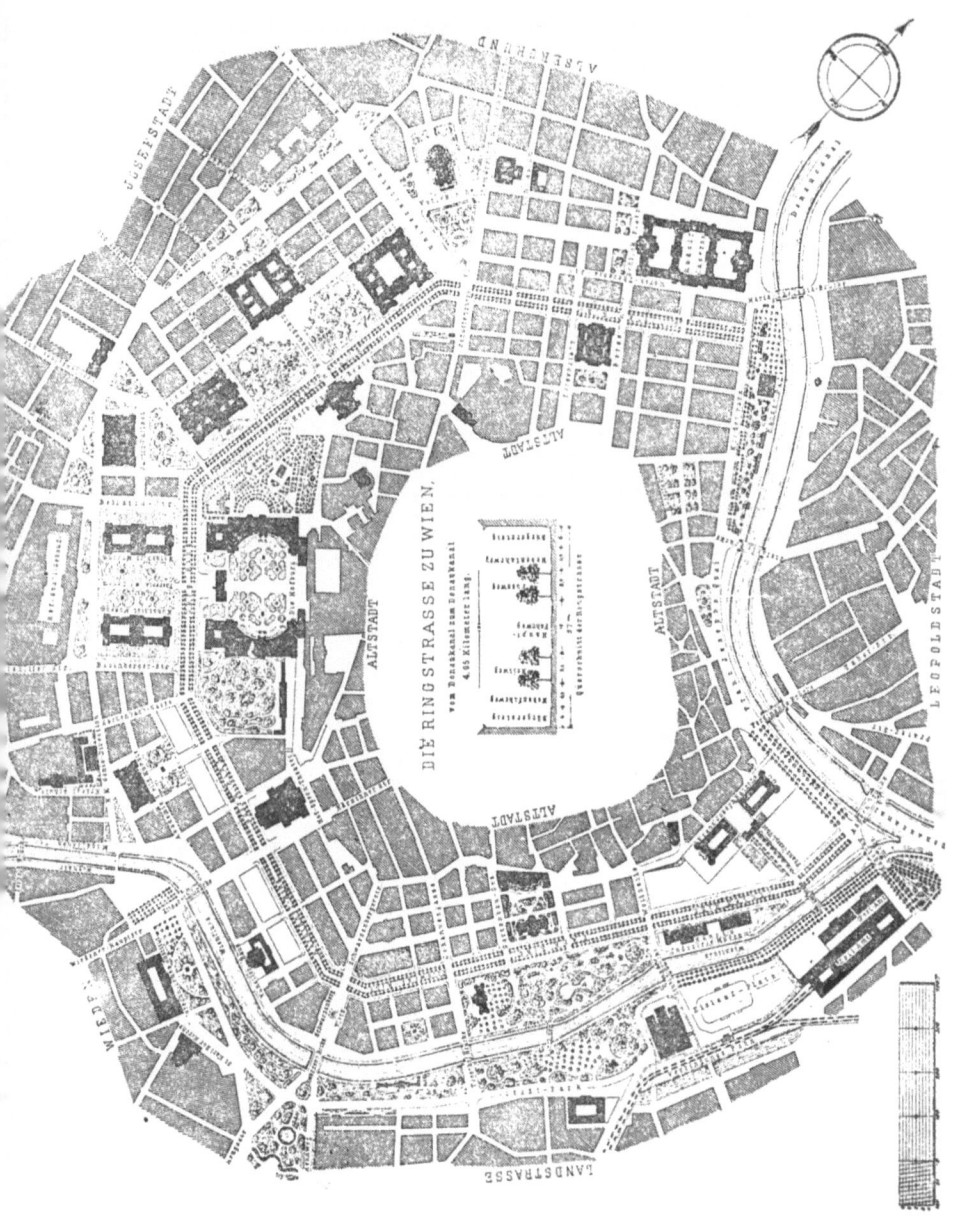

40 Die Ringstraße zu Wien, vom Donaukanal zum Donaukanal, 4,05 Kilometer lang (St., Tafel zu S. 472)

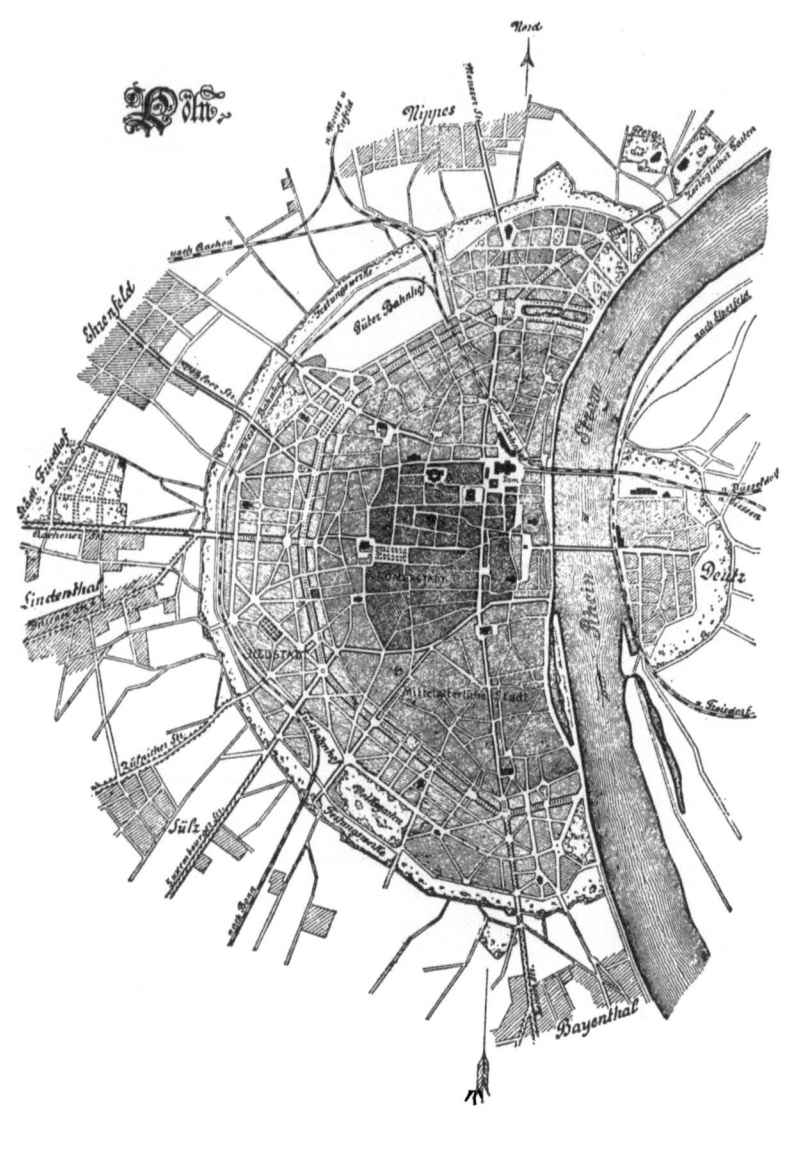

41 Plan der Stadt Köln (St., Abb. 864)

42 Fluchtlinienplan der Stadt Rietberg, von Ewald Munscheid, Bielefeld 1910 (DSTB, 1910, Tafel 17–18)

tumsprogrammen betrachtet und zum Anwendungsfeld „kultureller Übungen" von Architekten und Archäologen wird.[167]

In Erwartung der erträumten Veränderungen verfällt das Stadtzentrum zum *Slum*, wobei die Baumaßnahmen, die verwirklicht werden, die erschreckenden Bedingungen der Übervölkerung noch verschlimmern. Die Mietskasernen, häufiger Ort der Handlung in der Literatur des Naturalismus und des Expressionismus und beliebteste Zielscheibe anti-urbaner Beschimpfungen, werden zum Symbol der Industriestadt, erscheinen als die einzig mögliche Form einer baulichen Erneuerung innerhalb des überlieferten städtischen Gewebes. Hier liegt der Anwendungsbereich der Bauordnungen, welche den notwendigen normativen Rahmen liefern, um die historischen Strukturen mittels einer systematischen Anhebung der Dichten einer möglichst intensiven Nutzung zuführen zu können.

Dies ist in vielen historischen Stadtzentren geschehen, innerhalb und außerhalb Deutschlands, überall dort, wo man sich davon Vorteile versprach, und es ist der Grund dafür, daß um die Jahrhundertwende so viele historische Stadtgewebe, die jahrhundertelang im wesentlichen unverändert geblieben waren, weitgehend und systematisch zerstört worden sind.

Es erhebt sich deshalb die „Frage" einer „Sanierung" der historischen Stadtzentren, welche vielfach gerade aufgrund der spekulativen Eingriffe notwendig wird. Im Maschennetz einer äußerst kleinteiligen Parzellierung gefangen, können die neuen Bauten nur teilweise das ganze Bauvolumen ausnutzen, das die Bauordnungen erlauben; hinzu kommt die Unangemessenheit des alten Straßennetzes in einer Zeit,

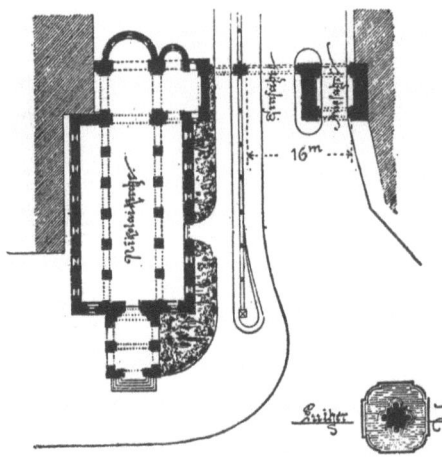

43 Das Nikolai-Tor in Eisenach, Grundriß (St., Abb. 766)

in welcher der Straßenquerschnitt das einzig öffentliche Element geblieben ist, das gesunde Verhältnisse in einem städtischen Gewebe gewährleisten kann. Es läßt sich erkennen, daß der Beginn einer widersprüchlichen Sanierungspolitik fast unvermeidlich ist.
Die großartigen spekulativen Maßnahmen, welche die Umgestaltung von Paris unter Haussmann gekennzeichnet haben, wiederholen sich bei analogen Unternehmen in vielen europäischen Städten, von Mailand über München bis Madrid. Dennoch setzt sich, vor allem in Deutschland und in Österreich, eine Verfahrensweise durch, die mehr Respekt vor dem historischen Gewebe der Stadt zeigt: die Schleifung der alten Stadtmauer und die Anlage einer Ringstraße, die zum bevorzugten Standort neuer Baumaßnahmen wird.
Das Modell ist offensichtlich das des Wiener Rings (der in den fünfziger Jahren angelegt wurde, gleichzeitig mit den Entkernungsmaßnahmen in Paris). In kurzer Zeit wird es zum universal und kritiklos verwendeten Schema: Viele Pläne beinhalten weiter nichts als die graphische Darstellung einer Ringstraße.
Die Kosten einer Umgestaltung des Mauerrings sind geringer als die, welche bei Maßnahmen im Stadtzentrum anfallen würden, und so haben, zumindest in einer ersten Phase, viele Stadtzentren überlebt, während viele Festungsanlagen abgebrochen wurden.

Verfahrensweisen und Grenzen des Plans

„Den Entwurf, der die Einteilung einer zur städtischen Bebauung bestimmten Landfläche ordnet oder vorschreibt, bezeichnet man mit dem Ausdruck Bebauungsplan oder Stadtbauplan. Der Bebauungsplan ist eine Planzeichnung; er enthält die Gesamtheit derjenigen Festsetzungen, die sich auf die Aufteilung des städtischen Baulandes durch die Straßenzüge, durch öffentliche Plätze und durch Verkehrslinien beziehen."[168]
In dieser, wie gewohnt sehr klaren, Zusammenfassung der hauptsächlichen Merkmale des Bebauungsplans weist Eberstadt darauf hin, daß die wesentliche Aufgabe des Plans in der Aufteilung des städtischen Grund und Bodens liegt.
Im übrigen hatte schon Stübben geschrieben:
„Es ist fest zu halten, daß im Allgemeinen die Umlegung nur als ein Recht der betheiligten Bürger aufzufassen ist, zum Schutze gegen den willkürlichen oder böswilligen Widerstand Einzelner. Die Gemeinde hat bei dem Verfahren nur für das öffentliche Wohl zu sorgen (...), sobald eine ansehnliche Mehrheit, welche etwa mindestens drei Viertel des Besitzes und wenigstens die Hälfte der Besitzer umfassen müßte, die Umlegung beantragt."[169]
Unterschiedliche Verfassungen und ein unterschiedlicher Verwaltungsaufbau der deutschen Länder führen dazu, daß die Fragen der Verantwortlichkeit und der Verfahrensweise im Planungsprozeß nicht überall in der gleichen Form geregelt sind.

44 Das Nikolai-Tor in Eisenach, Perspektive (St., Abb. 765)

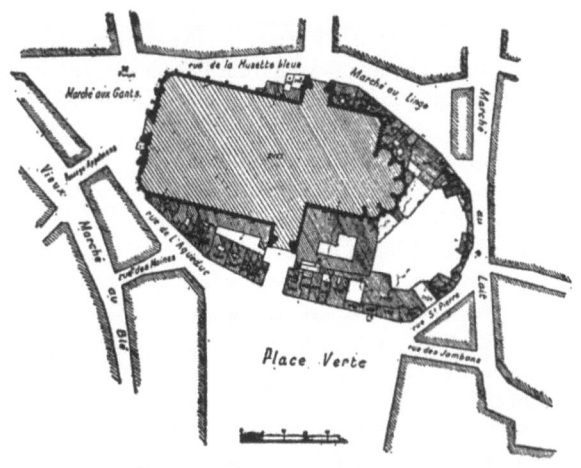

45 Der Dom von Antwerpen (DSTB, 1909, Abb. 2, S. 30)

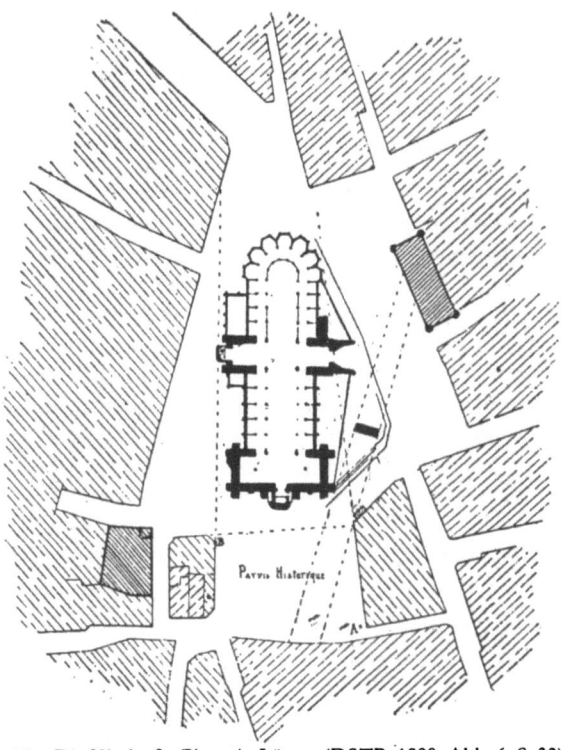

46 Die Kirche St. Pierre in Löwen (DSTB, 1909, Abb. 6, S. 33)

Im allgemeinen setzt sich jedoch das Beispiel Preußens durch, das eine Gemeindehoheit bei der Aufstellung und dem Beschluß des Bebauungsplans vorsieht und eine Staatshoheit, die der Baupolizei übertragen wird, in Fragen der Bauordnung und der Bauaufsicht.[170]
Vielfach sind Regelungen für Kompetenzkonflikte, für Einsprüche, für staatliche Eingriffe in den Fällen, in denen die Gemeinde keinen Plan aufstellt, vorgesehen.[171]
Viele Jahrzehnte lang bildet das Preußische Fluchtliniengesetz aus dem Jahre 1875 die Grundlage aller städtebaulichen Prozeduren.[172] Dieses Gesetz, das auf den – im wesentlichen von Baumeister erarbeiteten – Forderungen des Verbandes deutscher Architekten- und Ingenieur-Vereine aus dem Jahre 1874 basiert[173], legt die Verantwortlichkeiten der Gemeinde und die Einflußmöglichkeiten des Staates (d. h. der Baupolizei) fest. Es regelt außerdem das Verfahren der Offenlegung des Plans, die Einspruchmöglichkeiten, die Enteignung, die Kostenobliegenheiten.
Über den tatsächlichen Inhalt des Plans, über die Grenzen einer solch „autoritären" Form der Planung, über die Durchsetzungsmöglichkeiten des Plans besteht allerdings keine ebensolche Gewißheit. Die zu Beginn angeführte Definition von Eberstadt stellt das Höchstmaß an Übereinstimmung von Theorie und Praxis dar. Sobald man ins Detail geht, ist die Diskussion vollkommen offen.
„Die Einheit des Städtebaues ist der Bauplatz des einzelnen Hauses. Aus der Vereinigung der Bauplätze entsteht der Block, aus der Zusammenstellung und Gruppierung der bebauten Blöcke mittels eines im Verkehrs- und Kunstsinne wohldurchdachten Straßennetzes nebst den erforderlichen Freiflächen entsteht die Stadt. Und doch muß die Planung in umgekehrter Reihenfolge geschehen. Zuerst die Hauptstraßenzüge und die größeren Freiflächen, dann die Blockeinteilung und die kleineren Freiflächen, schließlich die Parzellierung in Baustellen."[174]
Diese allgemeinen Überlegungen zur Vorgehensweise, von Stübben im Seminar von Charlottenburg vorgetragen, das übrigens hauptsächlich von Verwaltungsangestellten besucht wurde, unterscheiden sich nicht wesentlich von den frühen Hinweisen Baumeisters, und sie werden jahrelang ihre Gültigkeit bewahren.
Das städtische Gewebe schrittweise immer detaillierter zu bestimmen, bedeutet vor allem, alle möglichen Störfaktoren des Bodenmarktes stromaufwärts zu beseitigen. Doch gerade dieses Bestreben nach einer rigorosen Folgerichtigkeit stellt eine der häufigsten Ursachen für ein Versagen des Plans dar, da dieser im allgemeinen nicht in der Lage ist, auf anfangs unvorhergesehene Ereignisse zu reagieren, ohne das gesamte Aufstellungsverfahren noch einmal durchlaufen zu müssen.

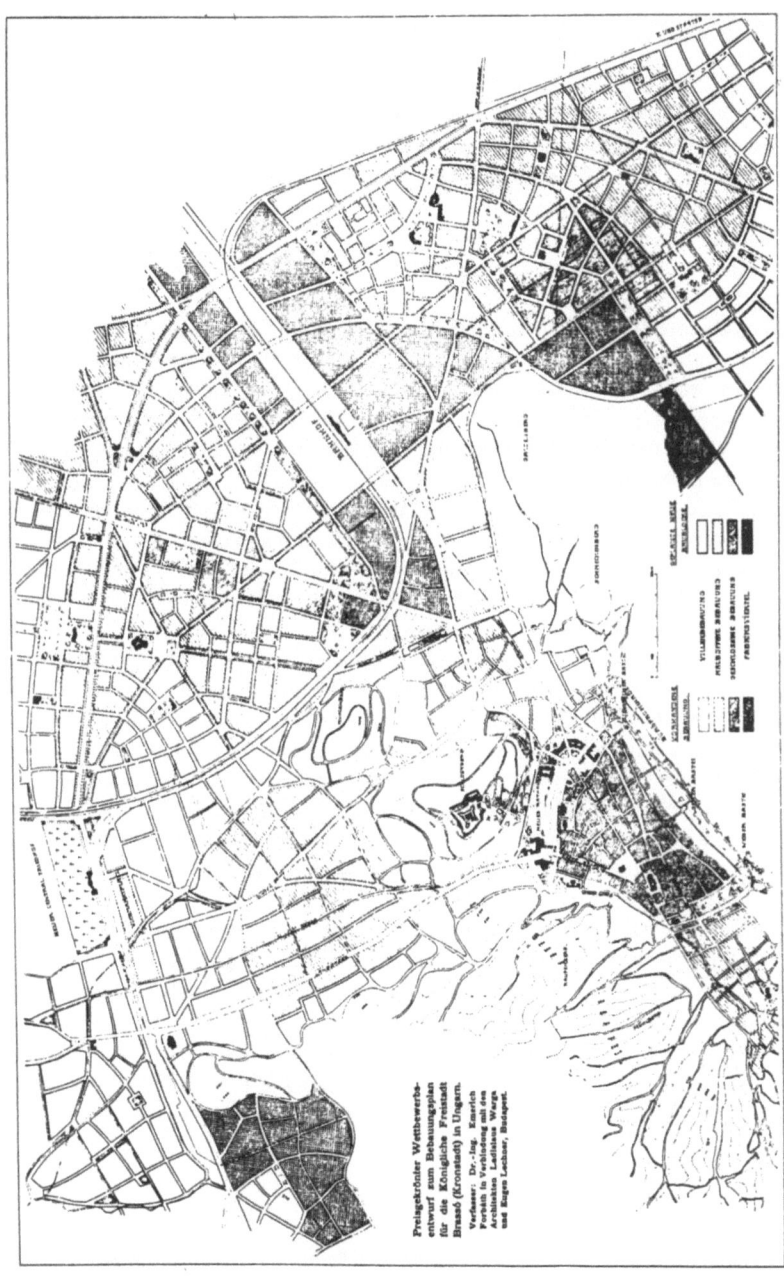

47 Preisgekrönter Wettbewerbsentwurf zum Bebauungsplan für die Königliche Freistadt Brassó (Kronstadt) in Ungarn, von Emerich Forbáth u. a., Budapest 1911 (DSTB, 1911, Tafel 63–64)

Die Zonung

Die Unterscheidung differenzierter Flächennutzungen bildet einen ständigen Grundsatz bei der Aufstellung von Bebauungsplänen. Diese Unterscheidung scheint jedoch nur auf indirekte Weise verwirklicht werden zu können, als Ergebnis von Entscheidungen über die Art der Bebauung. Die einzige Festlegung, die unmittelbar getroffen wird, betrifft die Absonderung der Industriezonen, auch wenn die Klarheit der Aussage später in dem Augenblick verlorengeht, in dem man an diesen Standorten die Möglichkeit von Arbeitersiedlungen in Erwägung zieht.

„Man pflegt zu unterscheiden: Geschäftsviertel, Wohnviertel und Fabrikviertel. Der Unterschied tritt in großen Städten deutlicher hervor als in kleinen; aber die Trennung ist selten eine scharfe, die Grenzen sind flüssig. In der einen Stadt herrschen Geschäfts-, in der anderen Wohn-, in der dritten Fabrikviertel vor, zuweilen so stark, daß man die ganze Stadt als Geschäftsstadt, Wohnstadt oder Fabrikstadt zu bezeichnen pflegt.

Die Geschäftsviertel enthalten die Ladengeschäfte und Warenhäuser für den Kleinhandel, die Großgeschäfte, die Gasthöfe und Wirtshäuser, die Banken, die Gerichtsgebäude, die Theater und Versammlungshäuser, die Bureaus der Beamten und vieler freier Berufe, die Repräsentations- und Arbeitsräume der Behörden usw. Die Wohnungen treten nach Zahl und Rang zurück.

Die Wohnviertel sind nicht frei von Geschäften, aber es wiegen vor die eigentlichen Wohnhäuser: Mietskasernen für die unteren und mittleren Volksschichten, bürgerliche und herrschaftliche Miethäuser in geschlossener oder offener Bauweise, eigentliche Bürgerhäuser mit zwei oder drei Wohnungen, Einfamilienhäuser in Reihen-, Gruppen- und Einzelbau, vornehmere Landhäuser, sodann aber auch Sonderansiedlungen für Arbeiter und sonstige Minderbemittelte. Die Wohnstadtteile sollen und können schon deshalb nicht ganz frei von Geschäften sein, weil es ein wirtschaftliches Bedürfnis ist, die Läden für Haushaltsbedürfnisse und die Werkstätten der Handwerker auf kurzem Wege erreichen zu können.

Auch die Fabrikstadtteile sind nicht ausschließlich dem Großgewerbe gewidmet. Sie sind nicht selten mit Arbeiterwohnungen, ferner mit Wohnungen für Fabrikleiter und Beamte durchsetzt und bedürfen somit auch der Gebäude für das Kleingewerbe und den Kleinhandel.

Der Unterschied ist also kein ausschließender, sondern ein verhältnismäßiger. Aber im Geschäftsviertel sind es die Geschäfte, in den Wohnvierteln die Wohnungen, in den Fabrikvierteln die Fabriken, die den Ton angeben, die für die Bildung der

48–49 Bebauungsplan für Eichwalde bei Berlin: 1. Gegenwärtig gültiger Plan;
2. Abänderungsvorschlag von Bruno Taut, Berlin 1912 (DSTB, 1913, Tafel 67–68)

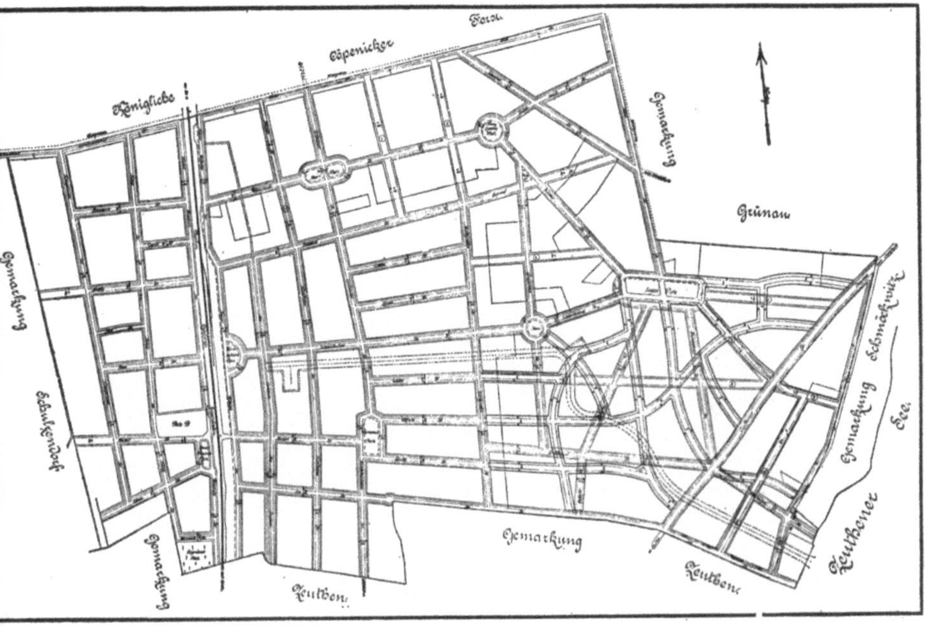
Königliche
Cöpenicker
Forst
Grünau
Gemarkung
Zeuthen
Zeuthener
See

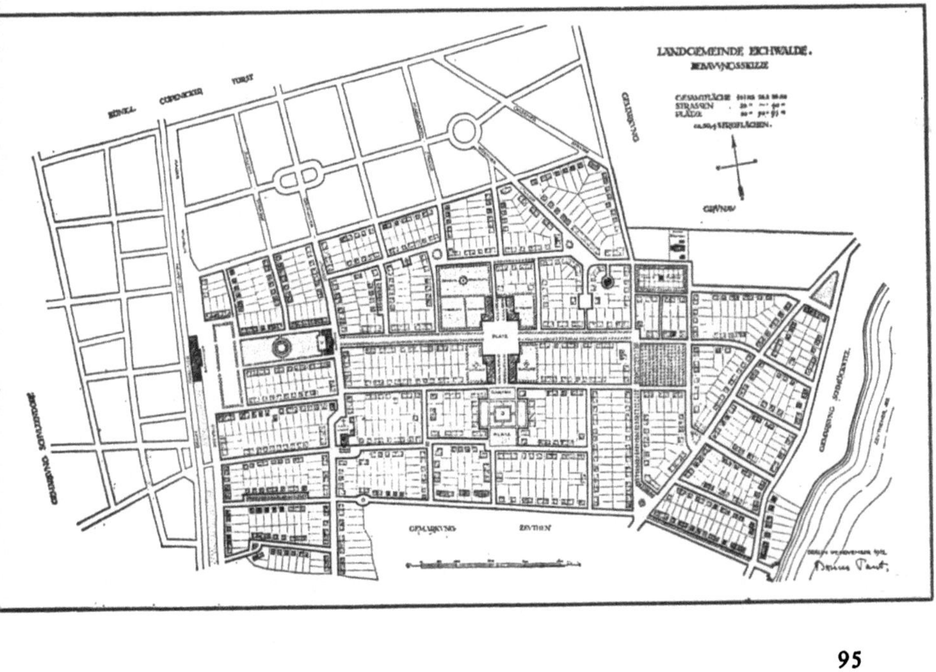
LANDGEMEINDE EICHWALDE.
PLATZ

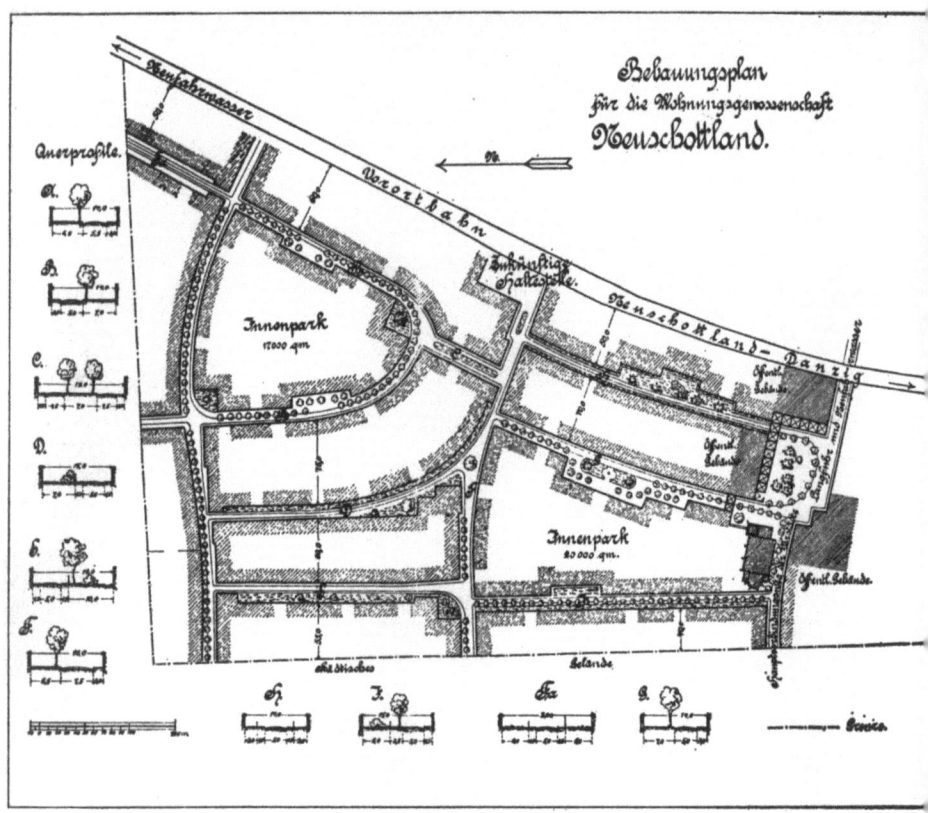

50 Bebauungsplan für die Wohnungsgenossenschaft Neuschottland, von Ewald Genzmer, Danzig 1908 (DSTB, 1908, Tafel 27)

Bauplätze, für die baupolizeilichen Vorschriften und für den Bebauungsplan maßgebend sind."[175]
Die wesentliche Unterscheidung zwischen den verschiedenen Nutzungszonen ist typologischen Charakters, wobei ich unter diesem Begriff sowohl die Merkmale der Gebäude als auch die des Straßennetzes verstehe, was eine wechselseitige Abhängigkeit von Bebauungsplan und Bauordnung mit sich bringt:
„Ein Ortsteil beispielsweise, der hauptsächlich für die Errichtung großer Miethäuser bestimmt ist, muß Blöcke und Straßen von anderer Art, anderen Abmessungen und anderer Lage aufweisen, als ein solcher für Fabriken oder für Einfamilienhäuser. Der Unterschied bezieht sich, wie gesagt, sowohl auf die Blöcke als auf das Straßennetz."[176]
Baumeister unterscheidet in der modernen Stadt ebenfalls drei Zonen:
„Die erste umfaßt Großindustrie und Großhandel, vorzugsweise Gewerbeplätze, Fabriken und Speicher, aber auch wohl Wohnungen der darin beschäftigten Arbeiter, Angestellten und selbst der Fabrikherren;
die zweite alle Geschäfte, welche den unmittelbaren Verkehr mit dem Publikum fordern, und zugleich diejenigen Wohnungen, welche mit dem Geschäftslokal vereinigt sein müssen (Kleingewerbe und Kleinhandel);
die dritte Wohnungen, deren Eigenthümer keinen Beruf haben oder demselben außerhalb der Wohnungen nachgehen, Leute in allerlei Vermögensumständen (Rentiers, Beamte, Kaufleute, Fabrikherren, Geschäftsgehülfen und Arbeiter)."[177]
Jede dieser drei Zonen weist andere Hintergründe und Probleme auf; die Unterschiede zwischen den einzelnen Zonen werden immer größer, je weiter sich die Stadt ausdehnt und sich ihre Wirtschaftsstruktur ausprägt.
„Dieses Verschieben der Bevölkerung (von einer Zone zur anderen, d.V.) findet naturgemäß so Statt, daß Leute, welche durch ihren Beruf nicht an eine bestimmte Gegend (Kundschaft, Wassernähe, öffentliche Gebäude) gebunden sind, Platz machen für solche, welche eben hier die Bedingungen ihres wirtschaftlichen Fortkommens finden."[178]
Das Problem bei der Standortfrage der Industrieanlagen besteht darin, die Produktions- und Transportkosten möglichst niedrig zu halten. Ein guter Plan wählt deshalb Gebiete aus, die am Stadtrand liegen (und somit billig sind) und in der Nähe der Eisenbahntrassen und Wasserstraßen.[179]
Für den Handel sind die Gebiete nahe dem Stadtkern die geeignetsten, da dieser sich ohnehin schon fast vollständig zur Geschäftszone entwickelt hat.[180]
Die Wohnungen, die im übrigen auch im Stadtzentrum anzutreffen sind, sollten dagegen aus den Geschäftszonen ausgelagert und in eine engere Beziehung zum Land gesetzt werden.[181]
Die Verwendung differenzierter Typologien als Instrument der Zonung führt unmittelbar, vor allem was die Wohngebiete angeht, zur sozialen Segregation. Zwischen den Mietskasernen auf der einen und den herrschaftlichen Villen mit Nebenhäusern für die Bediensteten auf der anderen Seite gibt es eine ganze Palette

von Bautypen, je nach Höhe der Einkommen.[182] Entsprechend differenziert ist auch, obwohl sie in den Verantwortungsbereich der öffentlichen Verwaltung fällt, die Typologie der Straßen.[183]
Im übrigen vermeiden die Stadtplaner aber eine allzu strikte Trennung der sozialen Schichten, vor allem aus zwei Gründen:
a) Im täglichen Leben ist ein Austausch zwischen den Angehörigen unterschiedlicher Schichten nützlich und notwendig, auch wenn es nicht nötig ist, „daß die Mischung sogar im einzelnen Haus stattfindet (wie in Berlin) oder daß die Mischung zwangsweise vorgeschrieben wird".[184]
b) Die „Gefahr der Anhäufung von Arbeitermassen"[185] ist zu vermeiden, indem Industriebezirke geschaffen werden, in denen alle betroffenen Gruppen Platz finden.
Angesichts des alles übertreffenden Gewichtes des städtischen Bodenmarktes sind diese Vorsichtsmaßnahmen natürlich zum Scheitern verurteilt. Die pedantische Genauigkeit bei der Untersuchung der unterschiedlichen Typologien, die in den Handbüchern durchscheint, zeigt jedoch, wie der Städtebau gerade in diesem Bereich Angst vor Fehlern und Unterlassungen hatte.[186]
Je allgemeiner die Angaben zur Flächennutzung erscheinen, desto genauer sind die Typologien, oder richtiger gesagt, die Ausnutzungsziffern. Es ist nämlich allgemein üblich, für die unterschiedlichen Zonen zulässige Höchstwerte des Bauvolumens, der Gebäudehöhe, der überbaubaren Grundstücksfläche sowie der Mindestabstandsflächen anzugeben, so daß die Frage der Zonung auf diese Weise praktisch durch differenzierte Bauordnungen gelöst wird.
Der Wachstumsmodul der Stadt des 19. Jahrhunderts ist in erster Linie der Baublock – und je regelmäßiger dieser ist, desto leichter fällt die Anwendung der zulässigen Ausnutzungsziffern und die Bestimmung des Bodenwertes –, während die Grundsätze der Zonung vor allem die Entwicklung im „negativen Sinn" beeinflussen sollen, d. h. zur Einschränkung einiger Nutzungen beitragen sollen, die sich mit dem Wohnen und dem Handel nicht vertragen.[187]

Die Ausdehnung des Plans

Zur Frage der Ausdehnung des Plans, ebenso wie zur Frage seiner zeitlichen Gültigkeit, stimmen die Meinungen nicht unbedingt überein. Man ist sich jedoch darüber einig, daß diese Fragen nur in Hinblick auf die ökonomischen Konsequenzen der geplanten Maßnahmen eine Rolle spielen.
Eberstadt führt an, daß das städtische Wachstum in der Regel die Gemeindegrenzen überschreitet und die privaten Unternehmer dann zu den eigentlich Maßgebenden in Sachen Städtebau werden, da ihre Tätigkeit nicht durch administrative Grenzen behindert wird. Deshalb sind Maßnahmen notwendig, welche diese Schwierigkeiten überwinden.[188]

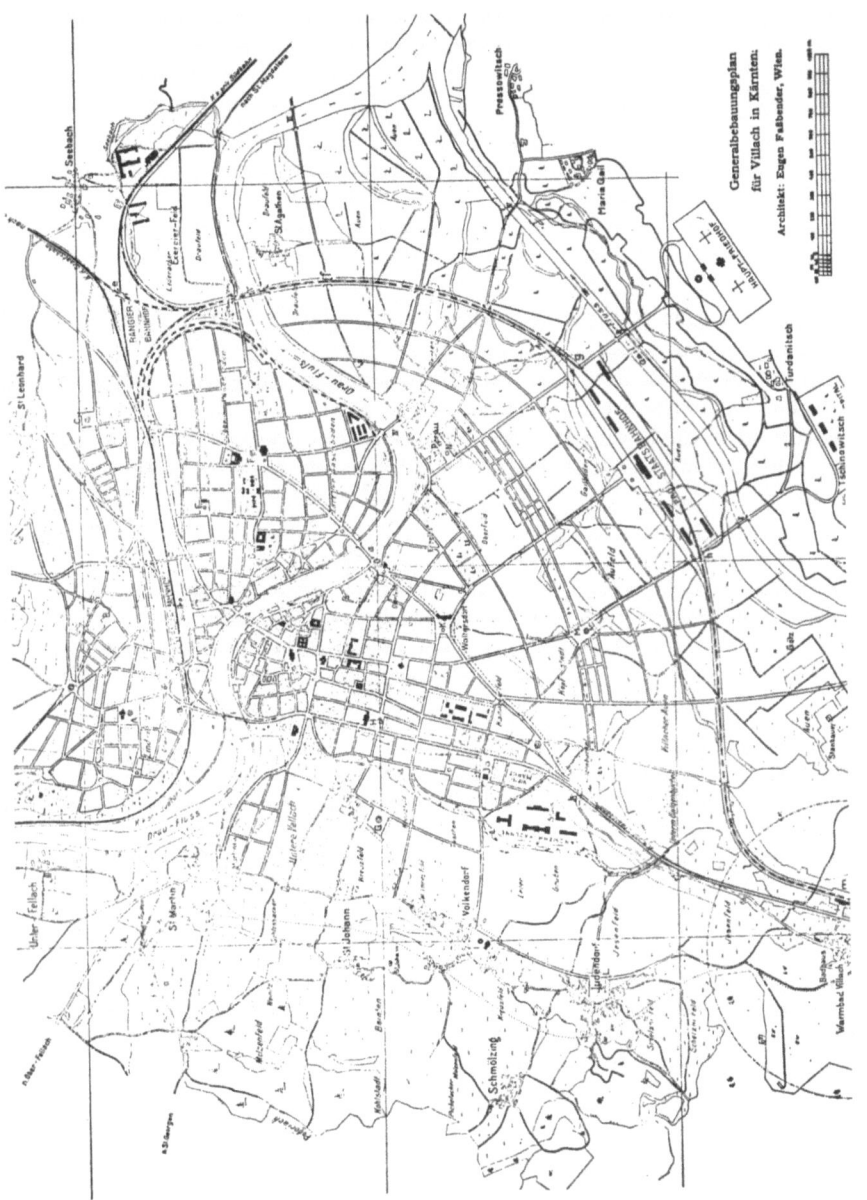

51 Generalbebauungsplan für Villach in Kärnten, von Eugen Faßbender, Wien 1908 (DSTB, 1908, Tafel 44–45)

Es ist wahr, daß sowohl im Preußischen Fluchtliniengesetz als auch in den nachfolgenden Gesetzen der anderen Länder Verfahrensweisen für eine gemeinsame Planaufstellung durch mehrere Gemeinden vorgesehen sind, doch die dabei anfallenden Prozeduren sind sehr langwierig – da jeweils die Zustimmung aller Betroffenen erforderlich ist – und umfassen nicht einmal alle möglichen Änderungen, die durch autonome Entscheidungsträger (ein typisches Beispiel ist die Eisenbahnverwaltung) eingebracht werden können.[189]

Schon mehr als dreißig Jahre zuvor hat im übrigen Baumeister auf die Schwierigkeit hingewiesen, eindeutige „Grenzen" der Industriestadt festzulegen, da diese aufgrund ihres rapiden Wachstums immer weiter in die freie Landschaft übergreife. Er hat auch davor gewarnt, eine Strategie begrenzter, kleinräumiger Stadterweiterungen zu verfolgen (um durch dichte Bebauung Kosten zu sparen), da es praktisch unmöglich sei, ein solches Modell „fragmentarischer Erweiterungen" in Zeiten eines rapiden Wachstums zu kontrollieren.

Baumeister sieht die Lösung in einem allgemeinen Plan, der von Anfang an das gesamte Erweiterungsgebiet umfaßt, aber nur die Grundzüge der Planung festlegt: „Zu jenen Grundzügen gehören Hauptstraßen, Eisenbahnen, Kanäle, sowie die damit zusammenhängende Gruppierung von Industrie-Bezirken und die Auswahl von Plätzen für öffentliche Gebäude und Promenaden."[190]

Nur dort, wo tatsächlich eine Notwendigkeit besteht, sollen Detailpläne von Baugesellschaften, Privatpersonen oder der Gemeinde ausgearbeitet werden.

Diese Vorstellungen werden grundsätzlich von allen deutschen Stadtplanern geteilt, sie erweisen sich jedoch in der Praxis als schwer zu verwirklichen, wie die Polemik um die Ausdehnung der Pläne, die man in der Fachliteratur nachlesen kann, beweist.[191]

Die Alternative zu einem solchen „flexiblen Ansatz" bildet die Aufstellung von Planvarianten. Dagegen wehren sich jedoch im allgemeinen alle Stadtplaner mit dem Einwand, dies fördere die Spekulation.

Der Plan ist ein Element der Sicherheit und soll es auch sein. Er ändert durch seine Festlegungen die Bodenwerte und schafft somit eine neue, gesicherte wirtschaftliche Plattform, auf der sich alle mit dem Grund und Boden zusammenhängenden Vorgänge abspielen.

Planvarianten würden diese Plattform verändern und auf diese Weise alle Beziehungen, die darauf basieren, in Frage stellen. Der Allgemeinheit würde mit Sicherheit wirtschaftlicher Schaden zugefügt werden, und dies würde eine Umkehrung der Ziele bedeuten, die sich ein guter Plan setzen muß.[192]

52 Bebauungsplan der Stadt Honnef am Rhein, von Karl Henrici, Aachen 1908 (DSTB, 1908, Tafel 65—66)

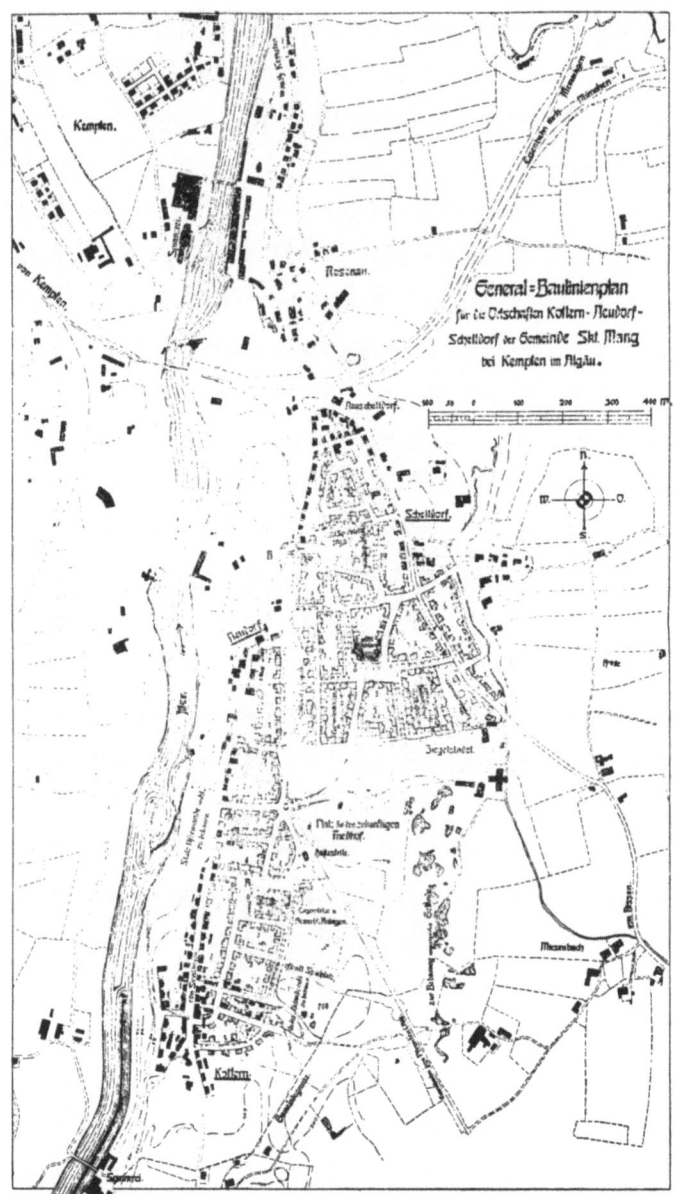

53 Generalbebauungsplan für die Ortschaften Kottern, Neudorf und Schelldorf der Gemeinde St. Mang bei Kempten im Allgäu, von Peter Andreas Hansen, München 1909 (DSTB, 1909, Tafel 33–34)

7 Die Bauordnung

Der Bürger und die Behörde

Im Gegensatz zum Bebauungsplan, dessen Aufstellungsverfahren dem Gesetz nach eine komplexe Reihe lokaler und sektoraler Kompetenzen vorsieht, fällt die Bauordnung im allgemeinen ganz in den Zuständigkeitsbereich des Staates: D. h., es handelt sich, nach preußischem Recht, um (örtliche, Bezirks- oder staatliche) Polizeiverordnungen, die ohne Mitwirkung der gewählten repräsentativen Organe der betroffenen Gebiete erlassen werden.[193]
Die Baupolizei ist die (nicht gewählte) öffentliche Behörde, welche die Anwendung der Bauordnung überwacht. Sie untersteht der kommunalen oder, in bestimmten Fällen, der staatlichen Verwaltung.
„Die traditionelle Aufgabe der Baupolizei ist deren Sorge für die Sicherheit der entstehenden und schon im Gebrauch befindlichen Bauwerke, wobei namentlich an deren Standhaftigkeit, Feuersicherheit und hygienische Zuträglichkeit gedacht wird."[194]
Alle am Bau Beteiligten sehen sich der Baupolizei gegenübergestellt, deren Aufgaben – vielfältig und verwirrend[195] – von der Baugenehmigung bis zur Bauabnahme reichen. Die Bauordnungen unterscheiden sich von Stadt zu Stadt erheblich, auch aufgrund unterschiedlicher Ausgangspunkte, und dies führt zu einer ständigen Debatte über die Eingriffe des Staates in die Privatsphäre des einzelnen Bürgers.
Baufreiheit und Baupolizeirecht sind die hauptsächlichen, traditionell entgegengesetzten, Bestimmungsmomente des städtischen Wachstums.[196]
Die Bauordnung führt zu Konflikten, die Diskussion ihrer Reichweite und Rechtmäßigkeit bildet einen der Bereiche der Auseinandersetzung zwischen Bürger und Staat.
Es gab im allgemeinen schon Bauordnungen, bevor man überhaupt begann, Bebauungs-, Erweiterungs- und Veränderungspläne aufzustellen.

Die Verbreitung der Bebauungspläne, die sich sowohl in ihrem Zweck (Wachstumsprognose) als auch in ihrem Aufstellungsverfahren (Beteiligung der betroffenen Seiten) von der Bauordnung unterscheiden, führt bisweilen zu Kompetenzüberschneidungen mit dieser, die nach Meinung der Stadtplaner zum Instrument der Plandurchführung werden sollte.[197] Allerdings resultieren gerade aus der Verbindung von Bebauungsplan und Bauordnung eindeutige und klare Aussagen des Städtebaus des 19. Jahrhunderts: In der Bauordnung verschwindet jede Spur von Fraglichkeit oder Ungewißheit; sie beinhaltet keine Prognosen oder Vorschläge, die immer möglichen – und einfachen – Varianten unterworfen sind, sondern klare Bauvorschriften, die auf den Grundsätzen des Privateigentums aufbauen:
„Der leitende Gedanke soll nur immer der sein, daß mit der Abnahme des Geschäftsverkehrs und des (berechtigten) Grund- und Bodenwertes, bei den meisten Städten also von innen nach außen, auch die Intensität der Bebauung, sowohl grundräumlich als nach der Höhe, abnehmen soll."[198]

Die Standards

Die Wirklichkeit liefert vielfach ganz andere Beispiele als diejenigen, die sich aus solch einem Grundgedanken ableiten ließen; die Ursache liegt, wie Eberstadt verdeutlicht, darin, daß gerade in den Stadtrandgebieten die Bodenspekulation den größten Profit erzielen kann.[199]
Uns erscheint an dieser Stelle jedoch die Feststellung wichtig, daß, sogar was die Bebauungsdichte angeht (eines der Leitthemen der sozialen Anklage, die am Ausgangspunkt der frühen Städtebaugesetzgebung stand), die angestrebten „gesunden Verhältnisse" in Abhängigkeit vom Bodenwert gesehen werden[200] – mit der gleichen Logik, mit der, wie wir schon erwähnt haben, die Privatgärten in den vornehmen Stadtvierteln in die Berechnung der notwendigen Grünflächen für die Allgemeinheit eingehen.[201]
Die Bauordnung legt die Mindestbedingungen fest, die in hygienischer, gestalterischer und verkehrstechnischer Hinsicht einzuhalten sind.[202]
So gesehen, ist die Lektüre der Bauordnungen für denjenigen aufschlußreich, der sich heute mit den städtischen Bedingungen der damaligen Zeit beschäftigen will. Z. B. forderte man in einem Gesetzentwurf, der im Jahre 1889 von Baumeister für den Deutschen Verein für öffentliche Gesundheitspflege ausgearbeitet worden war, mindestens $10 m^3$ Luftraum sowie $0,2 m^2$ Fensterfläche für jeden Erwachsenen.[203]
Bessere Verhältnisse lassen sich nur dort erreichen, wo die Behörden keinen Grund mehr zum Eingreifen haben: auf dem freien Markt im Rahmen der Konkurrenz um den Bau und den Verkauf von Wohnungen für die wohlhabenden Schichten.
Ein höheres Einkommen ermöglichte einen höheren Wohnbaustandard. Es gab damals keine funktionalistischen Mythen. Die Stadt entsprach, in ihren Normen, genau der ökonomischen und sozialen Struktur ihrer Bewohner.

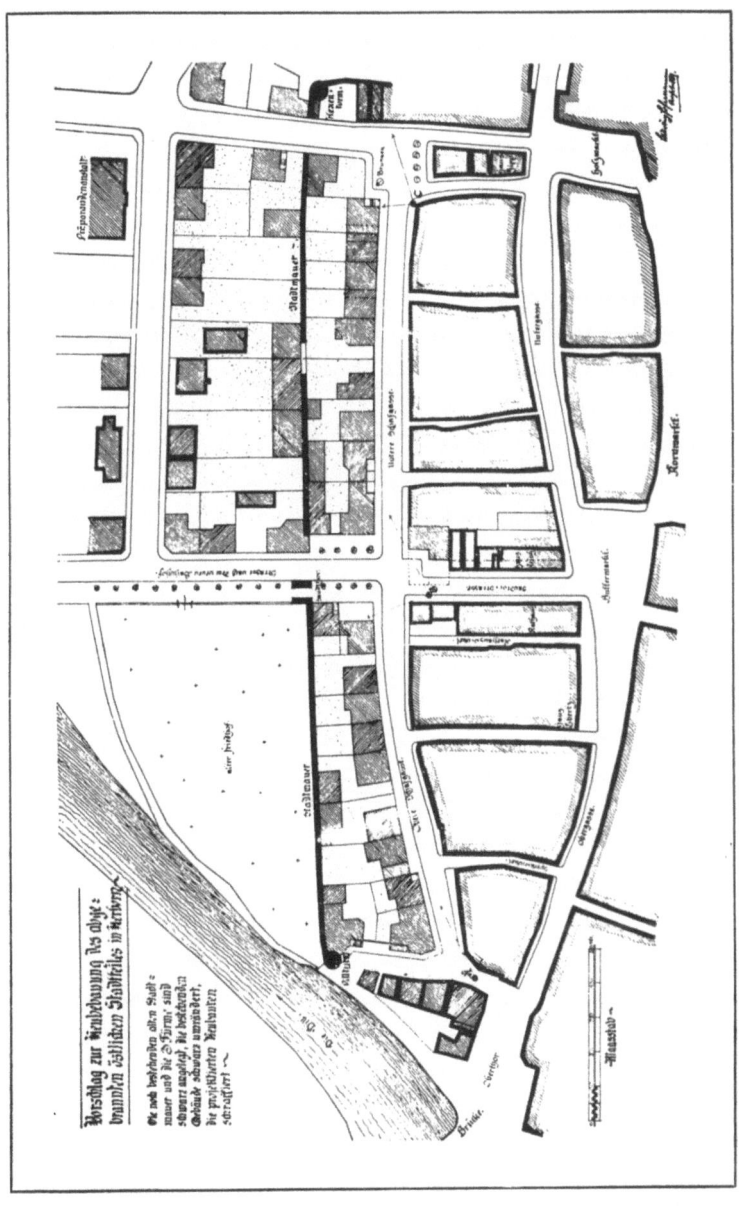

54 Bebauungsplan des östlichen Stadtteils von Herborn, von Ludwig Hoffmann, Herborn 1904 (DSTB, 1905, Tafel 46)

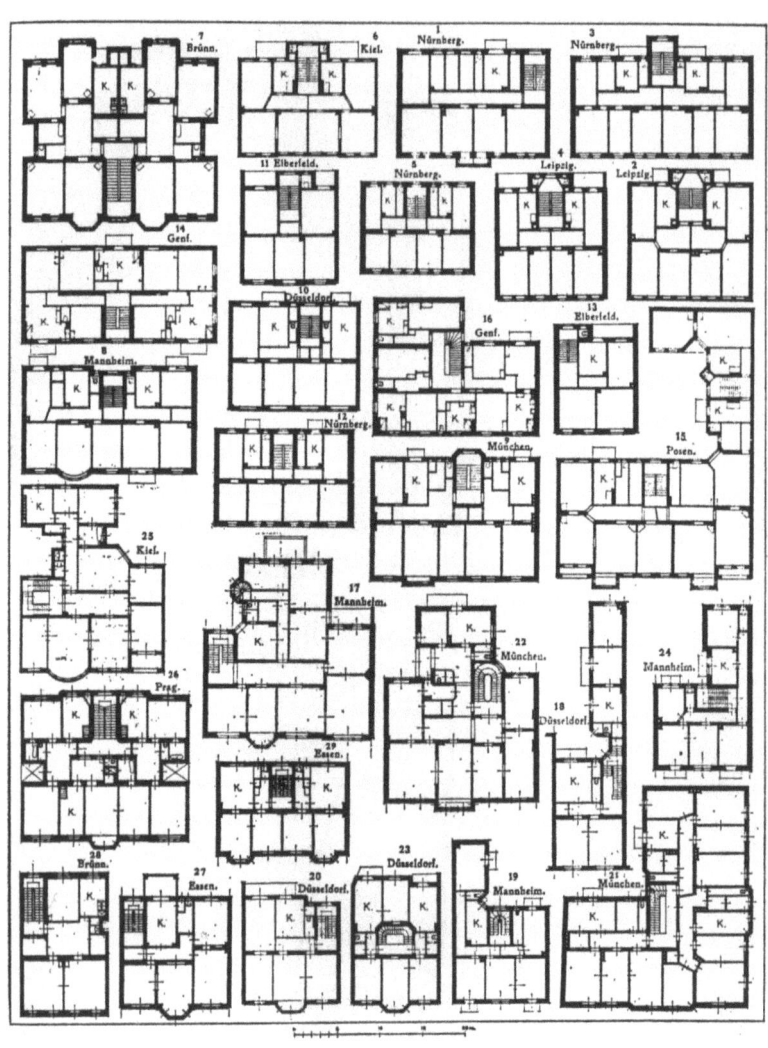

55 Ausgeführte Normalgrundrisse für Miethäuser, zusammengestellt von Bohrer, Aachen 1912 (DSTB, 1912, Tafel 52)

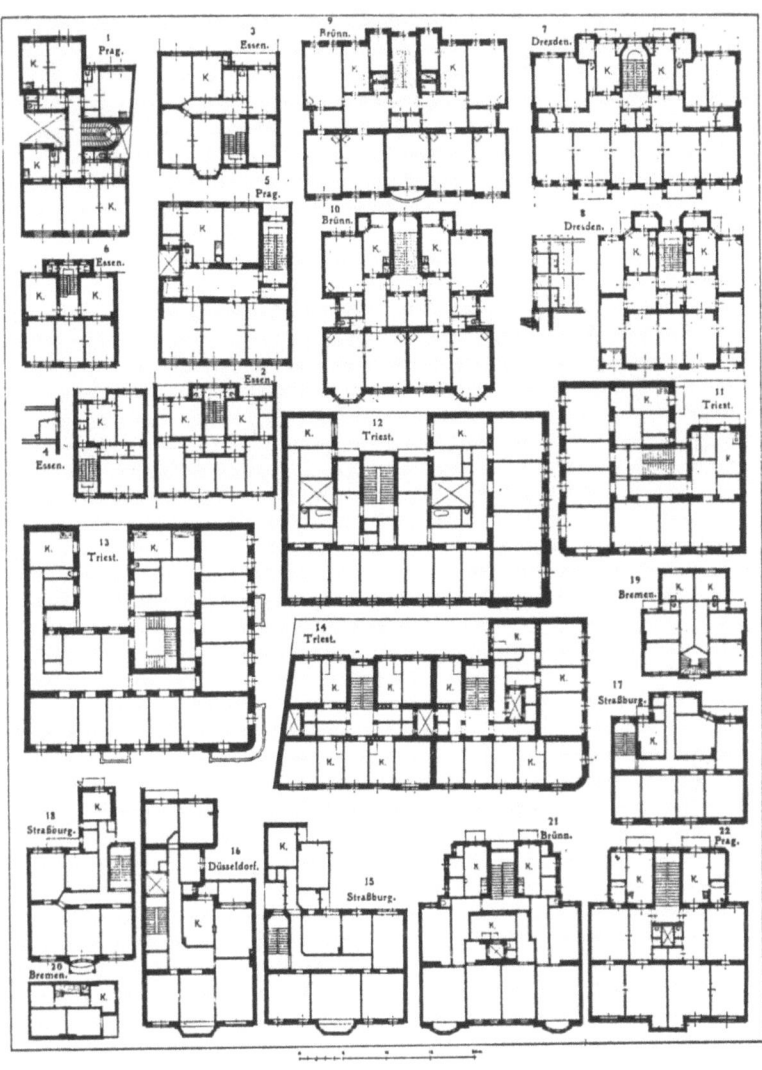

56 Ausgeführte Normalgrundrisse für Miethäuser, zusammengestellt von Bohrer, Aachen 1912 (DSTB, 1912, Tafel 53)

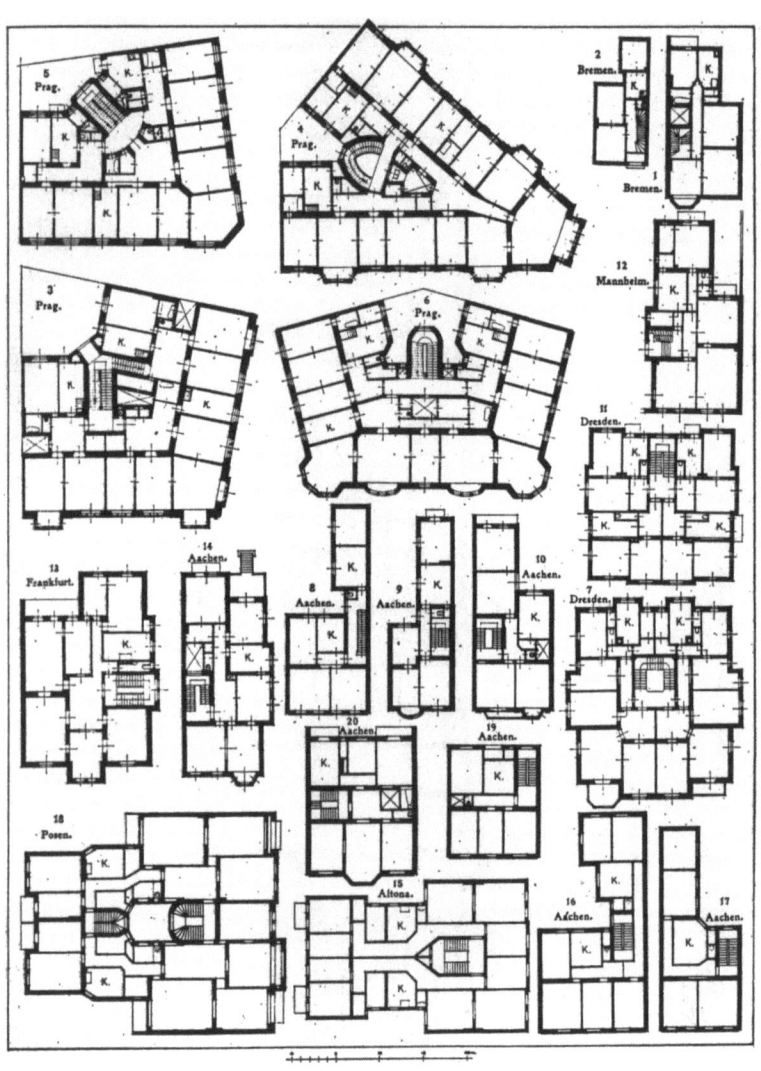

57 Ausgeführte Normalgrundrisse für Miethäuser, zusammengestellt von Bohrer, Aachen 1912 (DSTB, 1912, Tafel 54)

Daß die Stadt ein Organismus mit eigenen Gesetzmäßigkeiten und eigenen optimalen Umweltbedingungen sei, eine Art biologisch-mechanisches Monstrum, ist eine Vorstellung, die in der damaligen Städtebauliteratur wie in den Handbüchern unserer Tage immer wieder auftaucht. Die natürlich in der Geschichte verwurzelte Praxis dagegen ist noch heute bezeichnenderweise die der Bauordnungen des 19. Jahrhunderts. Diese Tatsache müßte ausreichen, einerseits die Wirklichkeitsnähe jenes Städtebaus und andererseits die Oberflächlichkeit jeder Äußerung zu beweisen, die nicht von einer historischen Analyse des Umfeldes, über das zu arbeiten man vorgibt, ausgeht.

Die Vorschriften

Die Vorschriften zum Schutz der Gesundheit beziehen sich zum größten Teil auf Wohnbauten und regeln die Gebäudehöhe, die Grenz- und Straßenabstände, das Bauvolumen, die Bebauungstiefe, die Mindestmaße der Innenhöfe usw.:

„Man hat ein absolutes geringstes Längen- und Breitenmaß (bei dem noch eine Feuerspritze umwenden kann) für die Hofräume festgelegt. Man hat ferner das Minimum des Verhältnisses der Hoffläche zur ganzen Grundstücksfläche bestimmt. Man hat die Hofabmessungen in Beziehungen zu den Gebäudehöhen gebracht; anderswo (z. B. Frankfurt a. M.) hat man in nicht ganz einfachen mathematischen Formeln Abstand der Hoffassungen, Umfang des Hofes und Flächeninhalt desselben, sowie Gebäudehöhe kombiniert".[204]

Das Ziel besteht darin, einen gleichwertigen Anteil aller Wohnungen an Licht und Luft zu gewährleisten, zu verhindern, daß einige Wohnungen auf Kosten anderer Vorteile genießen.

Dies berührt zunächst die Nachbarbeziehungen, soll aber gleichzeitig, das ist nicht zu leugnen, eine Wiederholung jener Phänomene einer äußersten Überbauung verhindern, die zu den *Slums* der ersten Stadterweiterungen des 19. Jahrhunderts führten.

Die neuen, kontrollierteren Formen des städtischen Wachstums haben zur Folge, daß die unteren Einkommensschichten endgültig vom Wohnungsmarkt verdrängt werden. Die Armen können in den *bidonvilles* und den heruntergekommenen Stadtvierteln wohnen; wo die Bauordnung zur Anwendung gelangt – und dies ist die Stadt, die der Städtebau anerkennt –, finden nur noch die mittleren und die oberen Schichten Platz.

Für diese sorgt der Markt, für jene hat die öffentliche Hand zu sorgen.

So entwickelt sich die bürgerliche Stadt: Sie schließt diejenigen aus, die nicht an den Gütern der neuen Gesellschaft teilhaben, und bietet dadurch ein geschlossenes, kohärentes Bild ihrer selbst, ihrer bürgerlichen Bestrebungen, ihrer ethischen Werte. Wie das Haus, ist nun auch die Stadt ein ökonomisches Gut, dessen Wert genau

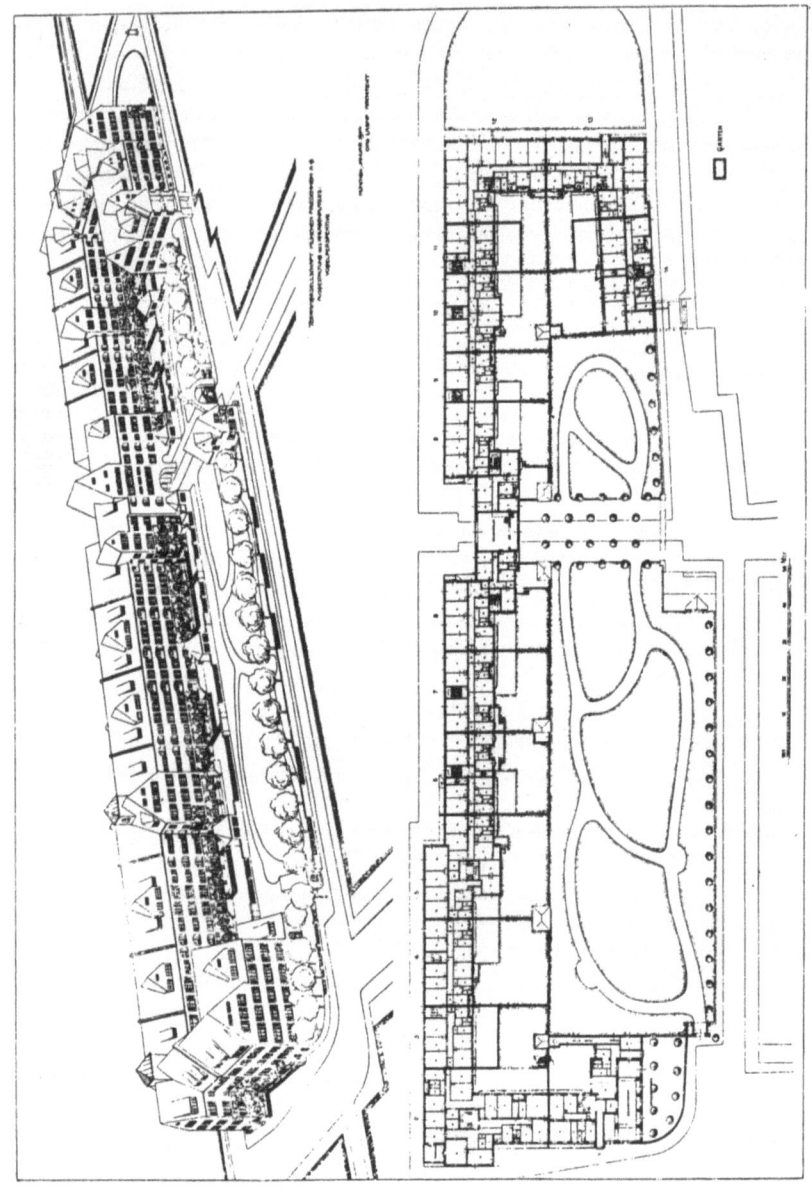

58 Terraingesellschaft München-Friedenheim: Vogelperspektive und Grundriß des Anlagenplatzes, von Otto Lasne, München 1904 (DSTB, 1905, Tafel 3–4)

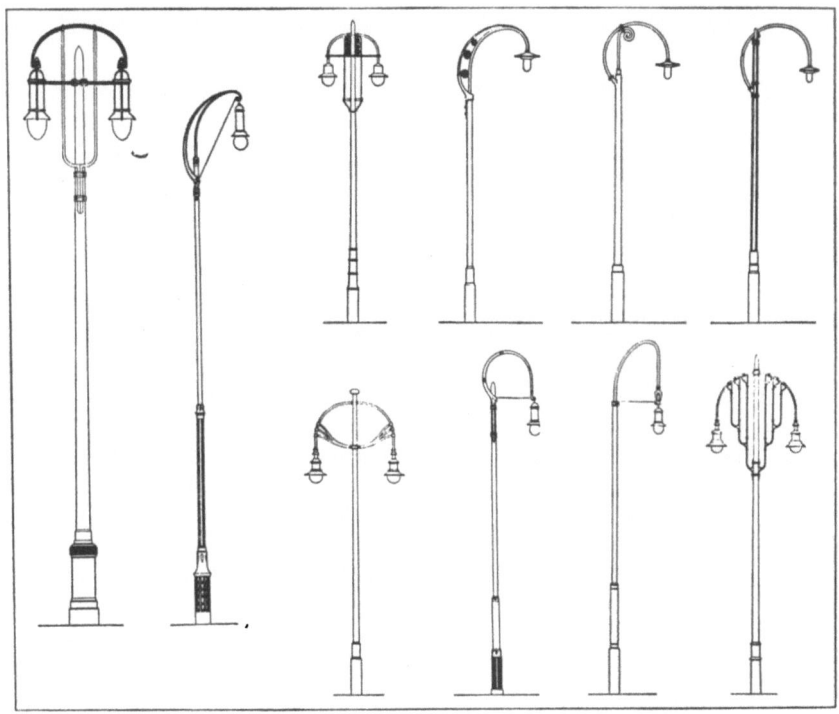

59 Eiserne Beleuchtungsmaste, von E. Högg, Bremen 1909 (DSTB, 1909, Tafel 80)

bestimmt werden kann – ein keineswegs vorläufiges Gut, ein Vermögen, das die Allgemeinheit angeht.[205]
Die Standsicherheit der Gebäude ist inzwischen eine Frage, die über den familiären Bereich hinausgeht; die Solidarität unter Nachbarn reicht nicht mehr aus, Brände zu bekämpfen.
Die Stadt ist zu komplex und die Verantwortlichkeiten und Zuständigkeiten sind zu verwickelt, als daß die Behörden nicht in weitaus größerem Maße als in der Vergangenheit Aufgaben einer Kontrolle der Sicherheits- und Brandschutzbestimmungen übernehmen müßten. Man bemängelt, daß diese Eingriffe der Behörden die Freiheit des einzelnen Bürgers einschränken; in Wirklichkeit sichern diese Maßnahmen jedoch, da Produzent und Konsument nicht mehr zusammenfallen, korrekte Marktbedingungen.
Es beginnen sich jene Typologien der Gebäude und des Stadtgewebes abzuzeichnen, die sich vor allem in der Ausnutzung des Grund und Bodens unterscheiden und den „Körper" der Industriestadt ausmachen.

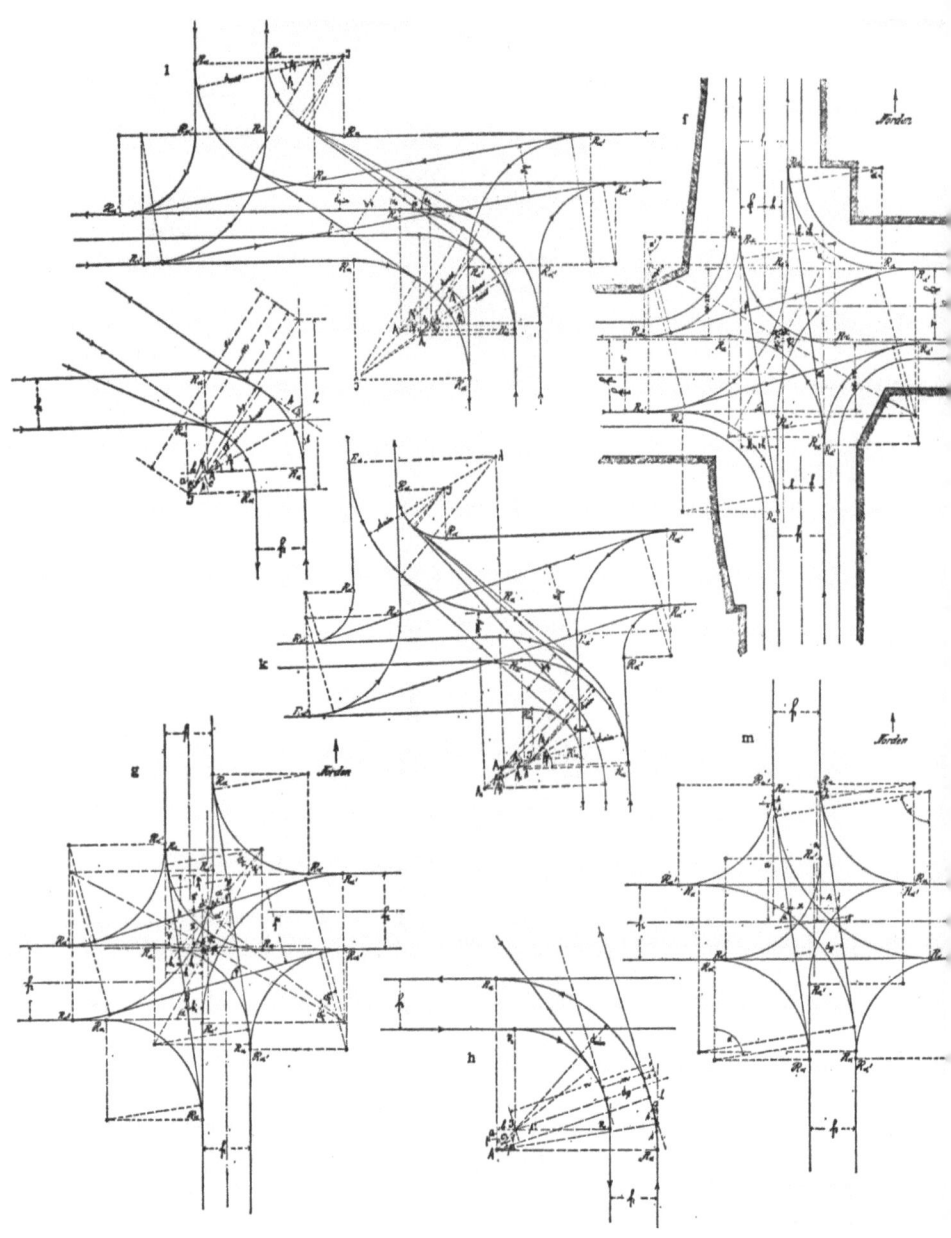

60 Straßenkreuzungen, von E. Schachenmeyer, Offenburg i. B. 1913 (DSTB, 1913, Tafel 37)

Vorschriften zum Schutz der Gesundheit und Brandschutzbestimmungen werden erstmalig verankert und dann in mehr oder minder regelmäßigen Abständen immer wieder aktualisiert. Ihre wahre Natur klärt sich – ebenso wie die aller anderen Elemente des Städtebaus – durch eine historische Untersuchung: Es sind Instrumente zum Aufbau einer historisch und kulturell datierbaren Stadt.
Die Palette der Gebäudetypen, die sich auf die Bestimmungen der Bauordnung zurückführen lassen, ist von Beginn an sehr breit. Die Handbücher, man nehme z. B. das von Stübben in seinen zahlreichen Auflagen und gekürzten Übersetzungen[206], bilden wahre Kataloge von Bautypen.
Die Bauordnung befaßt sich auch mit Verkehrsfragen. Straßen- und Kreuzungstypologien, Elemente der Ausstattung des Straßenraums, Beziehungen zwischen Straße und Gebäude oder Straße und Gebäudegruppe[207] – d. h. Bestimmungen über Straßenbreiten, Baufluchten, Beleuchtung, Gefälle usw. – fallen in den Zuständigkeitsbereich der Behörden, wobei in manchen Fällen eine eigene Straßenpolizei an die Seite der Baupolizei tritt.[208]
Alle Bauordnungen beschäftigen sich schließlich, in unterschiedlichem Ausmaß, mit Fragen der Stadtgestaltung. D. h., sie liefern, in der entzauberten Form einer Zusammenfassung von Vorschriften, die gesicherten Ergebnisse der damaligen Debatte über den städtebaulichen Entwurf. Die Bauordnung ist sicherlich nicht der einzige Ort dieser Debatte, aber sie zeigt, dank ihres kohärenten Aufbaus, die Fragen und Probleme am deutlichsten auf.

Stadtgestaltung

Unter unterschiedlichen Begriffen wie Stadtgestaltung, *Civic Art, Art urbain* diskutiert man in jenen Jahren über die „Form" der Industriestadt. Es geht dabei auch um mögliche Art und Weisen einer formalen Kontrolle – und damit um die Legitimität staatlicher Eingriffe in das Individualrecht.
Die von Camillo Sitte erhobene und sofort von vielen Seiten aufgegriffene Forderung nach einem Stadtentwurf, der nicht vollkommen durch die Bauordnung vorbestimmt sei, greift, *nolens volens,* in den Konflikt zwischen öffentlicher Planung und Privatinitiative ein. Kurioserweise stellt der Historizismus der Verfechter der *Art urbain,* welcher die erdrückende Logik der Bauspekulation im Namen ästhetischer, ökonomisch nur schwer zu bestimmender Werte bekämpfen wollte, letztendlich gerade die wenigen vorhandenen Kontrollinstrumente – den Bebauungsplan und die Bauordnung – in Frage.
Die Polemik zwischen Stübben und Sitte ist, wenn auch mit persönlichen Angriffen befrachtet, in dieser Hinsicht sehr aufschlußreich.[209] Daß die Figur eines Sitte bis heute zu den wenigen bekannten Erscheinungen jener Jahre zählt, sagt viel über die Tradition aus, welche der Städtebau sich geben möchte. Die Tatsache, daß die Ansichten Sittes so sehr der englischen Städtebaukultur entsprachen, die in ihren

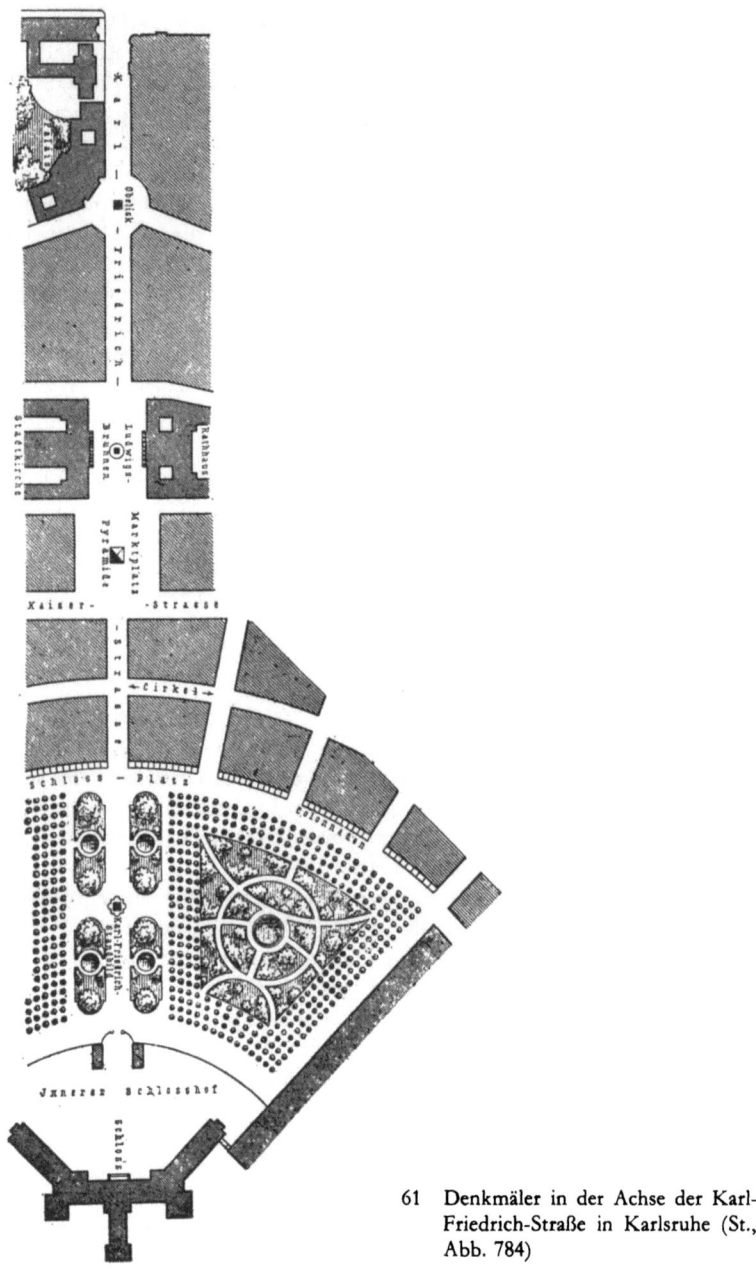

61 Denkmäler in der Achse der Karl-Friedrich-Straße in Karlsruhe (St., Abb. 784)

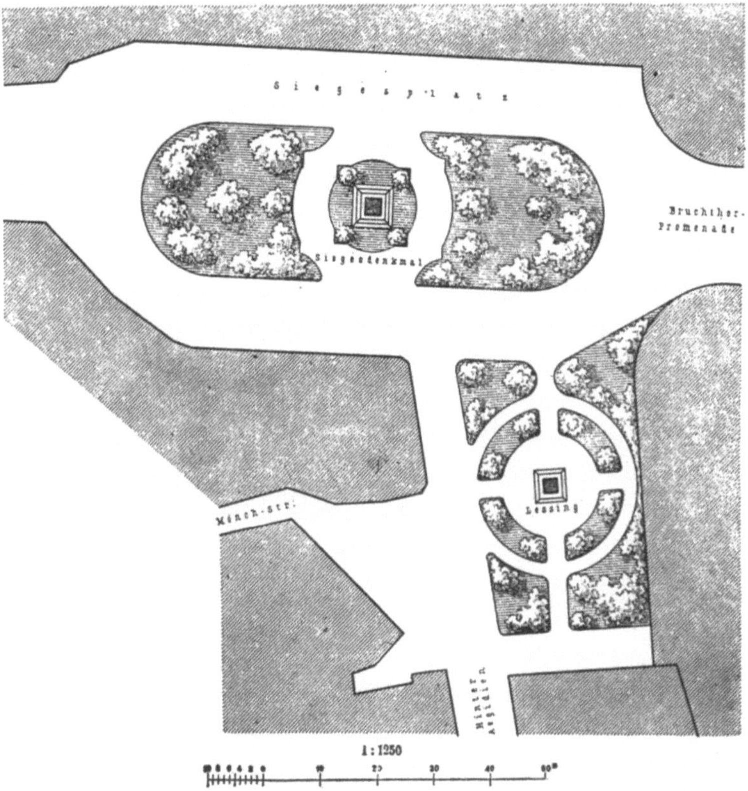

62 Siegesdenkmal und Lessing-Denkmal in Braunschweig
(St., Abb. 773)

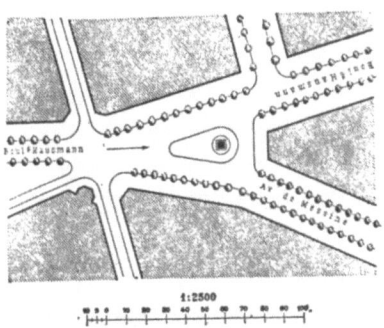

63 Aufstellung des Shakespeare-Denkmals in Paris
(St., Abb. 783)

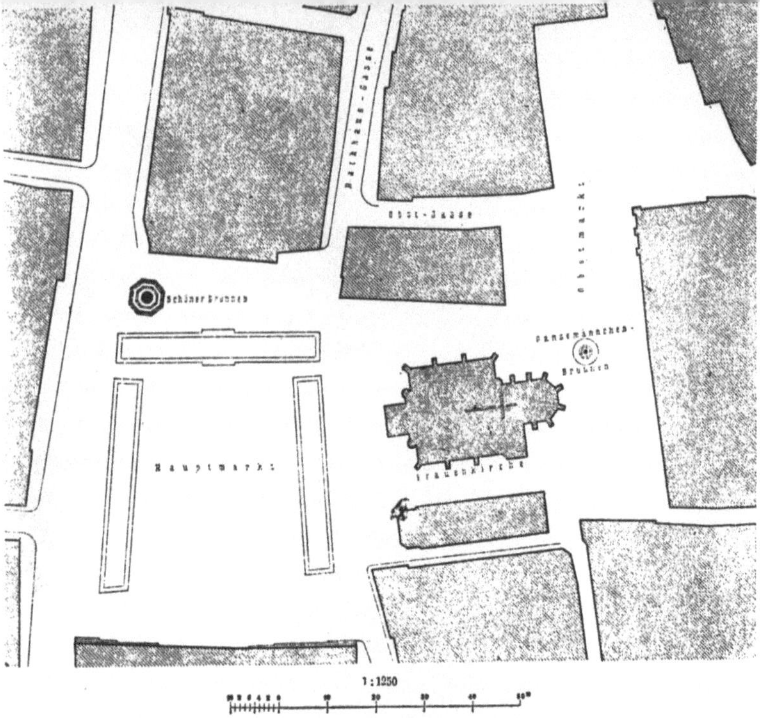

64 Aufstellung von Brunnendenkmälern in Nürnberg (St., Abb. 782)

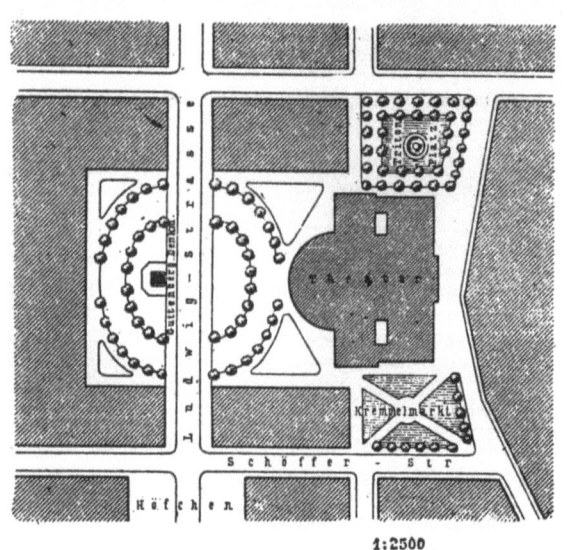

65 Platzgruppe: Umgebung des Stadttheaters in Mainz (St., Abb. 474)

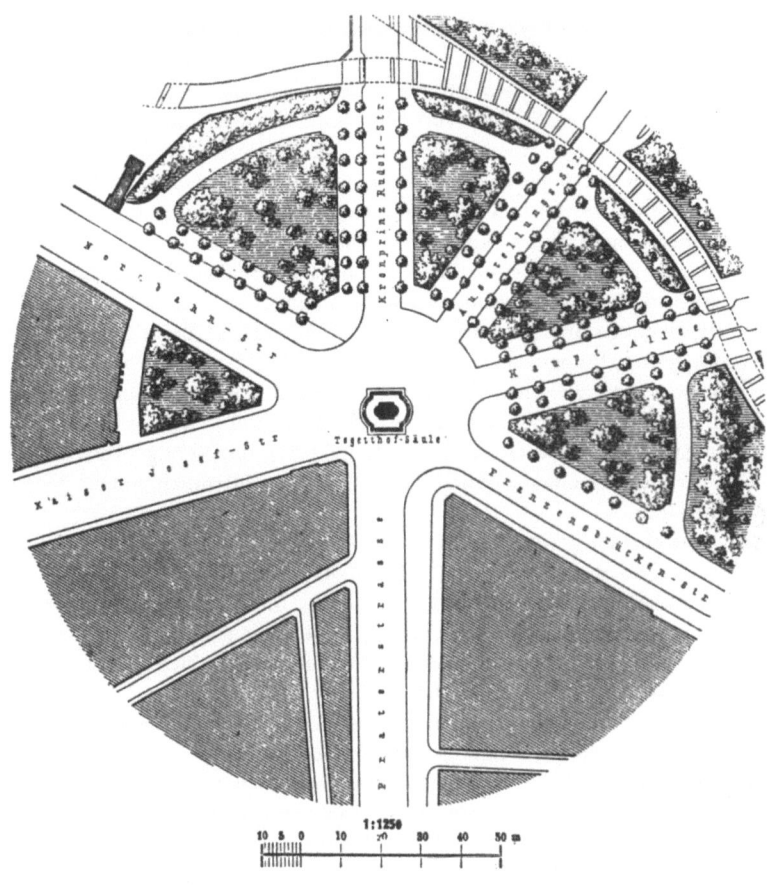

66 Praterstern in Wien (St., Abb. 777)

Ursprüngen deutlich durch die historisierende Ästhetik eines Ruskin und eines Morris geprägt war, kann seinen Ruhm nur teilweise erklären: Wahrscheinlich schätzte man, abgesehen von seiner unbestreitbaren formalen Sensibilität, auch seine Haltung einer individualistischen Distanz den sozialen Strukturen gegenüber, Strukturen, welche der Städtebau immer unterschlagen will, entgegen jeder historischen Offensichtlichkeit seines konkreten Handelns.

Die Unterscheidung zwischen öffentlicher und privater Sphäre

Im 19. Jahrhundert ändern sich grundlegend die typischen Formen des städtischen Wachstums. Der große „Stadtentwurf" des 18. Jahrhunderts ist nicht mehr möglich. Abgesehen von wenigen Ausnahmen, gibt es keinen Fürsten mehr, der dem Architekten die Möglichkeit bietet, in einer einzigen formalen Geste Straßenzüge und Architektur eines ganzen Stadterweiterungsgebietes zu fassen. Die Stadt wächst nunmehr nach und nach als Summe von Bauabschnitten.

Die klassische Form der Erweiterung der bürgerlichen Stadt basiert auf zweierlei: auf einer deutlichen Unterscheidung zwischen dem, was öffentlich, und dem, was privat ist, einerseits und auf der Parzellierung andererseits. Beide Momente stehen einer möglichen „Einheitlichkeit" des Wachstumsprozesses entgegen.

Die Unterscheidung zwischen öffentlicher und privater Sphäre ist auf verschiedenen Ebenen festzustellen: Öffentlich sind die Straßen, und privat ist die Bebauung, öffentlich sind die repräsentativen Gebäude und privat die Wohngebäude, öffentlich sind die Park- und Grünanlagen und privat die Gärten, öffentlich sind die Plätze und privat die Höfe.

Diese Unterscheidung ist im Rahmen des städtischen Wachstums weitaus bedeutender als etwa die Unterscheidung nach Gebäudenutzungen.

Die öffentliche Hand legt, vor allem durch das Straßennetz, einen allgemeinen Rahmen für die Bebauung fest (außerdem greift sie an einigen Stellen von besonderer kollektiver Bedeutung ein), aber innerhalb dieses Rahmens besitzt der private Bürger das Recht, einen maximalen individuellen Profit zu erzielen.

Die öffentlichen Maßnahmen machen an den Grenzen der Bauparzellen halt: Auch wenn es zuweilen gelingt, Nutzungszonen festzulegen – d. h. gewöhnlich zwischen Industrie-, Wohn- und Geschäftszonen zu unterscheiden –, ist die öffentliche Hand danach kaum in der Lage, in irgendeiner Form in den Bauprozeß einzugreifen. Im Gegensatz dazu denke man daran, daß die Bereiche größter formaler Würde in den Städten des 19. Jahrhunderts gerade jene Plätze oder Ensembles sind, wo auch die Bebauung eine öffentliche Maßnahme war, wo der ganze Bauprozeß einheitlich gelenkt wurde (angefangen beim Wiener Ring bis zu den Hunderten von Bahnhofsplätzen).

Die Parzellierung des Stadtgebietes bildet die Grundlage allen städtebaulichen Handelns und die Grundlage der Privatisierung der Stadt.

Die teppichartige Parzellierung wird zum typischen Wachstumsmuster, zum Zeichen des Eintritts der Stadt in die zeitgenössische Geschichte:

„Das Gelände, das für den Bau oder die Erweiterung einer Stadt dienen soll, bedarf der Aufteilung, bevor es für den Häuserbau verwendbar wird. Eine Parzellierung der für die städtische Bebauung bestimmten Bodenflächen ist notwendig, gleichviel, ob sie den Eigentümern der Grundstücke selbst überlassen wird, oder ob sie nach einem großangelegten Plane erfolgt, oder ob sie endlich sich auf die nächsten Bedürfnisse der Stadterweiterung beschränkt."[210]

Die Ästhetik der Parzellierung

Nach der Parzellierung darf jeder Besitzer eines Grundstücks ein Gebäude errichten. Dies bedeutet, daß der Anstoß zum Stadt-Bau nun von einer Vielzahl von Individuen ausgeht und somit der angemessenste Entwurf nicht derjenige ist, der eine nicht mehr gegebene Einheitlichkeit ausdrückt, sondern derjenige, der eine größtmögliche Individualität erlaubt. Auch in diesem Bereich kann die Bauordnung nur sicherstellen, daß Mindestbedingungen erfüllt werden, daß nicht der eine sich auf Kosten des anderen Vorteile verschafft:
„Natürlich kommt es dabei auf das Wie, auf das persönliche Empfinden und Können des Einzelnen und zwar des Bauherrn sowohl wie des Architekten und auf die Einsicht der die Bautätigkeit regelnden Gemeinde an; und darin stehen wir heute auch schlechter da, nachdem uns die Gewerbefreiheit ein im künstlerischen Sinn vielfach fragwürdiges Unternehmertum gebracht hat und die Selbstverwaltung nicht immer dem Einflusse von Laien und wirtschaftlichen Interessensgruppen zu widerstehen vermag. Die Folge war eine wachsende polizeiliche Bevormundung, die, bösen Geschäftsauswüchsen vorbeugend, nun auch gesunde Kunsttriebe an der Entfaltung hemmt."[211]
Wie alle anderen, stellt Goecke fest, daß die eingetretenen Veränderungen, vor allem was den Wohnbau angeht, grundlegend und von nun an bestimmend sind.
Das Haus ist kein Gebrauchsobjekt mehr, sondern vor allem eine Ware; die Stadt ist Produktionsstätte einerseits und bevorzugter Investitionsbereich andererseits. In diesem Zusammenhang stellt die Festlegung einiger ästhetischer Grundsätze in den Bauordnungen den letzten Versuch dar, die den Wachstumsprozeß der Industriestadt bestimmende Zersplitterung durch einige einheitliche Regeln zu kitten. Doch selbst die von Baumeister zitierten, gegen 1850 in Kraft getretenen Vorschriften einzelner deutscher Städte – „im Ansehen der Façaden alles zu vermeiden (...), was die Symmetrie und Sittlichkeit verletzen könnte", „die Farbe aus den von dem Bau-Amt entworfenen und zu Jedermanns Einsicht bereit liegenden Musterblättern (...) wählen", „hölzerne Fensterläden an den Vorderseiten der Gebäude (sind) verboten"[212] – erscheinen als zu großer Eingriff in das Individualrecht.
Die einzige tatsächliche Vereinheitlichung erreicht man durch die Festlegung maximaler Ausnutzungsziffern: Sie betreffen die Gebäudehöhe, das Bauvolumen, die Abstandsflächen, die überbaubare Grundstücksfläche usw. Zur Rechtfertigung dieser Ziffern führt man sowohl ästhetische Überlegungen an als auch solche, die den Schutz der öffentlichen Gesundheit betreffen.
Die eindeutigen morphologischen Konsequenzen, die daraus resultieren, werden zum strukturellen Kennzeichen der Stadt des 19. Jahrhunderts. Die Form ist dabei nichts weiter als das räumliche Ergebnis des ökonomischen Prozesses der privaten Aneignung der Stadt.
Man versteht an dieser Stelle, warum die Debatte um Fragen der Stadtgestaltung bei den Fachleuten immer auf ein so geringes Interesse gestoßen ist.[213]

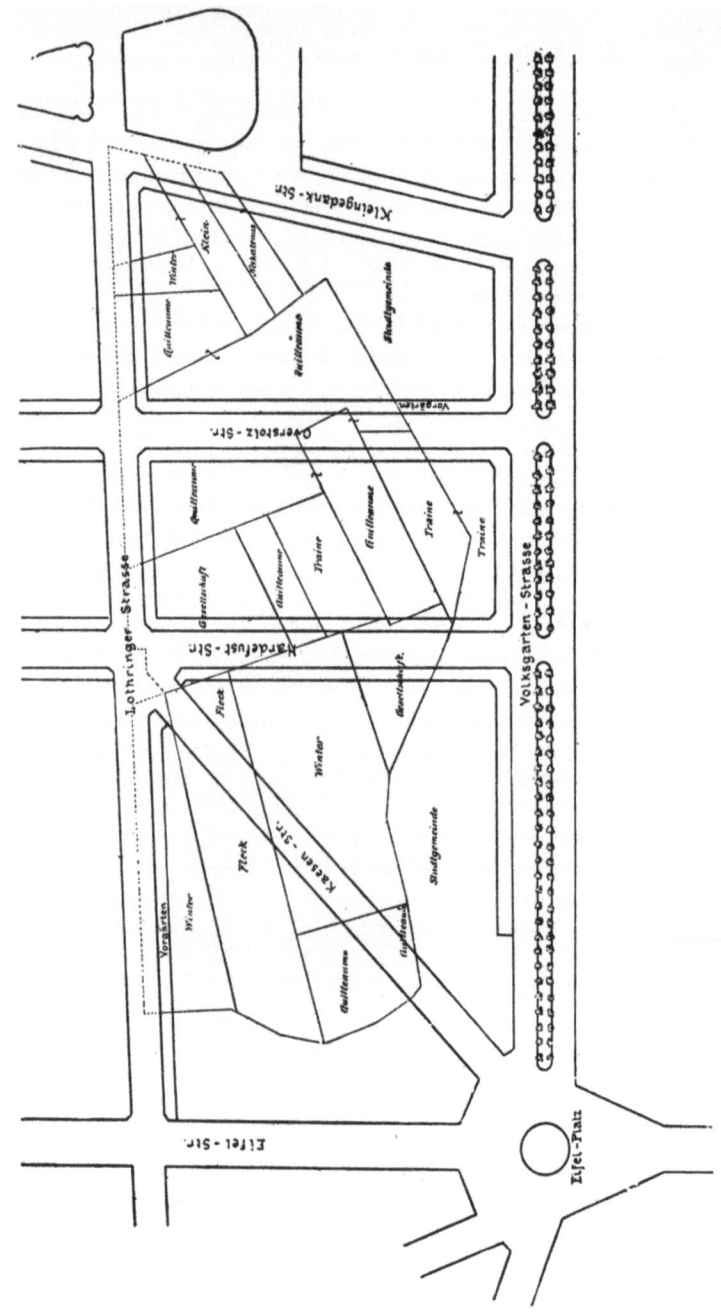

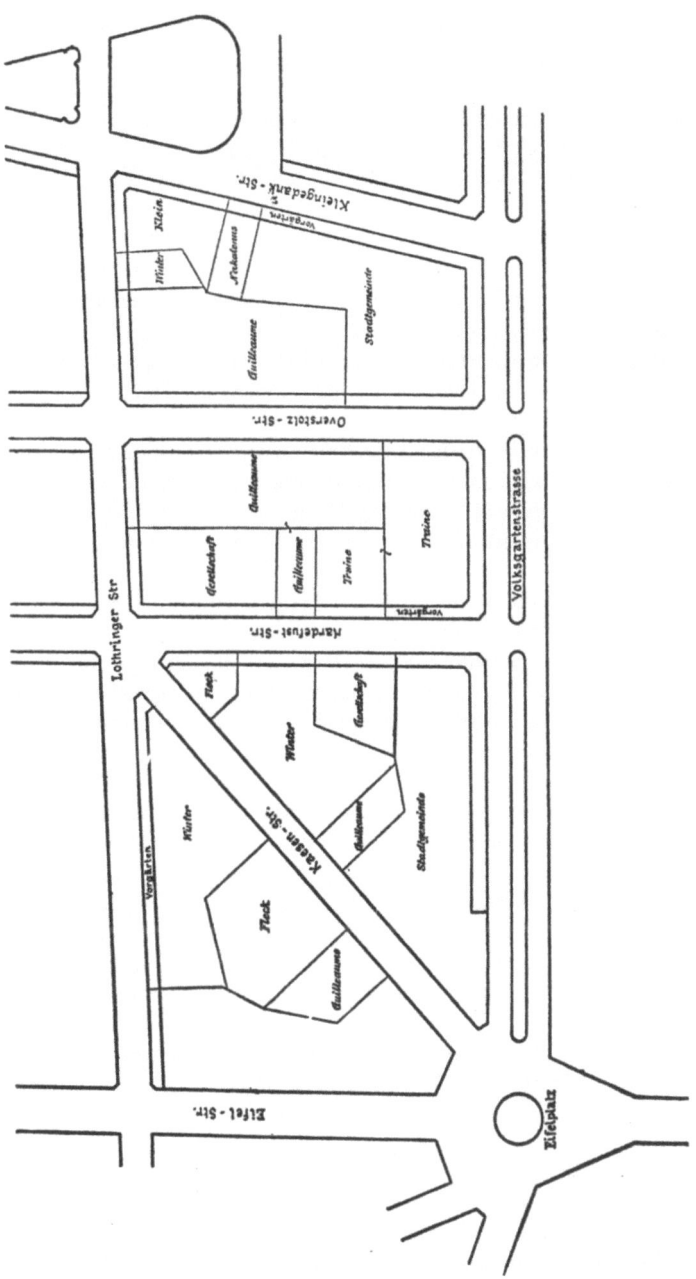

67–68 1. Grundstückslage zwischen der Lothringer und der Volksgartenstraße in Köln vor der Umlegung; 2. Grundstückslage zwischen der Lothringer und der Volksgartenstraße in Köln nach der Umlegung (St., Abb. 980a/980b)

Stübben behauptet, daß die Gestaltung der öffentlichen Plätze die vorrangige Aufgabe der Stadtbaukunst ausmache[214], aber er schlägt dann nichts weiter vor als die üblichen Rezepte einheitlicher Fassaden, symmetrischer Anlagen bzw. malerischer Ensembles und schließlich die Errichtung von Monumentalbauten (Kirchen, Theatergebäuden, Gerichtshöfen) auf großen, freien Plätzen.

Einige Jahre später, auf dem Kongreß in London im Jahre 1910, gibt er zu, daß der Phase der Vorherrschaft des auf Symmetrie bedachten französischen Stils, der bis in die achtziger Jahre *en vogue* war, eine Haltung gefolgt sei, welche, auf der Grundlage der Untersuchungen deutscher Städte des Mittelalters, die Vielfalt der Einheitlichkeit und die gekrümmte der geraden Linie vorziehe. Im ganzen gesehen verändert sich seine Meinung zu diesem Thema jedoch kaum:

„Die Kunst des Städtebauers bewährt sich darin, daß er unter das Einerlei verwandter Linien doch wieder einen Zug von Größe bringt, indem er einzelne Stadtteile und Denkmalbauten heraushebt."[215]

Der Frage, ob der Straßenverlauf gerade oder gekrümmt sein soll, ist „ein Büchlein (...), das sich auf der Reise bequem in die Tasche stecken läßt"[216], von Cornelius Gurlitt gewidmet, welches einige der Sitteschen Themen wieder aufgreift, etwa die Angriffe gegen die Uniformität des Städtebaus und die Vorherrschaft der „geraden Linie".[217]

In diesem Zusammenhang ist die Rolle, welche die Architekten gespielt haben, von grundlegender Bedeutung. Mittels umfangreicher und aufwendiger Veröffentlichungen gelingt es ihnen, der Öffentlichkeit das Bild eines Städtebaus von Alleen und *rond points* aufzudrängen – und in den besten Fällen das Schachbrett der Baublöcke durch Elemente zu durchbrechen, welche die besonderen topographischen Bedingungen berücksichtigen, wobei jeweils zahllose Entwurfsvarianten ausgearbeitet werden.

Wir haben schon erwähnt, daß die gelungensten Beispiele von der öffentlichen Hand verwirklicht wurden: die monumentalen Gebäude und Ensembles, die Promenaden, die Parkanlagen.

Dies ist kein Zufall: Fehlt der Druck der Spekulation, so entfallen die Gründe für eine harte Auseinandersetzung zwischen Architekten und Ingenieuren (Künstlern und Technikern, Historikern und Funktionalisten) über die städtische Morphologie, und derjenige, der städtebauliche Maßnahmen vorschlägt, kann wieder seine einstige Freiheit genießen.[218]

Das formale Repertoire der „Stadtbaukunst" ist weitgehend jenes klassizistische, das sich gerade dank der Einheitlichkeit und Wiederholbarkeit seiner Elemente als sehr brauchbar erweist; es fehlen jedoch keineswegs auch „mittelalterliche Zitate", vor allem bei Wettbewerben.

Wettbewerbe und Städtebauausstellungen werden vorzugsweise zur Ausarbeitung von Entwurfsvorschlägen großen Umfangs genutzt. Es mangelt nicht an Perspektiven von Bebauungsplänen bzw. von Teilausschnitten, denn häufig erhebt man die Forderung, die Festlegungen der Bebauungspläne visuell zu verdeutlichen.

Eine kleine Gruppe von Stadtplanern erweist sich den formalen Problemen gegenüber als besonders sensibel; aber man findet kaum jemanden, der sich nicht zumindest einmal zu diesem Thema geäußert hätte. An dieser Stelle sei stellvertretend nur der Name von Hegemann angeführt, der nach Herausgabe des umfangreichen Katalogs der Berliner Ausstellung des Jahres 1913 in den Vereinigten Staaten 1922 den *American Vitruvius* veröffentlicht.[219]
Die Betrachtung der kulturellen und ideologischen Komponenten der Diskussion über die *formale* Gestaltung der Industriestadt fällt aber als solche nicht in den Bereich unserer Untersuchung. Sie betrifft uns nur insofern, als die formalen Überlegungen das Instrumentarium des Städtebaus beeinflussen: d. h. den Bebauungsplan und die Bauordnung. Bleiben sie jedoch auf der Stufe von Vorschlägen und Entwürfen stehen, so laufen sie nur Gefahr, uns die wichtigeren Daten zu verwischen, die zur Bildung eines historisch fundierten Urteils auch über diesen Aspekt der Disziplin des Städtebaus notwendig sind.

Das radiale Modell

Auch die Frage eines allgemeingültigen Modells des städtischen Wachstums hängt mit der Aufteilung der Stadt in Zonen zusammen. Der Prozeß des Wertzuwachses des Grund und Bodens vollzieht sich – theoretisch – stufenweise, in konzentrischen Kreisen vom Stadtzentrum bis zur Peripherie. Eine Zonung in ihrer klassischen Form, wie sie sich aus der Anwendung der von uns beschriebenen Typologien herleitet, müßte deshalb eigentlich zu einem konzentrischen Modell der Stadterweiterung führen. Da dieses theoretische Modell sich jedoch in der Wirklichkeit äußerst selten bestätigt[220], liegen die Sympathien der Stadtplaner bei einem radialen Modell: „Jede Umgürtelung, sie nenne sich wie sie wolle, muß nachteilig auf die bodenpolitische und verkehrstechnische Entwicklung der Großstadt wirken; sie wird ferner die Gestaltung des Stadtplans in schädlicher Weise beeinflussen und ein Hindernis abgeben für die Herausbildung zweckmäßiger Formen unseres Städtebaus. Als Grundform für den Gesamtplan einer Stadt ist vielmehr an Stelle des Systems der konzentrischen Stadtanlage die radiale anzustreben; an Stelle der Ringbildung die Ausstrahlung."[221]
Von einer gewissen Größe an führe die Anlage konzentrischer Umgehungsringe, so bemerkt Goecke in bezug auf Berlin, zur Verstopfung; das Fehlen von großen radialen Achsen als Stützen der Stadterweiterung mache sich in einer Überfüllung der wenigen vorhandenen bemerkbar..[222]
Das radiale Modell wird von Eberstadt mit der zunehmenden Bedeutung der Verbindungsachsen in der modernen Stadt im Vergleich zur historischen Stadt begründet. Dies ist auch die Meinung von Stübben; er sagt:

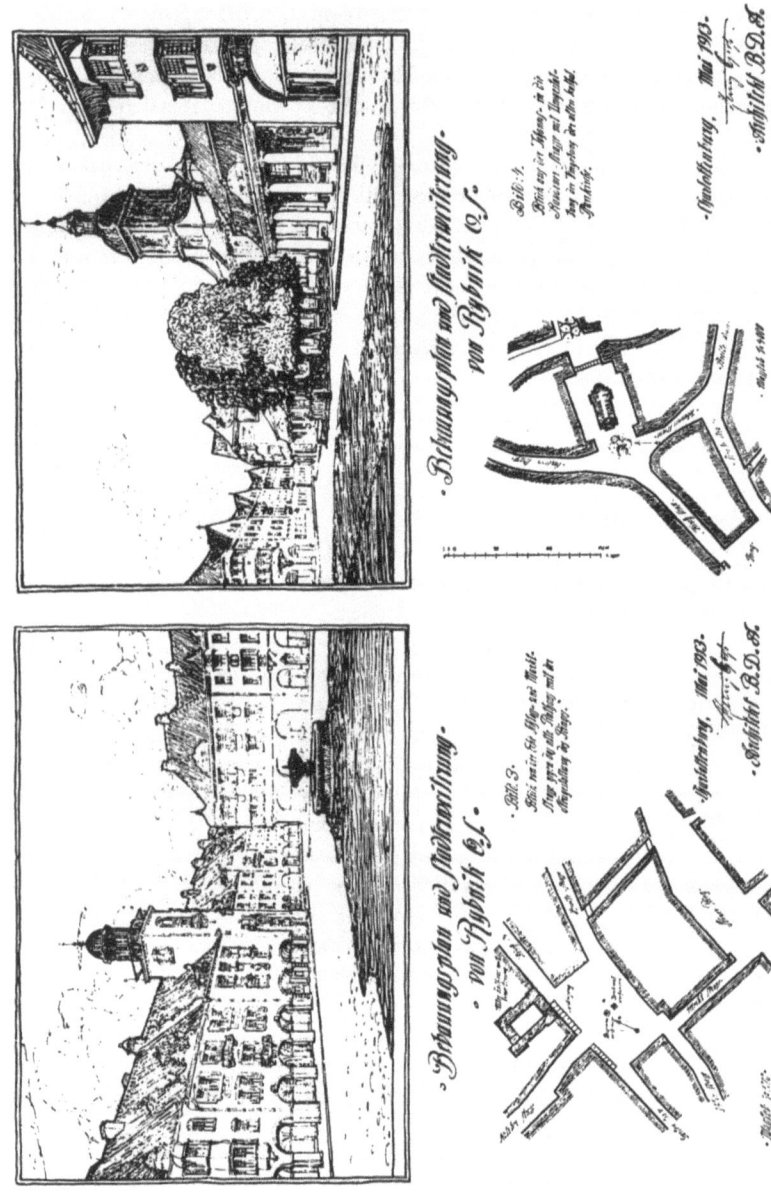

69 Entwurf zum Bebauungsplan von **Rybnik**, Detailzeichnungen, von Henry Gross, Charlottenburg 1913 (DSTB, 1914, Tafel 25)

„Der Entwerfer des Bebauungsplans hat diesen Hauptverkehrslinien, die vorwiegend radial, unter Umständen auch diagonal verlaufen, sein erstes Augenmerk zuzuwenden, bevor er noch mit der Bezirksteilung sich befaßt."[223] Nussbaum betont ebenfalls die vorrangige Bedeutung der radialen Arterien gegenüber den Umgehungsringen und schlägt die Anlage breiter Grünstreifen vor, um einer Zunahme des Verkehrs in der Zukunft durch eine Verbreiterung der Straße begegnen zu können.[224] Einen weiteren Grund für ein solches Modell stellt die bessere Zugänglichkeit der Freiflächen dar, die keilförmig in ein weiträumiges Stadtgebiet hineingreifen können: „(...) vor allem an Stelle der Gürtelführung der Freiflächen die Keilführung, die endlich die Wohltat der Freiflächen für die Bevölkerung zur Wirklichkeit macht und durch ihre Grundlinien eine naturgemäße Entwicklung und Gestaltung der Stadt ermöglicht".[225]

8 Schlußfolgerungen

Das Schicksal des Städtebaus des 19. Jahrhunderts

Wie die Industriestadt, genießt auch der Städtebau jener Zeit keinen guten Ruf. Sobald sie das 19. Jahrhundert erreicht haben, schlagen die Geschichten des Städtebaus meist die finstersten Töne an und versuchen, sich dieser Epoche so schnell wie möglich zu entledigen.

Für Lavedan ist „die Geschichte der Großstädte des 19. Jahrhunderts die Geschichte einer Krankheit". Der Ursprung dieser Krankheit sei in drei Revolutionen zu suchen (der industriellen, der demographischen und der verkehrstechnischen Revolution); ihre Gründe seien weit gestreut: die Unreinlichkeit der (armen) Stadtbewohner, die Boden- und Mietspekulation, die zunehmende Geschwindigkeit bei der Errichtung von Wohnbauten ohne einen entsprechenden technologischen Fortschritt, der Verfall des allgemeinen Sinns für Ästhetik, der Triumph des Individualismus und des Liberalismus.[226]

Für Giedion entwickeln sich „von 1870 an (...) die Großstädte endgültig zu dem, was sie heute sind – unbrauchbare Instrumente"[227], wobei der Städtebau, gemäß einer typischen Haltung jener Zeit, durch die Vorherrschaft der Spezialisten geprägt werde.

Giedion bezichtigt Camillo Sitte der Oberflächlichkeit, unterstreicht aber die städtebauliche Tradition von Amsterdam und den Beitrag von Berlage.

Für Chiodi sind Haussmann und Sitte die einzigen herausragenden Figuren in einem ansonsten dürftigen Bild.[228] Für die „Enciclopedia Italiana" sind nur drei Ereignisse erwähnenswert: die Umgestaltung von Paris durch Haussmann, der Wiener Ring und die erste Gartenstadt; der Städtebau verliere, so die „Enciclopedia", den grundsätzlich „organischen" Charakter der städtischen Frage aus dem Blickfeld und spalte diese in technische Details auf.[229]

Mumford ist sicherlich einer der Hauptverantwortlichen für den (akademischen) Erfolg einer weitgehend den Problemen ausweichenden bzw. auf elitären Lösungen basierenden Stadtbautheorie, wie jene mit der Gartenstadtbewegung zusammenhängende, aber er zählt zu den wenigen, welche die Neuheit und Reichweite einer Stadtentwicklung verstehen, die in ihrer Art ohne Vorläufer ist.[230]
Mumford bleibt der heftigste und leidenschaftlichste Kritiker der Industriestadt und deren Städtebaus. Für ihn ist die „sinnlose Industriestadt" nicht einfach eine Fehlentwicklung oder eine Krankheit, sondern der zwangsläufige Ausdruck einer unmenschlichen sozialen Ordnung, die auf der Ausbeutung und dem Profit basiere.
Erst Benevolo erkennt den Wert und die Bedeutung des Städtebaus um die Jahrhundertwende an:
„Im ersten Jahrzehnt des 20. Jahrhunderts werden die Grundlagen derjenigen städtebaulichen Kultur geschaffen, die wir die klassische nennen möchten, aus denen die Gesetzgebung fast aller Länder ihre Anregungen schöpft und deren Mängel an vielen Schwierigkeiten schuld sind, in denen wir uns heute befinden."[231]
Immerhin, Benevolo befaßt sich mit einigen Ergebnissen – der Städtebaugesetzgebung, den Enteignungsgesetzen, dem genossenschaftlichen Wohnungsbau, den Kompetenzen der Gemeinden –, er läßt aber den eigentlichen Hintergrund – das kulturelle Umfeld und den Aufbau der Disziplin der Städtebaus – aus, während er den Sozialreformern der Gartenstadtbewegung reichlich Platz einräumt.[232]
Erst in jüngerer Zeit hat man damit begonnen, sich systematisch mit dem Städtebau des 19. Jahrhunderts auseinanderzusetzen. Zum Teil beinhalten diese Arbeiten nichts anderes als eine Erweiterung der Studien, welche die „Stadt" zum Thema haben: Es handelt sich dann um typologische Betrachtungen und um einen Vergleich von Entwurfsabsichten, Städtebaugesetzen und morphologischen Ergebnissen. Zum Teil befassen sich diese Arbeiten aber auch, und dann betreffen sie uns eher, besonders mit der „theoretischen Substanz" des Städtebaus.
Die Arbeiten von Françoise Choay sowie von George R. und Christiane Crasemann Collins zählen zu den bedeutendsten dieser zweiten Gruppe.
Ausgehend von einer semiotischen Analyse der Stadt, gelangt Choay[233] zu ähnlichen Schlußfolgerungen wie wir, vor allem was den „reduktiven" Einfluß des kapitalistischen Bürgertums auf die Stadt angeht.
Das historische städtische System, geprägt durch seine Beziehung zu den anderen sozialen Systemen (Politik, Wissenschaft, Wirtschaft, Religion), war, so Choay, ein System des Austauschs und der Information. Die industrielle Revolution hat zu Veränderungen in der räumlichen Ordnung, in der Mentalität der Bürger und in den Vorstellungen der Planer geführt. Diese drei Aspekte entsprechen nicht länger einem einheitlichen Zusammenhang von Regeln, und die Stadt erfährt eine semantische Verarmung „in dem Sinn, daß ihre Ordnung ausschließlich aus der ökonomischen Ursache ihrer Bevölkerungsdichte resultiert: aus der kapitalistischen industriellen Produktion".[234]

In Wirklichkeit vollzieht sich, wie unsere Untersuchung der städtebaulichen Theorien jener Zeit deutlich zeigt, die kapitalistische Aneignung der Stadt mittels der Rendite und der Bodenspekulation und nicht durch die Struktur der Produktion, aber es ist wahr, daß dieses nicht hätte geschehen können ohne den Druck eines schwindelerregenden städtischen Wachstums, wie es während der industriellen Revolution auftrat.[235]
Die Arbeit der Collins' stellt bis heute den einzigen Ausgangspunkt für denjenigen dar, der eine Untersuchung der Stadtbautheorien um die Jahrhundertwende in Angriff nehmen möchte.[236] Auf der Grundlage einer äußerst umfangreichen – und sorgfältig gesichteten – Bibliographie verzeichnet diese Studie gewissenhaft alle Themen und Personen der städtebaulichen Debatte jener Zeit und bildet eine äußerst bemerkenswerte Informationsquelle.
Die besondere Ausrichtung der Studie – die Rolle Camillo Sittes im Entwicklungsprozeß des modernen Städtebaus – lenkt den Schwerpunkt der Untersuchung natürlich auf den Bereich der *Civic Art,* auf deren Vertreter und Vorzugsthemen, aber großer Platz wird auch der Betrachtung des deutschen und europäischen kulturellen Umfelds eingeräumt.
Unter den Kennzeichen des deutschen Städtebaus – welcher als erster die Zonung einführte – stellen die Collins' die grundlegende Bedeutung der Ingenieure heraus, die, so Sitte, schuld an dem vorbehaltlosen Gebrauch der „geraden Linie" seien. Die besessene Beschäftigung mit dem Verkehr – vom Handbuch von Baumeister bis zu den Beschlüssen der Berufs-Vereine und den Zeitschriftenveröffentlichungen über eine Vielzahl neuer Untergrundbahn-, Stadtbahnsysteme u. a. – und die nachdrückliche Bedeutung, die man Fragen der öffentlichen Gesundheit beimißt, sind, so die Collins', auch ein Beitrag der Ingenieure.
Ein weiteres Kennzeichen des deutschen Städtebaus ist sein Engagement in rechtlichen Fragen. Baufluchten und Traufhöhe sind nicht allein in gestalterischer Hinsicht wichtig, sondern auch deshalb, weil fehlerhafte Bauordnungen nicht wiedergutzumachende Eingriffe in die historischen Stadtzentren bewirken können; mit Mängeln behaftete Umlegungspläne können zu Ungerechtigkeit und Verschwendung führen.
Schließlich stellen die Collins' den internationalen Charakter des Städtebaus jener Zeit heraus, den regen kulturellen Austausch, die Kontinuität eines Dialogs, der sich anläßlich der Kongresse und Ausstellungen und in den Fachzeitschriften vollzieht.

Die wenigen Ausnahmen machen das allgemein kärgliche Wissen über und Interesse an einem so wichtigen Kapitel der Geschichte der westlichen Kultur erst recht augenfällig. Es bleibt die Frage, was der Grund eines derart offensichtlichen Ausdrucks an mangelndem Bewußtsein sei.
Es gibt viele und unterschiedlich gewichtige Gründe. Ein wesentlicher besteht in der Hypothek, mit der die Architektur die Untersuchung der städtischen Phänomene belastet. Stadt, Städtebau und städtebaulicher Entwurf haben mit Entstehung der Industriestadt aufgehört zusammenzufallen, so daß es nicht mehr möglich ist, das

eine durch das andere zu begreifen. Das bedeutet, die vornehmliche Kritik an der *Architektur* der Industriestadt, und dies gilt vor allem für die Schriften der Modernen Bewegung, hat zu dem Ergebnis geführt, die Analyse auf einen offensichtlich nebensächlichen Aspekt des Entwicklungsprozesses der Großstadt zu lenken.
Die Moderne Bewegung erteilt dem barocken Entwurf der Stadt des 19. Jahrhunderts formal eine Absage und zeigt dadurch, daß sie diese Stadt als eine bloße Episode akademischer Imitation betrachtet und nicht die klare Funktionalität ihres städtischen Wachstums versteht; sie erteilt auch eine typologische Absage – an die Korridorstraße und die geschlossenen Baublöcke –, aus Gründen der öffentlichen Gesundheit (und aus formaler Sympathie für den fließenden Grundriß), ohne jedoch die Zusammenhänge zwischen jenen Typologien und den unterschwelligen ökonomischen Prozessen zu verstehen.
Nicht zufälligerweise sind die Erfolge der Modernen Bewegung auf dem Gebiet des Städtebaus besonders niederschmetternd: Abgesehen von einigen bescheidenen Korrekturen, ist die Art und Weise des Wachstums der Stadt des 19. Jahrhunderts noch immer die Art und Weise auch des Wachstums der heutigen Stadt.
Im übrigen verschwimmt die Kritik an der Stadt des 19. Jahrhunderts oft mit der anti-urbanen Kritik an sich; gerade darauf beruht der „Erfolg" der Gartenstadtbewegung und ihrer Ableitungen: Zevi bezeichnet, in seiner gewohnt schlagwortprägenden Art, Letchworth, die erste Gartenstadt, als „die Geburtsurkunde des modernen Städtebaus" und lehnt es ab, jeglichen anderen Aspekt der städtischen Wirklichkeit jener Zeit in Betracht zu ziehen.[237]

Der Vorrang der Utopie in der Literatur

Mit Vorliebe beschäftigen sich die Städtebautraktate mit den Initiativen der Reformer des 19. Jahrhunderts, der aufgeklärten Industriellen, mit den ersten genossenschaftlichen Erfahrungen.
Die Siedlung Saltaire, die von Titus Salt in den fünfziger Jahren entsprechend einem literarischen Prototyp von Disraeli gebaut worden war, die späteren Siedlungen Port Sunlight und Bourneville in England, die Krupp-Siedlungen in Deutschland, die *Cités ouvrières* der *Societé industrielle de Mulhouse*, die Prototypen von Arbeiterwohnhäusern, die auf den verschiedenen Ausstellungen in London und Paris in der zweiten Hälfte des 19. Jahrhunderts vorgestellt wurden, all diese Beispiele scheinen eine Verpflichtung des Städtebaus und eine kontinuierliche, fortschreitende Entwicklung in Richtung einer „eigenen" Lösung der durch die industrielle und urbane Revolution aufgeworfenen Probleme anzuzeigen.[238]
In Anbetracht einer augenfällig vollkommen andersgearteten Wirklichkeit handelt es sich hierbei jedoch um eine offensichtliche historische Verfälschung bzw. um den Versuch, dem heutigen Städtebau eine ganz bestimmte Tradition unterzuschieben. Nicht zufälligerweise ist die Entwicklungslinie, die mehr als alle anderen in die Tradition (und die „Mythologie") des Städtebaus eingeht, die der Stadtutopien.

Die städtebaulichen Vorschläge von Owen[239] und Fourier[240] sind zu wahrhaften Bezugspunkten einer ganzen Reihe späterer Modelle geworden. Sie bilden auch den Ausgangspunkt des erfolgreichsten aller Modelle, der Gartenstadt von Howard[241], die ihrerseits wiederum, mehr oder weniger erklärtermaßen, das Vorbild einiger mit Lobeshymnen bedachter städtebaulicher Entwicklungen nach dem Ersten Weltkrieg darstellt, angefangen von den Roosveltschen *Green Belt Towns* bis zu den Entwicklungsplänen von London oder Stockholm.

Gerade im 19. Jahrhundert sind die Stadtutopien – sozialistischen oder christlichen Charakters, immer jedoch vor dem Hintergrund eines gemeinschaftlichen Lebens und einer heftigen Kritik an der industriellen Wirklichkeit – besonders zahlreich. Viele werden vorübergehend verwirklicht, andere bleiben Vorschläge, beeinflussen aber spätere Versuche.

Von der *Icaria* des Etienne Cabet, die kurze Zeit in den Vereinigten Staaten erprobt wurde, über die *Victoria* von James Buckingham, das *Christian Commonwealth* von John Morgan, die Fouriersche *Brook Farm,* an der einige der bekanntesten Intellektuellen aus New England beteiligt waren[242], bis hin zur Stadt von Bellamy[243] oder der imaginären *Franceville* von Jules Verne[244], läßt sich in der Tat eine alternative Geschichte des Städtebaus schreiben, alternativ zu der Geschichte, wie sie sich konkret in der Industriegesellschaft abgespielt hat.

So konnte es geschehen, daß die Howardschen Modelle als der Zielpunkt einer inzwischen verfestigten und wissenschaftlich orthodoxen Tradition erscheinen konnten.

Die Anpassung des Städtebaus

Die Ausführlichkeit, mit der die utopischen Vorschläge in den modernen Handbüchern und den historischen Abhandlungen erörtert werden, ist umgekehrt proportional dem Platz, den man der Untersuchung der tatsächlichen Beziehungen zwischen Städtebau und Stadtentwicklung jener Zeit einräumt.

Dies bringt zwei übereinstimmende Ergebnisse mit sich:
Erstens wird die Bedeutung und Notwendigkeit eines Städtebaus betont, der ganz eins mit dem Aufbau einer neuen (städtischen) Gesellschaft zu sein habe, wobei der Stadtplaner als ein „Techniker" verstanden wird, der die Fähigkeit besitze, diese (neue Gesellschaft) ins Leben zu rufen. Man glaubt ohne Zögern an die Möglichkeiten des Technikers, die gesellschaftlichen Mißstände auf allen Ebenen durch eine Neuordnung des Raums beheben zu können. Der Stadtplaner, der Ungleichheiten beseitigt und Konflikte löst, durch das Böse und die Ignoranz aber daran gehindert wird: Diese Vorstellung hat hier ihren ideologischen Ursprung, obwohl ihre zutiefst sozialkritischen Wesenszüge schon seit geraumer Zeit verlorengegangen sind.
Auf dieser Vorstellung basiert auch die „mythische" Verklärung einiger räumlicher und numerischer Modelle – einer bestimmten Beziehung zwischen Stadt und Land,

der geeignetsten Anzahl von Bewohnern zum Aufbau einer Gemeinschaft u. a. –, als ob diese an sich die Fähigkeit besäßen, jene soziale Erneuerung zu bewirken. Der soziale Konflikt wird somit auf eine formale Debatte für oder gegen dieses oder jenes räumliche Modell verlagert, und der Stadtplaner, der im allgemeinen der Verlierer ist, kann in die Rolle des unerhörten Propheten schlüpfen. Zweitens wird die effektive Anpassung des Städtebaus und seiner Vertreter an die gegebene soziale Ordnung unterschlagen und die Teilnahme, mehr noch als die aller anderen technischen und wissenschaftlichen Disziplinen, am Aufbau der bürgerlichen Stadt und Gesellschaft.
Die tiefe Kluft, die den Bildungsprozeß der Stadt von den Modellen der Utopisten und Reformer trennt, zeigt eher ein ungestümes Streben nach Erneuerung als den klaren Willen, auf die Wirklichkeit einzuwirken. Der Traum von der Flucht kann auch eine Entschädigung für alltägliche Mühen sein, die so vollkommen andere Zielsetzungen verfolgen. Tatsächlich basiert, artikuliert und befaßt sich, wie wir gesehen haben, die Disziplin des Städtebaus mit einem Kontext, der nichts Imaginäres an sich hat. Ihre Methodik ist nicht nur der Wirklichkeit angepaßt, sondern entspricht auch funktional vollständig der Art und Weise des städtischen Wachstums.
Der Grund unseres Interesses an den deutschen Theoretikern und Verfassern der Handbücher liegt gerade darin, daß man ihren Schriften ein keineswegs „verklärtes" Bild des Städtebaus, seiner Rolle und seiner Zielsetzungen entnehmen kann.

Die Trägheit des Städtebaus

Zonung und Bauordnung helfen sicherlich bei der Bewältigung der unmittelbaren Probleme einer Entwicklung, die auf einer wahren Flut von Initiativen und Maßnahmen basiert, sie sind aber gleichzeitig so allgemein und schwerfällig in ihren Vorgaben und Verfahrensweisen, daß ihre Wirkung durch spekulative Maßnahmen längeren Atems aufgehoben wird. D. h., es handelt sich um rechtliche Instrumente, die geschaffen wurden, um dem typischen Wachstumsprozeß der Stadt des 19. Jahrhunderts nachzukommen, um die Entwicklung zu rationalisieren, ohne jedoch die Ursachen und Zielsetzungen in Frage zu stellen.
Die Reduktion der städtischen Phänomenologie auf Veränderungen in der Flächennutzung findet ihre Rechtfertigung in der Bestimmung der Veränderungen der Bodenwerte, die den Bodenmarkt nähren. Und da dieser Markt das Interesse des kapitalistischen Eigentums – sicherlich aber nicht des Nutzers – am städtischen Wachstum ausmacht, lassen sich die Ansätze des Städtebaus des 19. Jahrhunderts als historisch korrekt bezeichnen.
Schwieriger ist es dagegen, die Permanenz einer solchen Methodik dort zu rechtfertigen, wo sich die soziale und ökonomische Ordnung im Vergleich zur ursprünglichen entscheidend verändert hat.

Tatsache ist, daß jene Art der Annäherung an Fragen der räumlichen Ordnung, die sich in einem Kontext entwickelte, der keine Alternativen zuließ, eine weitgehend allgemeine Gültigkeit gewonnen hat und durch erhebliche Trägheit gekennzeichnet ist.

D. h., auch unter sozialen Bedingungen, die von dem Modell abweichen, das Geddes als paläotechnisch bezeichnet hat, wie in den skandinavischen Ländern, oder unter Bedingungen einer vollständigen Aufhebung der Grundrente, wie in den sozialistischen Ländern, ist der Weg, den der Städtebau eingeschlagen hat, im wesentlichen der gleiche geblieben.

Zwar hat sich innerhalb der Wissenschaft etwas verändert: Man hat den Platz, den man dem sozialen Raum einräumt, auf Kosten des Platzes erweitert, den man dem individuellen Raum einräumte. Doch die Untersuchungen und die Planungsvorschläge basieren auf den gleichen Parametern und den gleichen Instrumenten wie ehedem.

Diese Art und Weise, den Städtebau zu verstehen, die so eng mit dem Prozeß der kapitalistischen Aneignung der Stadt mittels der städtischen Grundrente zusammenhängt, hat sich in der Tat als der Städtebau schlechthin erwiesen. Denn der Zeitpunkt, zu dem der Städtebau sich als wissenschaftliche Disziplin entfaltete und die Stadt sich als dessen Maßnahmebereich herauskristallisierte, war derselbe Zeitpunkt, zu dem jener Prozeß (der kapitalistischen Aneignung der Stadt) sich in vollem Gang befand.

Auf solchen Grundlagen basierend, ist der Städtebau *per se* dazu ungeeignet, sich zum Instrument des Entwurfs einer anderen Stadt zu wandeln: Seine Analyse- und Maßnahmetechniken sind einzig jene, die zur Verwaltung der Stadt der Rendite dienen, seine Kämpfe um einen sozialen Raum – von der Frage der Grünflächen bis zu jener der Enteignung – sind komplementär zur Anerkennung einer Wirklichkeit, die durch die private Zersplitterung des Raums gekennzeichnet ist.

Deshalb bleibt der städtebauliche Plan auf eine zweidimensionale Zeichnung beschränkt, die Straßen und Parzellen verzeichnet, aber z. B. unfähig ist, sozialen und menschlichen Werten, Bedeutungen und Beziehungen, die ein komplexes städtisches Gewebe prägen, Rechnung zu tragen: Die historische Stadt läßt sich nicht mittels der Instrumente des modernen Städtebaus „lesen".

Welche Erkenntnisse können wir aus der soweit durchgeführten Untersuchung gewinnen?

Zunächst: Jede hypothetische Maßnahme muß den historischen Charakter des städtischen Wachstumsprozesses berücksichtigen und damit die „Zwangsläufigkeit" einiger Verhaltensweisen, insbesondere der Techniker und „institutionellen" Theoretiker, denen es nicht erlaubt ist, nach Alternativen zu fragen, vor allem was die soziale Ordnung angeht. Dann: Es ist ziemlich illusorisch, und sicherlich irreführend, auf einen „besseren" Gebrauch des überlieferten Instrumentariums des Städtebaus zu hoffen: Andere Zielsetzungen als jene der privaten Aneignung der Stadt erfordern ein grundlegend anderes Instrumentarium.

Allerdings, dieser Aufbau der Disziplin des Städtebaus, der auf der politisch-legislativen Ebene, national wie international, noch seine besten Ergebnisse aufweist, wird inzwischen zumindest in den Schulen der fortgeschrittenen kapitalistischen Länder weitgehend in Frage gestellt.

Die heutige städtische „Maschine" – mit der gestiegenen Vielfalt an ökonomischen Möglichkeiten, die sie bietet, und den komplexen politischen Auswirkungen, welche die Art und Weisen ihrer Verwaltung nach sich ziehen – läßt sich immer weniger auf die Logik der Rendite und des Bebauungsplans zurückführen. Daß neue Entwicklungen im Städtebau, wie z. B. die Anwendung der Systemtheorie, heute eine soziale Rolle spielen, die ganz oder zumindest teilweise jener des traditionellen Städtebaus entspricht, ist dann eine politische Frage und als solche anzugehen. Aber versuchen wir wenigstens mit der gleichen Eindeutigkeit zu handeln wie die Stadtplaner des Deutschen Reiches.

Anmerkungen

1   „Der Städtebauer kennt die Funktionen, die erfüllt werden sollen; seine Aufgabe ist es, aus den natürlichen Möglichkeiten und Gegebenheiten ein Ganzes zu schaffen." (Siegfried Giedion, *Space, Time and Architecture*, Cambridge/Mass. 1941, dt. Ausgabe: *Raum, Zeit, Architektur*, Ravensburg 1965, Taschenbuchausgabe Zürich 1976, S. 484). Diese Äußerung ist typisch für viele Schriften, welche die Moderne Architektur begleiten; sie taucht auch häufig auf Kongressen der verschiedenen Stadtplanerverbände auf. Es handelt sich dabei nicht nur um den Glauben an die rationalisierenden Möglichkeiten der Technik, sondern auch um den Ruf nach einer Hierarchie, in welcher der Techniker eine dominierende Rolle spielen soll.
Le Corbusier behauptet, unter Bezugnahme auf die städtebaulichen Thesen des Ascoral: „(...) diese Thesen (...) bringen Sicherheit und Einmütigkeit mit sich, eine Einmütigkeit, die vielfältige, individuelle Unterschiede nicht ausschließt. (...) Sie vereinen Menschen aller sozialen Schichten und der unterschiedlichsten Berufe: Arbeiter und Unternehmer, Bürgerliche und Revolutionäre, Junge und Alte, Soziologen, Produzenten, öffentliche und private Verwaltungsfachleute, Ärzte, Architekten und Ingenieure, Wissenschaftler, Juristen usw." (Le Corbusier, *Manière de penser l'urbanisme*, Paris 1946). Es ist offensichtlich, daß Äußerungen dieser Art vor allem bezwecken, der Gegenseite die Verantwortung für die fehlgeschlagene Verwirklichung der „neuen Stadt" anzulasten. Beeindruckend an diesen Überlegungen, die im übrigen in der Städtebauliteratur weit verbreitet sind, ist die Reduktion des Bildungsprozesses der Stadt auf eine Konfrontation zwischen den Stadtplanern und den „anderen".

2   Ein „organisches" Stadtverständnis ist in den Stadtbautheorien häufig anzutreffen. Um die Jahrhundertwende betonte man den „evolutionären" Charakter der Stadt; Patrick Geddes war der Hauptvertreter dieser Richtung. Aber auch heute noch ist ein „biologisches" Stadtverständnis weit verbreitet, wenigstens solange man auf diese Weise die gefährlichen Klippen eines historisch-politischen Urteils, das man nicht abgeben will, umschiffen kann. (Vgl. Anmerkung 98).

3   Vgl. Anmerkung 51

4   Vgl. z. B. Lowdon Wingo: „Seit einigen Jahren haben die Theoretiker und Praktiker des Städtebaus immer mehr das Gefühl, daß ihr Ansatz zur Lösung der dringendsten städtischen Probleme nicht der geeignetste sei. Wie Generäle, die ausgezeichnet darauf vorbereitet waren, einen vergangenen Krieg zu führen, haben sie versucht, die Probleme einer Stadt der Vergangenheit zu lösen. Ihre Vorschläge spiegeln oft vergangene Sorgen wider, die zwar an der sozialen Oberfläche noch lebendig sind, deren Grundlagen sich jedoch schon lange verändert haben, durch andere ersetzt wurden oder sich aufgelöst haben." *(Urban Space in a Policy Perspective: An Introduction*, in: L. Wingo jr. (Hrsg)., *Cities and Space – The Future Use of Urban Land*, Baltimore 1962, S. 3f.)

5 Die Vorstellung vom Stadtplaner als einem „Interpreten der gesellschaftlichen Bedürfnisse" und der Versuch, alle Konflikte auf einen Kampf zwischen dem Guten und dem Bösen zu reduzieren (d. h. zwischen dem Stadtplaner und seinen Gegnern), hat zum Verlust der anfangs durchaus gegebenen sozialen Glaubwürdigkeit des offiziellen Städtebaus geführt. Man denke nur an die Unangemessenheit des offiziellen Instrumentariums den Zielen gegenüber, die man vorgibt. Im übrigen hat die Aufstellung von Zielen einer städtischen Erneuerung nur auf der Grundlage einer Bestandsaufnahme von Mängeln und nicht auf der Grundlage einer Bestandsaufnahme der Ursachen dieser Mängel sicherlich nicht zu sehr befriedigenden Ergebnissen geführt – immer vorausgesetzt, daß explizite und implizite Ziele der Disziplin des Städtebaus übereinstimmen, was wir jedoch in Frage stellen.

6 In der Städtebauliteratur, wie in der wissenschaftlichen Literatur des 19. Jahrhunderts überhaupt, lassen sich Behauptungen einer Autonomie und Objektivität der Wissenschaft in der Absicht, eine eigene Identität zu verkünden, natürlich im Überfluß finden. Wie alle Wissenschaften, erhebt der Städtebau einen Anspruch auf übergeschichtliche Gültigkeit; dies gewinnt eine besondere Bedeutung, wenn man an die Ursprünge des Städtebaus denkt, die so eng mit der sozialen Anklage der Kritiker der Industriestadt verknüpft sind. Der Übergang von der sozialen Anklage zur wissenschaftlichen Disziplin bringt nur scheinbar eine Überführung der Aspekte der Kritik in ein ausgeprägtes Analyse- und Maßnahmeinstrumentarium mit sich. In Wirklichkeit ist der Städtebau, wie unschwer festzustellen ist, die institutionelle Antwort auf die Anklage. Er hat sich auf die Funktion eines *planning survey* zu beschränken, solange er unter Kontrolle zu halten ist, oder er wird ignoriert, wie das lange Totschweigen marxistischer Positionen oder die Kühle, mit der man nicht nur von seiten der Institutionen, sondern auch von seiten der Disziplin selbst, partizipatorischen Ansätzen begegnet, beweisen.
„Le plan n'est pas de la politique": Nicht zufälligerweise stellt Le Corbusier dieses Motto der *Ville Radieuse* voran. (Le Corbusier, *La Ville Radieuse*, Paris 1933)

7 Für die Epoche, mit der sich unsere Studie beschäftigt, ist der Widerspruch zwischen einer Theorie, die sich ausschließlich mit der Stadt befaßt, und einer Wirklichkeit, die von weitaus wichtigeren und bestimmenderen Veränderungen auf regionaler und nationaler Ebene geprägt ist, typisch. In jüngerer Zeit – in den Vereinigten Staaten in den dreißiger und in Italien in den fünfziger Jahren – bewegte das „Quartier", das „Stadtviertel", die Gemüter des offiziellen Städtebaus, während in Wirklichkeit die Verstädterung sich immer mehr als ein Prozeß metropolitanen Charakters erwies.

8 Man denke z.B. an die unerschöpfliche Reihe morphologischer Modelle architektonischen Ursprungs, angefangen bei Le Corbusier bis zu Kenzo Tange, und an die anscheinend revolutionäre Bedeutung dieser Vorschläge: Indem sie den Horizont rein technischer Maßnahmen überschreiten, scheinen die Stadtbauarchitekten eine Untersuchung der Faktoren vermeiden zu wollen, welche die zu verändernden räumlichen Organismen bestimmt haben. Manchmal gilt allerdings auch das Gegenteil: Die Kluft zwischen dem Erwünschten und dem Möglichen ist so groß, daß sie allein genügt, das Gewicht aufzuzeigen, das der soziale Kontext den Perspektiven einer städtischen Veränderung auferlegt – und dies ist der Fall bei einigen Utopien der Anklage.

9 Die städtebaulichen Maßnahmen des 19. Jahrhunderts sind in ihrer überwiegenden Zahl punktuellen Charakters: Es sind begrenzte (Umbau-, Erweiterungs-, Straßenbau-) Maßnahmen, die auf eigentümliche Weise der „ganzheitlichen" Ideologie des Bebauungsplans entgegenstehen. Gerade diese „Fragmentarität" bildet die Grundlage der harten Urteile, die während der letzten Jahrzehnte über die Stadt des 19. Jahrhunderts ausgesprochen wurden. Sie wurde aber auch als Rechtfertigung der mangelnden

Erfolge einer Disziplin angeführt, der das Schicksal niemals erlaubt hätte, sich voll zu entfalten: Aber dies ist nur eine der verschiedenen Art und Weisen, eine historisch nicht zu leugnende Verantwortung abzustreiten. Die Klage der Stadtplaner über den begrenzten (territorialen) Einflußbereich, der ihnen institutionell anvertraut wird, wird praktisch parallel zur Etablierung des Städtebaus als Instrumentarium öffentlicher Eingriffe erhoben: Die Voraussage von Patrick Geddes der Entstehung der *conurbations* (vgl. Anmerkung 98), und damit der Notwendigkeit ihrer verwaltungstechnischen Erfassung, stellt in diesem Zusammenhang nur eines der interessantesten Beispiele dar. (P. Geddes, *Cities in Evolution,* London 1915 und New York 1968)

10 Inzwischen ist die Erkenntnis, daß die metropolitane oder regionale Ebene die Basisebene jeglicher Art von Analyse oder Eingriff in die Siedlungsstruktur zu sein habe, im Städtebau unumstritten. Allerdings bilden die Städtebaugesetzgebung einerseits und die Verwaltungszuständigkeiten andererseits solche Hindernisse, daß die Durchsetzung einer kohärenten Planungspolitik auf diesen Ebenen außerordentlich schwierig wird. Dies ist der Fall in Italien, wo bis heute der kommunale Bebauungsplan das einzige in irgendeiner Weise wirksame Instrument darstellt, aber auch in den Vereinigten Staaten, wo der Konflikt zwischen einer sektoralen Planung auf nationaler oder bundesstaatlicher Ebene (Autobahn- und Straßenbau) und einer Flächennutzungskontrolle auf der Ebene kleinster, unabhängiger Gemeinden es an sich unmöglich macht, irgendeine Übereinkunft zu treffen, ohne irgendeine Pflicht zu verletzen. Man braucht sich deshalb nicht zu wundern, daß zum einen die Kluft zwischen Theorie und Praxis immer größer wird und daß zum anderen die Forderungen immer häufiger werden, umfassendere Behörden, nach dem bekannten Vorbild der „Tennessee Valley Authority", zu schaffen und mit größeren Kompetenzen im Planungsprozeß auszustatten. Im übrigen widmete schon Le Corbusier, in seiner gewohnten Unbefangenheit, seine *Ville Radieuse* (a. a. O.) „à l'Autorité".

11 „Das Festhalten des Bodens gehört allgemein zu der Praxis der deutschen Bodenspekulation." (R. Eberstadt, *Handbuch des Wohnungswesens und der Wohnungsfrage,* 2. Auflage, Jena 1910, S. 82)
Vgl. auch die entsprechenden Passagen in: R. Baumeister, *Stadterweiterungen in technischer, baupolizeilicher und wirtschaftlicher Beziehung,* Berlin 1876, 1. und 4. Abschnitt, und J. Stübben, *Der Städtebau,* Darmstadt 1890 (Reprint Wiesbaden 1980), 3. Abschnitt.

12 So schreibt auch Edoardo Salzano: „Es sind Proletarier und Besitzer zu unterscheiden; und da nur letztere sich frei ihren selbstbestimmten Konsum sichern können, entwickelt sich die Stadt des Kapitalismus tendenziell ausschließlich zu Diensten des Konsums der bürgerlichen Schicht, der Besitzer, der unkontrollierten und nicht kontrollierbaren Funktionäre der Anhäufung, d. h. nur einer der beiden Klassen, der vorherrschenden, wenn auch zahlenmäßig unterlegenen." (E. Salzano., *Urbanistica e società opulenta,* Bari 1969, S. 97 f.)
Wir stimmen allerdings mit demselben Autor, der übrigens einer der wenigen ist, die sich mit diesem Thema kritisch auseinandersetzen, nicht überein, wenn er die Bezeichnung der Stadtplaner des 19. Jahrhunderts als „Funktionalisten" für ausreichend hält:
..Sie haben laufend zu verhindern, daß das urbane Siedlungsgefüge nicht endgültig in der Unordnung versinkt, sie haben es, Mal für Mal, zu jener Ordnung, jener Rationalität, jener Effizienz zurückzuführen, die zur reibungslosen Funktion einer Stadt innerhalb des kapitalistischen Produktionsprozesses unabdingbar sind. Sie arbeiten als Techniker an einer kontinuierlichen Wiederherstellung jener Eigenschaften, die aus der Stadt ein tendenziell an die kapitalistische Produktion angepaßtes Siedlungsgefüge machen. Diese, und keine andere, ist die Aufgabe, die man ihnen übertragen hat." (ebd.,

S. 94) In Wirklichkeit sind die Stadtbautechniker freilich Instrumente dieser Rationalisierung, aber auch und vor allem die Wächter eines Wachstumsprozesses, welcher in der städtischen Grundrente seine Rechtfertigung findet.

13 Über die „Verirrungen" des Städtebaus des 19. Jahrhunderts äußert sich die *Enciclopedia Italiana* folgendermaßen: „Angesichts dieser neuen Bedingungen verzögert der Städtebau, hin und her gerissen zwischen der Erinnerung an die „perspektivischen" Planungen des 18. Jahrhunderts einerseits und dem schwindelerregenden technischen Fortschritt andererseits, seine Planungs- und Kontrollmaßnahmen der sich wandelnden Städte. Darüber hinaus greift auch die Krise der Architektur um die Jahrhundertwende, die klare Trennung zwischen Technik und Kunst, voll auf den Städtebau über: Man spaltet die Probleme in voneinander getrennte technische Details auf – Abwasserkanäle, Straßen, Wasserleitungen, Eisenbahndämme usw." (*Enciclopedia Italiana*, Stichwort „città" (Stadt), Roma 1931, Band 10, S. 492)

14 Der Begriff „Industrielle Revolution" findet erstmalig Verwendung in: F. Engels, *Die Lage der arbeitenden Klasse in England*, London 1845. Vgl. auch: Maurice Dobb, *Studies in the Development of Capitalism*, Cambridge 1946, dt. Ausgabe: *Entwicklung des Kapitalismus*, Berlin 1970.

15 Für die Historiker handelt es sich um die zweite „urbane Revolution" in der Menschheitsgeschichte (bzw. um die dritte, wenn man den Prozeß der Veränderung und Neubegründung des städtischen Netzes in Europa ungefähr im 12. Jahrhundert hinzurechnen). Die erste folgte dem neolithischen Zeitalter und fand ca. 3000 v. u. Z. in Mesopotamien statt. Vgl. V. G. Childe, *The Urban Revolution*, in: „*The Town Planning Review*", XXI, 1, 1950, und von demselben Autor: *What Happened in History*, Harmondsworth.
Mit der „urbanen Revolution", welche die „industrielle Revolution" begleitete, befassen sich zahlreiche Schriften. Um einen Überblick über deren allgemeine Charaktere zu gewinnen, lese man die der Stadt des 19. Jahrhunderts gewidmeten Kapitel in: Robert E. Dickinson, *The West European City*, London 1951; Lewis Mumford, *The City in History*, New York 1961, dt. Ausgabe: *Die Stadt – Geschichte und Ausblick*, Köln und Berlin 1963; Emrys Jones, *Towns and Cities*, London 1966.

16 Vgl. Emrys Jones, a. a. O., und Gideon Sjoberg, *The Preindustrial City, Past and Present*, New York 1960

17 Vgl. Bairoch, *Rivoluzione industriale e sottosviluppo*, Torino 1967

18 Emrys Jones, a. a. O., S. 30

19 Vgl. Kingsley Davis, *The Urbanization of the Human Population*, in: „*Scientific American*", 213, 3. September 1965, und Emrys Jones, a. a. O., S. 32

20 Vgl. Thomas S. Ashton, *The Industrial Revolution 1760 – 1830*, London 1848
Ashton stellt allerdings fest, daß im 18. Jahrhundert etwa eine Million Menschen von England nach Übersee auswanderten und die Einwanderungen aus Irland erst ab 1845 relevante Bedeutung gewannen. A. H. Johnson *(Disappearance of the Small Landowner)* bemerkt, daß im 18. Jahrhundert und in der ersten Hälfte des 19. Jahrhunderts in einigen Grafschaften 25 % bis 50 % des Grund und Bodens von Einhegungsmaßnahmen betroffen waren. Die Auslöschung der Bauern als sozialer Gruppe sowie des Kleinhandwerks waren die unmittelbaren Folgen davon und bildeten gleichzeitig auch die Grundlage des zunehmenden Angebots an Arbeitskräften während der industriellen Revolution.
Vgl. auch das Kapitel „*Das Anwachsen des Proletariats*" in: Maurice Dobb, a. a. O.

21 Vgl. Robert E. Dickinson, a. a. O.

22 Emrys Jones, a. a. O., S. 30

23 Vgl. David S. Landes, *Technological Change and Development in Western Europe 1750–1914*, in: H. J. Habakkuk und M. Postan (Hrsg.), *The Cambridge Economic History of Europe*, Cambridge 1965, Band 6, 5. Kapitel

24 „Die Ware Arbeit* mußte nicht nur vorhanden sein; sie mußte vielmehr in ausreichender Zahl an den Orten zur Verfügung stehen, wo man sie am dringendsten benötigte. (...) Es ist natürlich stets darauf zu achten, daß sowohl die Nationalökonomen als auch die Fabrikkönige, wenn sie von einem reichen Angebot sprachen, nicht nur die Quantität, sondern auch den Preis meinten. Denn sie benötigten ein Überangebot an Arbeitskräften nicht nur, um eine bestimmte Zahl verfügbarer Arbeitsplätze zu besetzen, sondern auch, um die Arbeiter zu einem gnadenlosen Konkurrenzkampf untereinander zu veranlassen und damit zu verhindern, daß der Preis der Ware Arbeit* mit der erhöhten Nachfrage anstieg. (...) So waren in England dadurch, daß die Landeinhegungen und der Zerfall des dörflichen Handwerks gleichzeitig zu einer starken Übervölkerung der ländlichen Gebiete führten, die Voraussetzungen eines günstigen städtischen Arbeitsmarktes, nach dem der Kapitalismus verlangte, in außergewöhnlich hohem Maße gegeben." (Maurice Dobb., a. a. O., S. 274 f.)

25 Bezeichnenderweise nimmt die neue Wissenschaft in ihrem Namen sofort den Begriff der „Stadt" auf: in Frankreich *(urbanisme)*, in den deutschsprachigen Ländern *(Städtebau)*, in den spanischsprachigen Ländern *(urbanismo)*, in Italien *(urbanistica)*. In den Vereinigten Staaten nennt sie sich *City Planning*, und nur in England setzt sich, allerdings später, die Bezeichnung *Town and Country Planning* durch.

26 Diese Auslegung der Ursprünge des Städtebaus treffen wir bei allen Stadthistorikern an, und zweifellos entspricht sie einem zunehmenden öffentlichen Bewußtsein von der städtischen Dimension der sozialen Probleme. Es bleibt allerdings die Frage, warum diese „Geschichten" weitgehend die institutionelle Antwort, die auf die soziale Anklage gegeben wurde, außer acht lassen.
Eine detaillierte Beschreibung dieser ersten Phase des Städtebaus ist zu finden in: Leonardo Benevolo, *Le origini dell'urbanistica moderna*, Bari 1963, dt. Ausgabe: *Die sozialen Ursprünge des modernen Städtebaus*, Gütersloh 1971.

27 Man beachte die schwärmerischen Äußerungen vieler Autoren über flächenextensive Bautypologien und das ländliche Leben im allgemeinen.

28 Vgl. W.W. Rostow, *The Economics of Take-off into Sustained Growth*, zitiert nach: W. A. Cole und P. Deane, *The Growth of National Incomes*, in: H. J. Habakkuk und M. Postan, a. a. O., Band 6, 1. Kapitel, S. 15 f.
Wie im England des 18. Jahrhunderts, so ist auch im Preußen des frühen 19. Jahrhunderts ein entschiedener staatlicher Eingriff zur Aufhebung kollektiven Grund und Bodens und zugunsten großer landwirtschaftlicher Betriebe nachzuweisen. Gleichzeitig werden neue Anbaukulturen und -methoden eingeführt. Vgl. F. Dovring, *The Transformation of European Agriculture*, in: H. J. Habakkuk und M. Postan, a. a. O., Band 6, 2. Kapitel, S. 626–637

29 Zur Untersuchung der sozialen und ökonomischen Merkmale der Industrialisierung in Deutschland: H. J. Habakkuk und M. Postan, a. a. O.; Ch. Wilson, *Economic Conditions*, und W. Conze, *The German Empire*, in: F. H. Hinsley (Hrsg.), *The New Cambridge Modern History*, Band 11: *Material Progress and World-wide Problems 1870–1898*, Cambridge 1962, J. H. Clapham, *The Economic Development of France and Germany 1815–1914*, Cambridge und London 1936; W. J. Mommsen, *Das Zeitalter des Imperialismus*, Frankfurt a. M.

---

* Gemeint ist Arbeitskraft, A.d.V.

1969; G. Roth, *The Social Democrats in Imperial Germany*, Totowa / N. J. 1963. Ein Verzeichnis der Schriften über die Industrialisierung in Deutschland, welche wie die über alle anderen Länder, von England abgesehen, recht spärlich sind, findet sich in: J. Kczynski, *La rivoluzione industriale in Germania*, in: „*Studi storici*", II, Juli – Dezember 1961, S. 659–689.
30 W. J. Mommsen, a. a. O., S. 54 f.
31 David S. Landes, a. a. O., S.527
32 Vgl. W. J. Mommsen, a. a. O., S.42–65
33 W. A. Cole, a. a. O., S. 17
34 Vgl. Arthur Birnie, *An Economic History of Europe 1760–1939*, London 1957
35 Die Entstehung eines von Berlin ausstrahlenden Eisenbahnnetzes wird allgemein auf die Beharrlichkeit von Friedrich List (Begründer der deutschen Industrie- und Handelskammer) zurückgeführt.
36 Vgl. W. J. Mommsen, a. a. O., S. 10
37 Sicherlich könnte man auch spezifisch ideologische Bezüge nachweisen – bei einigen Autoren z. B. das Echo auf den Bernsteinschen Revisionismus –, aber an dieser Stelle interessiert es uns mehr, die allgemeine historische und kulturelle Atmosphäre deutlich zu machen, welche die theoretischen Ausarbeitungen des Städtebaus bedingte. Vgl. Manfredo Tafuri, *Austromarxismo e città*, in: „*Contropiano*", 2, 1971
38 Dies ist implizit auch der Inhalt eines Appells an den Staat von seiten des Verbandes deutscher Architekten- und Ingenieur-Vereine *(„Grundzüge für Stadterweiterungen nach technischen, wirtschaftlichen und polizeilichen Beziehungen"*, beschlossen am 25. Sept. 1874), aus dem das *Fluchtliniengesetz* vom 2. Juli 1875 hervorgeht sowie die *„Grundsätze des Städtebaus"* (1906), in denen man eine Erweiterung des Enteignungsrechtes zum öffentlichen Wohl fordert.
Im übrigen ist die ganze Städtebauliteratur immer um rechtlich unangreifbare Definitionen bemüht; man sehe sich z. B. die Äußerungen Baumeisters über Ausdehnung und Gültigkeit des Bebauungsplans an. Schiedsrichter ist in allen Fällen der Staat (und – man beachte – nicht die örtliche Behörde, die oft nichts weiter darstellt als den Gegenpart des Bürgers). Vgl. J. Stübben, *Der Städtebau*, a. a. O., 3. Abschnitt, 1. Kapitel: *„Die Aufgaben des Staates, der Gemeinde und der Privaten"*
39 Zu den bekanntesten Untersuchungen zählen die des Doktor Kay, *The Moral and Physical Condition of the Working Classes*, 1832, die weitgehend von Friedrich Engels, a. a. O., zitiert werden, sowie das Material, dessen sich Marx für das erste Buch seiner Arbeit „*Das Kapital*" bedient hat: die Berichte der *Factory Inquiry Commissioners* (1833), die *Reports of the Inspector of Factories* und, später, die Berichte der *Children's Employment Commission* (1863–1867) und die *Public Health Reports of the Medical Officer of the Privy Council* (1840–1870). Vgl. K. Marx, *Das Kapital*, Band 1, Hamburg 1867 bzw. Bd. 23 der Marx-Engels-Werkausgabe, Berlin (Ost) 1962.
Der Bericht von Edmund Chadwick über die hygienischen Verhältnisse (*Report on the Sanitary Conditions of the Labouring People*, 1842) bildet zusammen mit dem *First Report of the Commissioners for Inquiring into the State of Large Towns and Populous Districts*, 1844, und dem *Second Report...*, 1845, die Grundlage der berühmten *Public Health Act*, 1848, welche als das erste Städtebaugesetz gilt (vgl. L. Benevolo, a. a. O.).
Interessante Dokumente, welche die Lebensbedingungen der arbeitenden Klassen während der industriellen Revolution beschreiben, sind enthalten in: E. Royston Pike, *Human Documents of the Industrial Revolution in Britain*, London 1966, und Richard L. Tames, *Documents of the Industrial Revolution 1750–1850*, London 1971.

40 Der Deutsche Zollverein von 1834 (unter dem Vorsitz Preußens) markiert den ersten Schritt auf eine politische Einheit zu, die dann Bismarck unter den Hohenzollern verwirklichen wird.
41 Es ist wichtig anzumerken, daß es eine vergleichbare Unabhängigkeit von der zentralen Macht, d. h. von den in den deutschen Ländern dem Landrat übertragenen Kompetenzen, in keinem der Länder gibt, deren Verwaltung vom napoleonischen Modell, das allgemein als das fortschrittlichste galt, bestimmt war.
42 Das allgemeine, gleiche und unmittelbare Wahlrecht, in Preußen schon 1866 eingeführt, wird im Reich mit der neuen Verfassung eingeführt. Dies ist natürlich eine bewußt anti-liberale Entscheidung, in der Absicht, sich durch das Gewicht der Stimmen des Volkes über die Mittelschichten hinwegzusetzen; sie wird allerdings immer durch die geringen Einflußmöglichkeiten der gewählten Volksvertretung ausgeglichen. Das Wahlsystem erlaubt den Sozialdemokraten jedoch die Entfaltung einer in anderen europäischen Ländern unbekannten Stärke, auch wenn ihnen ständig Repressionen drohen. Der Erfolg der nicht eben arbeiterfreundlichen Politik des Reiches, der seinen Höhepunkt mit der revisionistischen Wende der Sozialdemokratie im Jahre 1914 erreicht, beruht auf polizeilicher Repression, politischer Isolierung und staatlichem Paternalismus gleichzeitig.
43 Der *Gesamtverband deutscher Metallindustrieller* wird 1891 gegründet, der *Zentralverband deutscher Industrieller,* die *Hauptstelle deutscher Arbeitgeberverbände* und der *Verein deutscher Arbeitgeberverbände* in den ersten Jahren nach der Jahrhundertwende. Die verschiedenen Arbeitgeberverbände setzen den Forderungen der Arbeiter einen immer stärkeren und organisierteren Widerstand entgegen. Vor allem in den Betrieben der „aufgeklärten" Industriellen werden „gelbe" und „wirtschaftsfriedliche Gewerkschaften" gegründet (W. J. Mommsen, a. a. O., S. 93 f). Gerade diese Industriellen finden im übrigen Unterstützung und Zustimmung bei den Stadtplanern: „Die Gemeinden haben seither wenig auf diesem Gebiete geleistet. (...) Dagegen ist die Zahl der Arbeitgeber, welche ihre Arbeiter mit Wohnungen versorgten, eine sehr große: Dolfus in Mühlhausen i. E., Krupp in Essen, die preußische Staatsbahn-Verwaltung, die preußische Bergwerksverwaltung zu Saarbrücken, der Bochumer Verein für Bergbau und Gußstahlproduktion, Schöller-Mevissen und Bücklers in Düren, Felten und Guilleaume in Köln stehen in erster Reihe." (J. Stübben, *Der Städtebau,* a. a. O., S. 26)
44 Vgl. Anmerkung 15 und Anmerkung 39
45 K. Davis, a. a. O., S. 44
46 T. S. Ashton, a. a. O., S. 125
47 Vgl. L. Mumford, *The Culture of Cities,* New York 1938
Eine ganze Reihe soziologischer, aber auch literarischer Werke befaßt sich mit der Industriestadt. Das berühmteste ist wahrscheinlich *Hard Times* von Charles Dickens (London 1854, dt. Ausgabe: *Schwere Zeiten);* aber eine beispielhafte Beschreibung der städtischen Dichten, mit denen inzwischen die Volksmeinung die industrielle Realität identifiziert, findet man auch in der *Stahlstadt* in Jules Vernes *Les cinq cent millions de la Bégum* (1879). Ein anderes Werk, symbolistischen Ursprungs, *Metropolis* von Thea von Harbou, das die von der Unterdrückung durch die Maschine ausgehende Beklemmung beschreibt, wurde 1926 von Fritz Lang verfilmt. Was die Beschäftigung mit den Metropolen in der soziologischen Literatur angeht, so sei nur die vor kurzem veröffentlichte Arbeit von Massimo Cacciari, *Metropolis – Saggi sulla grande città di Sombart, Endell, Scheffer e Simmel,* Roma 1973, erwähnt.
48 J. Stübben, *Der Städtebau,* a. a. O., 1. Abschnitt, 1. Kapitel, § 42

49 ebd.
50 R. Baumeister, a. a. O., S. 87: „Wie kritisieren wir jetzt Stadtpläne, die nur wenige Jahrzehnte alt sind! Die Entwicklung einer Stadt, welche ein lebender und wachsender Organismus ist, soll also nicht in eine genau vorgeschriebene Form hineingezwängt werden." Zu den leidenschaftlichsten Verfechtern eines bis heute weit verbreiteten Stadtverständnisses, das die Evolutionstheorien der frühen biologischen Studien auf die Stadt überträgt, zählt Patrick Geddes (siehe vor allem P. Geddes, *Cities in Evolution*, a. a. O.).
51 Vgl. z. B. A. G. Wilson, *The Use of Entropy Maximising Models in the Theory of Trip Distribution, Mode Split and Route Split*, Centre for Environmental Studies, London, Januar 1968.
   Das erste Ergebnis solch „wissenschaftlicher" Ansätze ist, unabhängig von ihrem interpretativen Wert, immer die Tatsache, daß sie die Ideologien, welche der Disziplin zugrunde liegen, in den Schatten rücken. Im Städtebau hat ein solches Vorgehen allerdings geringe Chancen; die Sozialwissenschaften geben sich nur schwer der Erpressung der „Objektivität" hin.
52 Vgl. Anmerkung 26
53 Das bedeutet nicht, daß man das Bemühen aufgibt, diese „Schwachstellen" zu beseitigen, aber man erkennt nicht die „Zwangsläufigkeit" der städtischen Entwürdigung in der kapitalistischen Stadt.
54 Um sich dieser Tatsache zu vergewissern, betrachte man nur die Inhaltsverzeichnisse der berühmten Handbücher: Die Aufteilung des behandelten Stoffes zeigt, neben einem bestimmten methodischen Ansatz, auch die unterschiedliche Bedeutung, die man den einzelnen Themenbereichen beimißt. Im Handbuch Baumeisters z. B. ist einer der vier Abschnitte den Aufgaben öffentlicher Behörden (der Baupolizei) gewidmet, was die entscheidende Rolle der öffentlichen Hand im Planungsprozeß beweist und deren Gleichstellung mit technischen Problemen und wirtschaftlichen Fragen.
55 R. Baumeister, a. a. O., S. 78: „Nach welchen Gegenden hinaus der Erweiterungsplan projectirt wird, hängt natürlich von den Lokalverhältnissen ab. Die *natürliche Entwickelung* ist wohl allseitiges Ansetzen neuer Theile um den Kern (...). Bald stellt sich durch den Wechsel der Bodenpreise das Gleichgewicht wieder her."
56 G. Samonà, *L'urbanistica e l'avvenire della città*, Bari 1959, S. 65: „Weniges von dem, was im vorigen Jahrhundert realisiert wurde, basiert auf einem zusammenhängenden Programm, trotz des Umfangs der Verwirklichungen und der Genialität wissenschaftlicher Entdeckungen, denen viele dieser Werke ihre Anregung und wesentlichen Eigenschaften verdanken."
57 Einen der Höhepunkte in der Diskussion über den Bebauungsplan stellt der Wettbewerb für Groß-Berlin im Jahre 1911 dar. In seinem Vortrag vor dem internationalen Kongreß des *Royal Institute of British Architects* 1910 in London betont Eberstadt, obwohl der Schwerpunkt seinen Interessen entsprechend auf dem Wohnungsbau liegt, die Bedeutung eines „wahren und wirklichen Entwicklungsplans" anstatt eines bloß „detaillierten Fluchtlinienplans". Somit setzt eine bislang nicht abgeschlossene Debatte über den globalen Wert von Planvorschlägen ein, welche regelmäßig durch das vorherrschende Interesse an den baulichen Aspekten, die bestimmend für die Rendite sind, über den Haufen geworfen werden.
   Auch Goecke betont, in einer Schrift zum gleichen Thema, die Komplexität der Maßnahmen, die notwendig sind, um die Probleme von Berlin zu bewältigen: *Welche Erwartungen dürfen wir an das Ergebnis des Wettbewerbs „Groß-Berlin" knüpfen?*, in: „*Der Städtebau*", 1911, S. 2 ff.

Die gleiche Absicht lag der Ausstellung 1910 in Berlin zugrunde: Es wurden Projekte und Skizzen vorgestellt, welche, von ähnlichen Situationen und Schwierigkeiten wie in Berlin ausgehend, Interesse am Wettbewerb für Groß-Berlin wecken und zur vertieften Auseinandersetzung mit den Problemen beitragen sollten. Vgl. W. Hegemann, *Der Städtebau nach den Ergebnissen der allgemeinen Städtebau-Ausstellung in Berlin 1910*, Berlin 1912

58 Vgl. A. E. Brinckmann, *Stadtbaukunst – Geschichtliche Querschnitte und neuzeitliche Ziele*, Berlin 1920, 15. Kapitel: *„Die Stadt der Gegenwart"*

59 Es ist bezeichnend, daß sich die offizielle Städtebauliteratur nur mit der letzteren Rolle des Stadtplaners beschäftigt, darauf bedacht, die utopische Tradition zu betonen und die geschichtliche Bedingtheit zu vernachlässigen. Dies stimmt überein mit einem Bild von der Entwicklung des Städtebaus, das die Bedeutung einiger individueller Protagonisten – im allgemeinen deren kritische Haltung – in den Vordergrund rückt und nicht die Rolle, welche die Disziplin tatsächlich innerhalb der Gesellschaft gespielt hat.

60 In jenen Jahren setzen sich einige typische Darstellungsweisen der städtischen Funktionen durch: Verkehrsflußdiagramme, Bevölkerungskurven, Versorgungsnetze usw. Die Ausstellung in Berlin zeigt eine beeindruckende Fülle monofunktionaler Bilder: von den Netzen des öffentlichen Nahverkehrs zu den typologisch differenzierten Verkehrsflußdiagrammen, von öffentlichen Freiflächensystemen zur Verteilung der Wohndichten (vgl. Hegemann, a. a. O.).

61 „Es leuchtet also ein, wie der Entwerfer sich bemühen muß, alle Bedingungen und Erfordernisse der künftigen Bebauung schon vorher zu erkennen und zu berücksichtigen, damit auf Grund seiner Planung (...) die Stadt eine wohlgeordnetes Ganzes oder nach Aristoteles ein wirkliches Kunstwerk wird." (J. Stübben, *Über den Zusammenhang zwischen Bebauungsplan und Bauordnung*, „*Städtebauliche Vorträge"*, 1909)

62 Stübben gelangt zu einer wahren baulichen und städtebaulichen Klassifikation: „Aus der Vermögenslage, der gesellschaftlichen Stellung, der Erwerbsthätigkeit der Bewohner folgt eine (...) wesentliche Verschiedenheit der Wohnhäuser und Baugrundstücke." Die Reichen beanspruchen „eine bequeme Lage zum städtischen Verkehre und eine besonders schöne Straßenausstattung", während „Angehörige des besseren Mittelstandes (...) eine weniger hervorragende Lage" verlangen. „Ladenhäuser und andere Geschäftshäuser" sind „vornehmlich auf Hauptverkehrsstraßen angewiesen. (...) Für Handwerkerhäuser und Handlungshäuser sind (...) eine bequeme Zufahrt und eine nahe, gute Verbindung mit allen städtischen Verkehrsanlagen (...) wesentliche Bedingung." Zuletzt bleibt der Arbeiterwohnungsbau: „Die Sorge für Arbeiterwohnungen ist bei der Erweiterung der Städte die schwierigste." (J. Stübben, *Der Städtebau*, a. a. O., S. 24 f.)

63 Obwohl dieser Begriff erst kürzlich geprägt wurde, beschreibt er richtig den Zweck formaler Eingriffe in die kapitalistische Stadt, in welcher der formale Gestalter weitgehend am Prozeß der städtischen Strukturbildung nicht teilhat. Dabei ist die Feststellung wichtig, daß diese Nebenrolle heute die gleiche wie in der Stadt des 19. Jahrhunderts geblieben ist, da sich die Grundlagen, d. h. die Einbindung der Stadt mittels der Grundrente in das kapitalistische Produktionssystem, nicht verändert haben: „Auch für den Künstler muß es klar werden, daß uns mit der Jagd nach Vorbildern allein nicht geholfen ist. Wir müssen uns zuvor des Zwanges einer falschen Produktionsrichtung entledigen und das Schaffen im Städtebau so frei von fremden Einflüssen hinstellen, wie es in den früheren Perioden gewesen ist." (R. Eberstadt, a. a. O., S. 180)

64　Trotzdem, der „Mythos" von der Stadt als Ort des Handels und des Austauschs ist einer der häufigsten in der Städtebauliteratur, welche gewöhnlich die Ursachen überfliegt und ihre Aufmerksamkeit auf die Phänomene richtet. Der städtische Tertiärisierungsprozeß – die Zunahme der Dienstleistungen und des Informationsaustausches – neigt heute im übrigen dazu, die strengen, auf der Grundrente basierenden räumlichen Ordnungsmodelle aufzulösen. In den fortgeschrittensten kapitalistischen Gesellschaften sind bereits Mechanismen einer Eindämmung der Grundrente im Gange, die in den direkten oder indirekten Kosten ihre Rechtfertigung finden, welche die städtische Unordnung der Industrie auferlegt, sowie in den Gewinnen, die eine Antwort auf die effektiv zunehmende Nachfrage nach Wohnungen, Dienstleistungen und Infrastrukturen verspricht.

65　Man sehe sich nur die Bibliographien an, welche die einzelnen Teile der dritten Auflage des Handbuchs des Stübben abschließen: Es sind in keinem Fall weniger als etwa fünfzig Titel, achtzig Prozent davon vor dem Ersten Weltkrieg veröffentlicht.

66　Es gibt eine Schrift, welche, im Unterschied zu anderen, dieser „städtebaulichen Kultur" eine nicht nur oberflächliche Aufmerksamkeit schenkt: George R. Collins und Christiane Crasemann Collins, *Camillo Sitte and the Birth of Modern City Planning*, London und New York 1965. Der Schwerpunkt der Arbeit, der sich mit einem Stadtplaner beschäftigt, dessen „Ruhm" den zahlreicher Kollegen überdauert hat, dessen Einfluß tatsächlich aber weitaus geringer war, erlaubt es den Autoren zwar nicht, die ganze Bedeutung der deutschen Städtebaukultur aufzuzeigen, aber trotzdem bildet diese Schrift den Ausgangspunkt der vorliegenden und anderer Untersuchungen.

67　Vgl. P. Geddes, *Cities in Evolution*, a. a. O., 9. Kapitel (*„A Town Planning Tour in Germany"*) und 10. Kapitel (*„German Organisation and Its Lesson"*). Geddes ist auch ein großer Anhänger von Camillo Sitte, dessen Einfluß – so Geddes – nur dem „von Haussmann und Stübben" nachstehe und dessen Wiederentdeckung der mittelalterlichen Stadt der romantischen Wiederentdeckung der gotischen Kathedralen und Rathäuser gleichzustellen sei. Geddes, selbst auf der Suche nach einer „humaneren" und „organischeren" Stadtentwicklung, konnte der „Härte" einiger deutscher Realisierungen nur schwer etwas abgewinnen. Schon zuvor war im übrigen in Großbritannien ein Sittescher Text veröffentlicht worden, der vielfach von demselben Geddes zitiert wurde: Thomas Horsfall, *The Improvement of the Dwellings and the Surroundings of the People: the Example of Germany*, Manchester 1904.

68　Geddes (a. a. O., 10. Kapitel) beschäftigt sich mit den „Nachteilen der deutschen Methoden und den Vorteilen der englischen Cottage-Siedlungen (Letchworth, Hampstead u. a.), die nun auch in Deutschland zugelassen und in Ulm realisiert worden sind." Fuchs führt ein Beispiel an, um „den heutigen Unterschied der deutschen und englischen Wohnweise aus nationalen Eigentümlichkeiten zu erklären", und vertritt die Meinung, „daß allerdings die deutsche Bevölkerung dem ihr zunächst vom absoluten Fürsten wie in Berlin, dann von ungeschickten Städtebauern durch verfehlte Bebauungspläne und Bauordnungen aufgezwungenen Miethaus weniger Widerstand entgegengesetzt hat als die englische". (I. C. Fuchs, *Der achte internationale Wohnungskongreß in London vom 3. bis 10. August*, „*Der Städtebau*", 1908, S. 47ff.) Auch Stübben gibt eine nationalgeographische Begründung, nachdem er zuvor ein Bild der unterschiedlichen Wohnformen in Europa gezeichnet hat: „Es wäre ein Fehler, wollte man das eine oder das andere Wohnsystem durchweg als das bessere bezeichnen; bei dem persönlichen Empfinden pflegen die Gewöhnung und örtliche Gepflogenheiten das Urtheil zu beeinflussen." (J. Stübben, *Der Städtebau*, a. a. O., S. 15)

Was das radiale Modell angeht, so herrscht, zumindest auf theoretischer Ebene, eine allgemeine Übereinstimmung. Der gemeinsam zu schlagende Feind ist das Ringmodell in all seinen möglichen Ausprägungen, angefangen beim Wiener Ring bis zu den Ringen der Untergrundbahnen. Vgl. R. Eberstadt, a.a.O., 4. Teil, § 31; J. Stübben, *Der Städtebau*, a.a.O., 1. Abschnitt, 2. Kapitel; H, Chr. Nussbaum, *Lage der Verkehrsadern in den Stadterweiterungsgebieten und die Ringstraßen*, „Der Städtebau", 1907, S. 77.

69 Zwar beschäftigt sich die ganze Städtebauliteratur, in der einen oder der anderen Form, mit dem städtischen Baugrund, doch die Bedingungen, welche die Grundrente der städtischen Morphologie auferlegt, werden nur selten vertieft betrachtet. Viel zahlreicher sind funktionale Analysen und diesbezügliche „Modelle" – Verkehrsflußmodelle, Verteilung der Dienstleistungen, Grünflächensysteme, Infrastrukturnetze –, oftmals wesentliche Bestandteile der Bebauungsplanung. Nicht zuletzt diese Tatsache stellt eine der Ursachen des Scheiterns jeglicher Stadtplanungspolitik dar, auch wenn die Rolle der Stadt innerhalb des kapitalistischen Wirtschaftssystems sich selbstverständlich nicht allein in der Renditegewinnung erschöpft. (Vgl. M. Castells, *La question urbaine*, Paris 1972, dt. Ausgabe: *Die kapitalistische Stadt*, Hamburg 1977)

70 1898 in Brüssel, 1900 in Paris, 1905 in Lüttich, 1910 wiederum in Brüssel

71 Die sieben auf dem Kongreß des RIBA behandelten Themenkreise betrafen: die Stadt der Vergangenheit, die Stadt der Gegenwart, die Stadterweiterung, die Stadt der Zukunft, architektonische Überlegungen, besondere Untersuchungen, das rechtliche Instrumentarium.

72 Vgl. den *Birmingham Report of the IXth International Housing Congress in Vienna*, „Town Planning Review", 1910, S. 83 – 166, und 1911, S. 68. Was den Londoner Kongreß angeht, vgl. I. C. Fuchs, a. a. O.
Wichtig war auch der *VII. Internationale Kongreß über den Wohnungsbau* in Lüttich, der sich mit folgenden Themen befaßte: Eingreifen der öffentlichen Gewalten in die Wohnungsfrage (Albrecht), Besteuerungsfrage (Schmitz), Wohnungspolizei (Strassbourg), Bebauungsplan (Stübben), Wohnungsstatistik (Single), Ästhetische Seite der Wohnungsfrage (Erdberg), Arbeitergärten (Bielefeld); vgl. „*Der Städtebau*", 1905, S. 126.

73 Vgl. das Zitat von Stübben in Anmerkung 43.

74 „*Der Städtebau*" 1907, S. 132; zum Kongreß in Paris: ebd., 1908, S. 70

75 Vgl. Robert Wuttke, *Die Deutschen Städte*, Leipzig 1904: Es handelt sich dabei um den Katalog der Städtebauausstellung 1903 in Dresden. Bebauungspläne, Planentwürfe und Bauordnungen für 82 Städte wurden vorgestellt: Aachen, Altenburg, Augsburg, Bamberg, Barmen, Bautzen, Berlin, Bernburg, Bielefeld, Bonn, Braunschweig, Bremen, Breslau, Bromberg, Cassel, Charlottenburg, Chemnitz, Crimmitschau, Danzig, Darmstadt, Dessau, Dortmund, Dresden, Düsseldorf, Duisburg, Elberfeld, Erfurt, Essen, Flensburg, Frankfurt a. M., Frankfurt a. O., Freiberg i. S., Fürth, Gelsenkirchen, Gera, Görlitz, Göttingen, Guben, Halberstadt, Halle, Hamburg, Hannover, Hildesheim, Hörde, Insterburg, St. Johann, Kiel, Köln a. Rh., Königsberg i. Pr., Königshütte, Kottbus, Krefeld, Leipzig, Liegnitz, Lübeck, Magdeburg, Mainz, Mannheim, Meißen, Metz, Mittweida, München, Münster, Neumünster, Nürnberg, Oberhausen, Offenbach a. M., Plauen i. V., Schöneberg, Solingen, Spandau, Stolp, Stralsund, Strassburg, Stuttgart, Ulm, Wandsbek, Weimar, Wiesbaden, Worms, Würzburg, Zwickau.
Vgl. auch R. Gerke, *Die Sammlung von deutschen Stadtplänen auf der Dresdner Städteausstellung*, „Der Städtebau", 1906, S. 19, und T. Goecke, *Rückblicke auf die Deutsche Städteausstellung in Dresden*, „Der Städtebau", 1904, S. 27 – 41.

76 Vgl. T. Goecke, *Von der Gartenbauausstellung in Düsseldorf*, „Der Städtebau", 1904, S. 123.

77 Vgl. T. Goecke, *Nachträgliches von der Gartenbauausstellung in Darmstadt*, „Der Städtebau", 1905, S. 157
78 Im Mittelpunkt der Wiener Ausstellung stehen Fragen der Bauwirtschaft (einschließlich eines historischen Abrisses) sowie der Wohnungsbau, wobei man die Themen Typologien, sanitäre Ausstattung und Möblierung unterscheidet. Vgl. *Internationale Bauausstellung in Wien*, „Der Städtebau", 1904, S. 16.
79 Vgl. T. Goecke, *Zur heimischen Erhaltung, Ausstellung des Bayrischen Vereins für Volkskunst und Volkskunde vom 4. bis 11. September 1904*, „Der Städtebau", 1904, S. 167.
80 Das gleiche gilt für die *Town Planning Conference* in Liverpool, die von der *Liverpool School of Civic Design* am 23. und 24. Februar 1910 veranstaltet wird (vgl. „The Town Planning Review", Band I, S. 344) und den *International Congress of Civic Art* vom 24. bis zum 27. Oktober 1910 in New York, der von vier gleichzeitigen Ausstellungen im *National Arts Club*, im *Metropolitan Museum of Art*, an der *Columbia University* und in den *Galleries of Fine Arts Society* begleitet wird.
81 Vgl. Anmerkung 57
82 Andere internationale Ausstellungen finden 1912 in Düsseldorf statt (teilweise von Hegemann, a. a. O., veröffentlicht; vgl. auch T. Goecke, *Vom Städtebau auf der Städtebauausstellung in Düsseldorf 1912*, „Der Städtebau", 1913, S. 14) und 1914 in Lyon *(Internationale Städtebauausstellung zu Lyon*, „Der Städtebau", 1914, S. 108). Parallel zur Weltausstellung wird 1905 in Lüttich eine Ausstellung öffentlicher Wohnbauprojekte veranstaltet, die vor allem den Arbeiterhäusern in Belgien und Frankreich gewidmet ist (H. Schmidkunz, *Städtische Wohlfahrt auf der Weltausstellung in Lüttich*, „Der Städtebau", 1905, S. 158).
Außerdem gibt es zahlreiche regional begrenzte Städtebauausstellungen, die alle in der Zeitschrift „Der Städtebau" Erwähnung finden.
83 „*Der Städtebau. Monatszeitschrift für die künstlerische Ausgestaltung der Städte nach ihren wirtschaftlichen, gesundheitlichen und sozialen Grundsätzen*", Berlin und Wien, I–XXIV, 1904–1929.
84 Dem „Städtebau" ging nur eine andere Städtebauzeitschrift voraus: „*La Ciudad Lineal*", das offizielle Organ der „*Compania Madrilena de Urbanizacion*" von Arturo Soria y Mata, die ab 1897 erschien, aber nur eine begrenzte Verbreitung erfuhr und mehr oder weniger ausschließlich ein einziges morphologisches Modell vertrat. Dasselbe gilt für „*Garden Cities and Town Planning*", welche ab 1904 in London, und für „*La Cité-jardin*", welche von 1912 bis 1914 in Paris veröffentlicht wurde. „*The American City*", ab 1909 in New York erschienen, war vor allem administrativen Fragen gewidmet.
85 *Städtebauliche Vorträge aus dem Seminar für Städtebau an der Königlichen Technischen Hochschule zu Berlin*, Berlin 1908–1920, herausgegeben von Joseph Brix und Felix Genzmer.
86 R. Baumeister, a. a. O.
87 J. Stübben, *Der Städtebau*, a. a. O.
88 R. Eberstadt, a. a. O.
89 Raymond Unwin, *Town Planning in Practice – an Introduction to the Art of Designing Cities and Suburbs*, London 1909, dt. Ausgabe: *Grundlagen des Städtebau*, Berlin 1910
90 Camillo Sitte, *Der Städte-Bau nach seinen künstlerischen Grundsätzen*, Wien 1889. Der Beitrag der Collins, a. a. O. (vgl. Anm. 66), bringt eine ausführliche Betrachtung Camillo Sittes und der damaligen Städtebaukultur.
91 C. Buls, *Esthétique des villes*, Bruxelles 1893: Buls, Bürgermeister von Brüssel und eine Persönlichkeit ersten Ranges im internationalen Städtebau, beschäftigt sich vor allem mit Fragen der Erhaltung der monumentalen historischen Stadtzentren.

92	Diese Haltung bestimmt vor allem diejenigen Schriften, die sich mit Fragen der Stadtgestaltung beschäftigen. Als typisches Beispiel für viele andere sei der „Stübben" erwähnt: Er befaßt sich vor allem mit typologischen Fragen, und der kurze historische Exkurs, der z.B. dem Kapitel „*Die öffentlichen Plätze in künstlerischer Beziehung*" vorangestellt ist, dient einzig dazu, Hintergrundmaterial zu den Gestaltungsvorschlägen zu liefern. Die Beispiele, die einen der Schwerpunkte des Handbuchs ausmachen, sind im allgemeinen unterschiedlichsten Zeitepochen und Zusammenhängen entliehen. (Vgl. J. Stübben, *Der Städtebau,* a. a. O., 2. Abschnitt, 2. und 9. Kapitel) Vertiefte theoretische Diskussionen über formale Fragen sind ihm ein Ärgernis, und daraus erklärt sich auch sein weitgehendes Unverständnis der Sitteschen Thesen. (Vgl. J. Stübben, *Recent Progress in German Planning,* in: *Transactions of the Town Planning Conference – October 1910,* London 1910)
93	Es gibt eine Ausnahme: natürlich Eberstadt. Seine Analyse der „vollständigen Umkehrung in der Stellung des Zentrums und des Außenbezirks" in der modernen Stadt (Eberstadt, a. a. O., S. 175), aus welcher er die Forderung nach einem radialen Stadtmodell ableitet, basiert auf einer detaillierten Untersuchung der historischen Ursachen unterschiedlicher Raumstrukturen. (Vgl. Eberstadt, a. a. O., 4. Teil, §§ 28 und 31)
94	Über Prioritäten bei der Standortwahl und über unterschiedliche Planungsebenen vgl.: R. Baumeister, a. a. O., 1. Abschnitt, 5. Kapitel; J. Stübben, *Über den Zusammenhang zwischen Bebauungsplan und Bauordnung,* a. a. O.; J. Stübben, *Der Städtebau,* a. a. O., 2. Abschnitt, 1. Kapitel; R. Eberstadt, a. a. O., Einleitung; darüber hinaus das *Fluchtliniengesetz* vom 2. Juli 1875, die „*Grundzüge für Stadterweiterungen nach technischen, wirtschaftlichen und polizeilichen Beziehungen*" des Verbandes deutscher Architekten- und Ingenieur-Vereine vom 25. September 1874 sowie die „*Lex Adickes*" vom 28. Juli 1902. Über die Merkmale öffentlicher Eingriffe vgl.: R. Baumeister, a. a. O., 3. Abschnitt; J. Stübben, *Der Städtebau,* a. a. O., 3. Abschnitt, 1. und 3. Kapitel; R. Eberstadt, a. a. O., 4. und 7. Teil.
95	Diese Persönlichkeiten sind dagegen dank des Platzes, der ihnen in der gegenwärtigen wissenschaftlichen Literatur eingeräumt wird, heutigen Historikern des Städtebaus sehr vertraut. Indem man ihre Bedeutung unterstreicht, möchte man vor allem die „kritische" Tradition des Städtebaus betonen. Einer der interessantesten Versuche in dieser Richtung läßt sich in der Arbeit von Françoise Choay, *L'urbanisme, utopies et réalités - une anthologie,* Paris 1965, finden.
96	Vgl. J. Stübben, *Stadtbauplan, Enteignung und Umlegung,* „Der Städtebau", 1904, S. 127. Stübben polemisiert mit Sitte, der sich gegen einen Gesetzentwurf zur Flächenenteignung ausgesprochen hatte. Sitte befürchtete, daß Flächenenteignung und Umlegung den „Reißbrett-Plänen" der technischen Verwaltungsabteilungen den Weg bereiten könnten, und verteidigte deshalb das Privateigentum. In einem späteren Artikel greift Stübben das Thema nochmals auf: J. Stübben, *Enteignung und Umlegung,* „Der Städtebau", 1905, S. 38.
97	Z. B. stellte der erweiterte Text des Vortrags von Haverfield auf dem Kongreß in London 1910 lange Zeit eine der verbreitetsten historischen Studien in der angelsächsischen Welt dar (Francis John Haverfield, *Ancient Town Planning,* Oxford 1913). Brinckmann und Gurlitt, beide Teilnehmer an zahlreichen Kongressen, widmen sich fast ausschließlich historischen Untersuchungen. Sehr viele lokale Ausstellungen beschäftigen sich mit der Stadtgeschichte, angefangen bei der erwähnten Ausstellung 1903 in Dresden bis zu jener 1907 in Karlsruhe. Aus allen anderen ragen die Ausstellungen anläßlich der von der Zeitschrift „*L'Art public*" veranstalteten Kongresse heraus. Einen der ersten Versuche, die historische Analyse in der Praxis des Alltags zu verwerten, stellt

der *IV. Kongreß von Architekten und Stadtplanern* dar, der von der Zeitschrift *„Kunst und Denkmalpflege"* 1903 in Erfurt veranstaltet wird und an dem, unter anderen, Stübben, Gurlitt und Hofmann teilnehmen. (Vgl. dazu die *„Deutsche Bauzeitschrift"*, XXXVII, 1903, S. 578–583, 586–591, 598–603).

98 Es ist bemerkenswert, wie auch im Städtebau die Wiederentdeckung der Geschichte mit der Wiederentdeckung des Mittelalters zusammenfällt. Es handelt sich dabei natürlich um eine Bewegung unmittelbar gegen den in der Stadtgestaltung herrschenden Klassizismus, aber bei Geddes kommen ebenso antikapitalistische Überlegungen deutlich zum Ausdruck (vgl. P. Geddes, a. a. O., 4. Kapitel: *„Paleotechnic and Neotechnic"*). Auf Geddes, einen überzeugten Verfechter der Ansicht, die Stadtentwicklung voraussehen zu können, geht der Begriff *conurbation* zurück, der seitdem (1905) zur Bezeichnung eines Gebietes verwendet wird, das zwar von einer Verstädterung betroffen, aber in seiner Struktur wenig ausgeprägt ist (wie es sich etwa durch rapides Wachstum eines urbanen Zentrums und dessen Verbindung mit kleineren, ebenfalls anwachsenden Zentren entwickeln kann). Geddes gelangt dazu, einige Beispiele einer *conurbation* oder *city-region* vorauszusehen, die erst Jahrzehnte später offensichtlich und von anderen Stadtplanern anerkannt werden: das Ruhrgebiet sowie das Gebiet zwischen Boston und Philadelphia. Das Auseinanderklaffen zwischen diesen „territorialen" Voraussagen und der strikt „städtischen" Kultur jener Zeit ist beeindruckend.

99 Mit anderen Worten, die Disziplin, die anfangs vollständig in den kulturellen und sozialen Rahmen ihrer Zeit eingebunden war, sieht sich gezwungen, eine „kritische" Haltung einzunehmen, welche ihr strukturell fremd ist. Sicherlich hat die Betonung der „Reformtradition", die in Wirklichkeit – wie wir schon mehrfach erwähnt haben – nur eine Bedeutung am Rande gespielt hat, dazu beigetragen, daß der Städtebau die Beschränktheit seiner Ansätze des 19. Jahrhunderts überwinden konnte, aber sie hat auch verhindert, daß man die zugrunde liegenden Motivationen in ihrer Geschichtlichkeit neu untersucht hätte. Vom Spiegelbild eines bestimmten sozialen und politischen Augenblicks hat sich der Städtebau somit zur Zufluchtsstätte einer Reihe „unerhörter Propheten" entwickelt. Seine engagiertesten Vertreter teilen nicht unbedingt diese Einstellung, aber es ist das Bild, das man – aus politischem Kalkül – nach außen hin immer vom Städtebau geben wollte. Man kann dies z.B. in vielen der offiziellen Kongreßakten des *Istituto Nazionale di Urbanistica* nachlesen; wir wollen an dieser Stelle nur einen Satz zitieren:
„Ab Dezember 1945, als der erste Kongreß über den Wiederaufbau von Mailand stattfand, wurde deutlich, daß die der Stadtplanung feindlich gesinnten Kräfte in unserem Lande der kleinen Zahl all derjeniger weitaus überlegen waren, die trotz allem sich um ein Idealziel bemühten, welchem auch von den damals nach und nach wiederauflebenden demokratischen Parteien wenig Beachtung geschenkt wurde." (Giovanni Astengo, Einführungsvortrag zum geplanten *XII. Kongreß des Istituto Nazionale di Urbanistica*, der vom 14. bis 16. November 1968 in Neapel stattfinden sollte, in: *„Urbanistica"*, 54–55, September 1969, S. 46.

100 Dies ist typisch für den deutschen Städtebau. Geddes ist anderer Meinung (vgl. Anmerkung 98), aber sein Einfluß beim Aufbau der Disziplin ist weitaus geringer. Über eine „territoriale" Bedeutung des Städtebaus beginnt man konkret erst Jahrzehnte später zu sprechen, in dem Augenblick, in dem immer dringlicher die Forderung nach einer geplanten Wirtschaftsentwicklung erhoben wird: Als einige der ersten und bekanntesten Beispiele seien nur die „Tennessee Valley Authority" und die englische Politik der „New Towns" erwähnt. Bis dahin bestanden keine Zweifel, daß „der Entwurf des Stadtplans sich (...) einestheils auf das Neue, die Stadterweiterung,

anderentheils aut das Bestehende, die Altstadt, bezieht". (J. Stübben, *Der Städtebau*, a. a. O., S. 44)

101 Besonders explizit äußert sich dazu Baumeister (vgl. R. Baumeister, a. a. O., 1. Kapitel). Die anderen Planer sind alle derselben Meinung und stellen diese in keiner Form in Frage.

102 Die von Howard vorgeschlagenen Gartenstädte sollten in der Tat den überfüllten Großstädten Einwohner entziehen. Vgl. Ebenezer Howard, *Tomorrow – A Peaceful Path to Real Reform*, 1898, unter dem Titel: *Garden Cities of Tomorrow*, London 1902, neu aufgelegt, dt. Ausgabe: *Gartenstädte von morgen*, Berlin und Frankfurt a. M. 1968.

103 Eliel Saarinen (1873–1950) arbeitete in den Jahren vor dem Ersten Weltkrieg einen Vorschlag für Groß-Helsinki aus, welcher die Anlage eines Kranzes von Satellitenstädten deutlich Howardscher Prägung vorsah und damit weit über den Auftrag eines einfachen Veränderungs- und Erweiterungsplans hinausging. Vgl. G. Piccinato und M. Tafuri, *Helsinki, „Urbanistica"*, 33, 1961, S. 87–104.

104 Vgl. R. Baumeister, a. a. O., 5. Kapitel, und R. Eberstadt, a. a. O., 4. Teil, § 29.

105 Vgl. R. Eberstadt, a.a.O., 2. Teil, § 11; R. Baumeister, 1. Abschnitt, 5. Kapitel; J.Stübben, *Der Städtebau*, 1. Abschnitt, 2. Kapitel, § 57.

106 J. Stübben, *Der Städtebau*, 2. Abschnitt, 12. Kapitel, §§ 362–369.

107 a.a.O. 1. Abschnitt, 1. Kapitel, § 57.

108 R. Baumeister, a. a. O., 5. Kapitel; J. Stübben, *Der Städtebau*, 1. Abschnitt, 1. Kapitel.

109 ebd.

110 I. C. Fuchs, a. a. O.; vgl. auch Anmerkung 62.

111 R. Baumeister, a. a. O., 5. Kapitel; I. C. Fuchs, a. a. O.; J. Stübben, *Der Städtebau*, 2. Abschnitt, 2. Kapitel.

112 R. Baumeister, a. a. O., 5. Kapitel; J. Stübben, *Der Städtebau*, a. a. O., 3. Abschnitt, 2. Kapitel; R. Eberstadt, a. a. O., 5. Teil, § 49.

113 Vgl. R. Wuttke, a. a. O., 4. Kapitel: „*Die Baupolizei*"; J. Stübben, *Über den Zusammenhang zwischen Bebauungsplan und Bauordnung*, a. a. O., S. 17f; J. Stübben, *Der Städtebau*, a. a. O., 3. Abschnitt, 1. Kapitel; R. Eberstadt, a. a. O., 4. Teil, 3. und 4. Abschnitt; R. Baumeister, 3. Abschnitt, 12. bis 16. Kapitel.

114 Die Frage wird ausführlich in Stübbens Handbuch (*Der Städtebau*, a. a. O., 1. Abschnitt, 1. Kapitel, §§ 3–26) erörtert, taucht aber auch in der ganzen sonstigen Fachliteratur der damaligen Zeit auf. Baumeister (a.a.O., 1. Abschnitt, 2. Kapitel) kommmt zu der Schlußfolgerung, daß Stadterweiterungen vor allem durch Einfamilienhäuser erfolgen sollten. Stübben vertritt demgegenüber eine gemischte Bauweise, während Eberstadt sich vor allem mit dem Einfluß typologischer Entscheidungen auf die Rendite beschäftigt und feststellt, daß nicht die hohen Bodenpreise eine intensive bauliche Ausnutzung bedingen, sondern das Gegenteil der Fall ist: Die Zulassung einer verdichteten Bebauung ist ein sicheres Mittel, um die Bodenpreise in die Höhe schnellen zu lassen (vgl. R. Eberstadt, a. a. O., 2. Teil). Ähnlich hatte sich zuvor schon Baumeister geäußert (a. a. O., 2. Kapitel).

115 Vgl. z. B. Karl Scheffler, *Die Architektur der Großstadt*, Berlin 1913, 1. Kapitel; H. Schmidkunz, *Flächenstadt und Raumstadt*, „*Der Städtebau*", 1910, S. 42.

116 J. Stübben, *Der Städtebau*, a. a. O., 1. Abschnitt, 1. Kapitel, § 12.

117 a. a. O., § 22; R. Baumeister, a. a. O., 2. Kapitel.

118 J. Stübben, *Der Städtebau*, 1. Abschnitt, 1. Kapitel, §§ 7–8.

119 a. a. O., § 23.

120 a.a.O., 1. Abschnitt, 1. Kapitel.
 In seiner Schrift *Über den Zusammenhang zwischen Bebauungsplan und Bauordnung*, a.a.O., zählt Stübben die folgenden Bautypen auf: das große fünfstöckige Miethaus, das weniger hohe Miethaus (zwei bis vier Stockwerke), das Bürgerhaus (Eigentümer und zwei Mietparteien), das Einfamilienhaus als Reihenhaus, das vornehme, freistehende Einfamilienhaus, die Villa oder das Landhaus.
121 ebd.
122 J. Stübben, *Der Städtebau,* a.a.O., 1. Abschnitt, 1. Kapitel, §10.
123 a.a.O., §22.
124 a.a.O., §13.
125 a.a.O., §12.
126 R. Baumeister, a.a.O., 2. Kapitel; J. Stübben, *Der Städtebau,* a.a.O., 1. Abschnitt, 1. Kapitel; R. Eberstadt, a.a.O., 2. Teil.
127 J.Stübben, *Der Städtebau,* a.a.O., 1. Abschnitt, 1. Kapitel, §24.
128 Über Typologien debattiert man in den Handbüchern, in den Zeitschriften, im Rahmen der Ausstellungen, auf den Kongressen. Zu den in dieser Hinsicht wichtigsten Ausstellungen zählen: Wien (1904), Lüttich (1905), Berlin (1908), Stuttgart (1908), London (1908), Berlin (1910), Düsseldorf (1912). Essen (1914).
129 Vgl. J. Stübben, *Der Städtebau,* a.a.O., 1. Abschnitt, 1. Kapitel, §12.
130 a.a.O., 1. Abschnitt, 1. Kapitel, §§ 8-9; a.a.O., 2. Abschnitt, 2. Kapitel.
131 Die Kritik an den klassischen Modellen und die Erneuerung der Gebäudetypologie beschäftigten die Architekten der Modernen Bewegung zwischen den beiden Weltkriegen und bildeten auch die Grundlage ihrer Vorschläge einer städtischen Neuordnung. Aber diese Bemühungen werden heute, trotz einiger Erfolge, die sie zweifellos aufweisen – man denke vor allem an die Möglichkeiten einer Rationalisierung, welche sie der Bauindustrie anboten –, von verschiedenen Positionen aus angegriffen. Vor allem Aldo Rossi und Carlo Aymonino ist dabei eine Neubewertung der Beziehung zwischen Gebäudetypologie und städtischer Morphologie zu verdanken: A. Rossi, *L'architettura della città,* Padova 1966, dt. Ausgabe: *Die Architektur der Stadt,* Düsseldorf 1973; Carlo Aymonino, *Lo studio dei fenomeni urbani,* Roma 1977.
132 R. Baumeister, a.a.O., 2. Kapitel; R: Eberstadt, a.a.O., Einleitung.
133 R. Baumeister, a.a.O., 2. Kapitel; J. Stübben, *Der Städtebau,* a.a.O., 1. Abschnitt, 1. Kapitel, §42; R. Eberstadt, a.a.O., Einleitung.
 Eberstadt behauptet auch, daß es falsch sei, die Wohnungsfrage zu verallgemeinern und allein nach der jeweiligen Einkommenshöhe zu differenzieren, da die Wohnungen der vornehmen Schichten und die Kleinwohnungen auf gänzlich verschiedenen ökonomischen Grundlagen beruhen.
134 „Schreckt die Wohnung (...) ab, so verlockt das Wirthshaus um so mehr, daher statt eines häuslichen, ordentlichen, reinlichen Familienlebens die Laster des Wirthshauslebens, dessen Zunahme besonders in den mittleren und unteren Ständen bekannt ist." (R. Baumeister, a.a.O., S. 19).
135 R. Baumeister, a.a.O., 1. Abschnitt, 2. und 5. Kapitel; J. Stübben, *Der Städtebau,* a.a.O., 1. Abschnitt, 1. Kapitel, sowie 3. Abschnitt, 3. und 4. Kapitel; R. Eberstadt, a.a.O., 2. Teil.
136 R. Baumeister, a.a.O., 4. Kapitel; R. Eberstadt, a.a.O., 5. Teil.
137 J. Stübben, *Der Städtebau,* a.a.O., 1. Abschnitt, 1. Kapitel, §43; I. C. Fuchs, a.a.O.
138 R. Baumeister, a.a.O., 5. Kapitel, siehe auch 2. Kapitel.
139 ebd.

140 Die morphologische Ähnlichkeit zwischen Modellsiedlungen und Gartenstadtvorschlägen Howardscher Prägung hat, in Verbindung mit einer Ablehnung deren fortschrittlichster sozialer Charaktere, die Öffentlichkeit zu dem Glauben geführt, die neue Stadt sei tatsächlich in Reichweite: Eine Siedlungsstruktur kleinbürgerlicher Einfamilienhäuser hat deshalb die hochtrabende wie allgemeine Bezeichnung „Gartenstadt" annehmen können und ist in allen größeren europäischen Städten nachweisbar. (Vgl. C. B. Purdom, *The Building of Satellite Towns – A Contribution to the Study of Town Development and Regional Planning*, London 1925, S. 32).

141 „Wie ein Traum war das Bild, das gegenüber diesem Abgrund von Verkommenheit am Nachmittag den Besuchern sich in der unvergleichbaren Arbeiterkolonie des Seifenfabrikanten Lever in Port Sunlight darbot. Diese Siedelung ist in ihrer ganzen Anlage wie in Ausgestaltung der einzelnen Wohnungen künstlerisch so hervorragend, daß sie die größte Bewunderung für den Hochstand der häuslichen Architektur in England erwecken muß, und hat wohl bei allen Besuchern die höchst gespannten Erwartungen übertroffen." (I. C. Fuchs, a. a. O., S. 63).

142 J. Stübben, *Der Städtebau*, a. a. O., 1. Abschnitt, §§ 42–54, und 3. Abschnitt, § 406; R. Eberstadt, a. a. O., 5. Teil.

143 J. Stübben, ebd.; R. Eberstadt, a. a. O., 7. Teil, §§ 56–58.

144 R. Baumeister, a. a. O., 2. Kapitel; J. Stübben, *Der Städtebau*, a. a. O., 1. Abschnitt, 1. Kapitel; R. Eberstadt, a. a. O., 1. Teil, 3. Teil, §§ 23–27, und 4. Teil, §§ 36–39.

145 J. Stübben, *Der Städtebau*, 3. Abschnitt, 3. Kapitel; J. Stübben, *Enteignung und Umlegung*, a. a. O.

146 ebd.

147 J. Stübben, *Der Städtebau*, 3. Abschnitt, 4. Kapitel.

148 J. Stübben, *Enteignung und Umlegung*, a. a. O.

149 R. Eberstadt, a. a. O., 2. Teil, § 11

150 J. Stübben, *Der Städtebau*, a. a. O., 3. Abschnitt, 4. Kapitel, § 421.

151 R. Eberstadt, a. a. O., 2. Teil.

152 „(...)gerade die Ursachen, die die Ausschaltung jenes natürlichen Gesetzes bewirken, beanspruchen unser Interesse." (R. Eberstadt, a. a. O., S. 94).

153 R. Eberstadt, a. a. O., 2. Teil, §§ 11–16.

154 a. a. O., S. 81.

155 R. Baumeister, a. a. O., 5. Kapitel, S. 87.

156 R. Eberstadt, a. a. O., S. 181.

157 R. Eberstadt, a. a. O., 2. Teil, § 11.

158 „Ob die Entwicklung der Bodenwerte eine naturgemäße, oder ob sie eine künstlich-spekulative sein soll, hängt in erster Linie von dem Bebauungsplan ab." (R. Eberstadt, a. a. O., S. 181)

159 R. Baumeister, a. a. O., 5. Kapitel.

160 R. Eberstadt, a. a. O., S. 90.

161 Vgl. Brinckmann, a. a. O.

162 Die Zonung führen die Collins, mit besonderem Bezug auf Baumeister, auf den deutschen Städtebau zurück; aber sie wurde dann sehr schnell zu einer grundlegenden Technik vor allem des amerikanischen Städtebaus. (Vgl. G. R. und C. Crasemann Collins, a. a. O., S. 21).

163 Über die Beziehung zwischen Industrieverschmutzung und Bodenwerten vgl.: F. H. Reuter, *Stadterweiterungsfragen im Rheinisch-Westfälischen Industriegebiet*, „Der Städtebau", 1914, S. 44.

164 I. C. Fuchs, a. a. O.

165 „Die Zusammendrängung der Bevölkerung entsteht nicht auf hochwertigem und knappem Boden, sondern auf ursprünglich geringwertigem und reichlichem Boden. (...) Nur dem geringwertigen Lande kann auf künstlichem Wege ein Wert verliehen werden, der unabhängig ist von der Lage des Grundstücks." (Eberstadt, a. a. O., S. 80)
166 R. Eberstadt, a. a. O., S. 175f.
167 Ein typisches Beispiel stellt die Debatte dar, ob „gerade" oder „gekrümmte" Straßen vorzuziehen seien. (Vgl. C. Gurlitt, *Über Baukunst*, Berlin 1904) Der schon erwähnte, von der Zeitschrift *„Kunst und Denkmalpflege"* in Erfurt veranstaltete Kongreß beschäftigte sich mit der Frage der Baufluchten in Altstädten. Allgemein gesagt, befaßte man sich mit dem historischen Stadtkern vorzugsweise unter stadtgestalterischen Gesichtspunkten. Vgl. J. Stübben *Der Städtebau*, a. a. O., 2. Abschnitt, 8. und 9. Kapitel; Hegemann, a. a. O.; Sitte, a. a. O.; Buls, a. a. O.; zahlreiche Beiträge in der Zeitschrift *„Der Städtebau".*
168 R. Eberstadt, a. a. O., S. 181.
169 J. Stübben, *Der Städtebau*, a. a. O., S. 294.
170 a. a. O., 3. Abschnitt, 1. Kapitel; R. Baumeister, a. a. O., 12. Kapitel; R. Eberstadt, a. a. O., 4. Teil, § 43.
171 R. Eberstadt, a. a. O., 4. Teil, § 34; J. Stübben, *Über den Zusammenhang zwischen Bebauungsplan und Bauordnung*, a. a. O., S. 17.
172 *Preußisches Fluchtliniengesetz* vom 2. Juli 1875.
173 Vgl. R. Baumeister, a. a. O., 5. Kapitel.
174 J. Stübben, *Über den Zusammenhang zwischen Bebauungsplan und Bauordnung*, a. a. O., S. 22.
175 a. a. O., S. 7f.
176 a. a. O., S. 7.
177 R. Baumeister, a. a. O., S. 80.
178 a. a. O., S. 79.
179 a. a. O., S. 80f.
180 a. a. O., S. 81; über die Umwandlung des Stadtzentrums in eine Geschäftszone vgl.: J. Stübben, *Der Städtebau*, a. a. O., 2. Abschnitt, 12. Kapitel, § 360.
181 J. Stübben, *Der Städtebau*, 2. Abschnitt, 2. Kapitel, § 121.
182 ebd., 1. Abschnitt, 1. Kapitel, §§ 35–50.
183 ebd.,
184 a. a. O., § 52.
185 R. Baumeister, a. a. O., S. 86. Ähnlich äußert sich Stübben, wenn auch in verschleierter Form: „Es wäre ein Fehler, wollte man in der Stadt oder im Stadterweiterungsplane die Arbeiterwohnungen an einem Punkte zusammendrängen. Schon das tägliche Lebens- und Beschäftigungsbedürfnis verlangt die Mischung der Klassen." (J. Stübben, *Der Städtebau*, 1. Abschnitt, 1. Kapitel. § 52).
186 Das Handbuch von Stübben ist in diesem Fall das beste Beispiel. Vgl. auch: E. Hogg, *Staffelbauordnung – eine bremische, „Der Städtebau"*, 1910, S. 55.
187 J. Stübben, *Der Städtebau*, a. a. O., 2. Abschnitt, 3. Kapitel.
188 ·R. Eberstadt, a. a. O., 4. Teil, § 28.
189 a. a. O., 4. Teil, § 34.
190 R. Baumeister, a. a. O., S. 89
191 Vgl. T. Goecke, *Rückblicke auf die deutsche Städteausstellung in Dresden,* a. a. O.; T. Goecke, *Die Notlage bei der Erweiterung von Frankfurt a. M.*, *„Der Städtebau"*, 1910, S. 93; J. Stübben, *Über den Zusammenhang zwischen Bebauungsplan und Bauordnung*, a. a. O., S. 17f.
192 R. Baumeister, a. a. O., 5. Kapitel.

193	J. Stübben, *Über den Zusammenhang zwischen Bebauungsplan und Bauordnung*, a. a. O.
194	R. Wuttke, a. a. O., 4. Kap., S. 67.
195	J. Stübben, *Der Städtebau*, 3. Abschnitt, 8. Kapitel, § 441.
196	R. Wuttke, a. a. O., 4. Kapitel.
197	„Ich hoffe, (…) Ihnen dargelegt zu haben, daß ein sachgemäßer Stadterweiterungsplan nur entworfen werden kann auf der Grundlage der Bauordnung." (J. Stübben, *Über den Zusammenhang zwischen Bebauungsplan und Bauordnung*, a. a. O., S. 17)
198	R. Wuttke, a. a. O., S. 73.
199	R. Eberstadt, a. a. O., 2. Teil, § 12.
200	„Eine wohlhabende Familie wohnt nicht gern zwischen dem Getöse und Rauch von Fabriken." (R. Baumeister, a. a. O., S. 80).
201	J. Stübben, *Der Städtebau*, a. a. O., 1. Abschnitt, 1. Kapitel, § 10.
202	R. Baumeister, a. a. O., 12. Kapitel.
203	J. Stübben, *Der Städtebau*, a. a. O., 3. Abschnitt, 8. Kapitel, § 448.
204	R. Wuttke, a. a. O., 4. Kapitel, S. 73 f.
205	R. Baumeister, a. a. O., 5. Kapitel.
206	J. Stübben, *Der Städtebau*, 1. Auflage Darmstadt 1890 (Reprint Wiesbaden 1980), 2. Auflage Stuttgart 1907, 3. Auflage Leipzig 1924.
207	Vgl. J. Stübben, *Der Städtebau*, 2. Abschnitt, 4. bis 9. Kapitel.
208	R. Wuttke, a. a. O., 4. Kapitel, S. 68.
209	Vgl. Anmerkung 96.
210	R. Eberstadt, a. a. O., S. 180 f.
211	T. Goecke, *Rückblicke auf die Deutsche Städteausstellung in Dresden*, a. a. O.
212	R. Baumeister, a. a. O., S. 261 ff.
213	Vgl. die Ausführungen der Collins (a. a. O., S. 16–25) über Camillo Sittes Angriffe gegen die im damaligen Städtebau vorherrschende Ingenieurmentalität.
214	J. Stübben, *Der Städtebau*, a. a. O., 2. Abschnitt, 9. Kapitel.
215	J. Stübben, *Bebauungsplan für den südlichen Teil der Stadt Flensburg*, „Der Städtebau", 1905, S. 52.
216	T. Goecke, *Über Baukunst – von Cornelius Gurlitt*, „Der Städtebau", 1904, S. 45.
217	C. Gurlitt, *Über Baukunst*, a. a. O.
218	Vgl. T. Goecke, *Rückblicke auf die Deutsche Städteausstellung in Dresden*, a. a. O.
219	W. Hegemann und E. Peets, *The American Vitruvius: An Architects' Handbook of Civic Art*, New York 1922.
220	J. Stübben, *Über den Zusammenhang zwischen Bebauungsplan und Bauordnung*, a. a. O., S. 8.
221	R. Eberstadt, a. a. O., S. 195.
222	T. Goecke, *Welche Erwartungen dürfen wir an das Ergebnis des Wettbewerbs „Groß-Berlin" knüpfen?*, a. a. O.
223	J. Stübben, *Über den Zusammenhang zwischen Bebauungsplan und Bauordnung*, a. a. O., S. 9.
224	H. Ch. Nussbaum. *Lage der Verkehrsadern in den Stadterweiterungsgebieten und die Ringstraßen*, a. a. O.
225	R. Eberstadt, a. a. O., S. 195.
226	Pierre Lavedan, *Histoire de l'urbanisme, Epoque contemporaine*, Band 3, Paris 1952, S. 53–75.
227	Siegfried Giedion, a. a. O., S. 464.
228	Cesare Chiodi, *La città moderna*, Milano 1935.
229	Vgl. Anmerkungen 13.
230	L. Mumford, *The Culture of Cities*, a. a. O.

231 L. Benevolo, *Storia dell'architettura moderna*, Bari 1960, dt. Ausgabe: *Geschichte der Architektur des 19. und 20. Jahrhunderts*, zweibändige Taschenbuchausgabe, Stuttgart 1978, S. 409.
232 Über die Gartenstadt äußert sich dagegen Giuseppe Samonà äußerst kritisch, und zwar in seinem Buch *L'urbanistica e l'avvenire della città*, Bari 1959, das einen wichtigen Schritt auf dem Wege einer kritischen Revision des Städtebaus des 19. Jahrhunderts darstellt. Auch wenn der Schwerpunkt dieser Veröffentlichung mehr auf einer Erneuerung der theoretischen und praktischen Grundlagen des Städtebaus liegt und weniger auf einer vertieften historischen Analyse, ist sie reich an erleuchtenden Betrachtungen über den Entwicklungsprozeß der Industriestadt:
„Sieht man genau hin, so bleiben die brennenden Probleme der Stadterweiterung sowohl den utopischen Strömungen als auch später der Gartenstadtbewegung fremd. Man überließ sie unangefochten dem Bemühen jener mehr oder weniger konservativen oder liberalen Kräfte des Bürgertums, welche im großen und ganzen, im guten wie im schlechten, die Verpflichtung übernahmen, diese Fragen zu lösen, und sie langsam, wenn auch mit geistiger Kleinkariertheit, lösten. Der Prozeß der Umgestaltung der Städte (...) wurde schrittweise, kontinuierlich, von der vorherrschenden Schicht, dem bürgerlichen Kapitalismus und den sich damit in der Struktur der neuen Gesellschaft mehr und mehr verbindenden liberalen Strömungen vorangetrieben." (Samonà, a. a. O., S. 11 f.)
233 Françoise Choay, *The Modern City: Planning in the 19th Century*, New York 1969.
234 a. a. O., S. 8.
235 Françoise Choay bemerkt weiterhin, daß die Stadtwissenschaft gerade aus dem Prozeß der Entfremdung von Bürger und Stadt hervorgehe und als solche den Eingriff eines „kritischen Planers" erfordere. Der Städtebau der „Reglementierung" – ein Begriff, den Choay von Haussmann übernimmt und mit dem sie den Bereich des Städtebaus umschreibt, der unmittelbar in die Verwaltung der Städte eingespannt ist – ist wahrscheinlich derjenige, der am besten der Notwendigkeit entspricht, eine präzise Methodik auszuarbeiten. Er basiert auf drei Prinzipien:
a) Die Stadt wird als ein Objekt verstanden (und die deutschen Städtebauausstellungen verdeutlichen dies sehr gut).
b) Entsprechend dem Beispiel der Naturwissenschaften wird eine analytische Methodik und Klassifizierung sowohl bei der Untersuchung des Objekts als auch bei der Ausarbeitung der Planungen angewandt.
c) Verkehr und öffentliche Gesundheit genießen eine vorrangige Beachtung.
236 G. R. und C. Crasemann Collins. a. a. O.
237 Bruno Zevi, *Storia dell'architettura moderna*, Torino 1950, 4. Auflage Torino 1961, S. 51.
238 Pierre Lavedan, a. a. O.; Frederick R. Hiorns, *Town Building in History*, London 1956; Williams Ashworth, *The Genesis of Modern British Town Planning*, London 1954; R. H. Guerrand, *Les origines du logement social en France*, Paris 1967.
239 Robert Owen, *A New View of Society*, London 1813.
240 Charles Fourier, *Le nouveau monde industriel et sociétaire*, Paris 1829.
241 Ebenezer Howard, a. a. O.
242 John W. Reps, *The Making of Urban America*, Princeton 1965.
243 Edward Bellamy, *Looking Backward*. Boston 1888 und New York 1960.
244 Jules Verne, *Les cinq cent millions de la Bégum*, a. a. O.

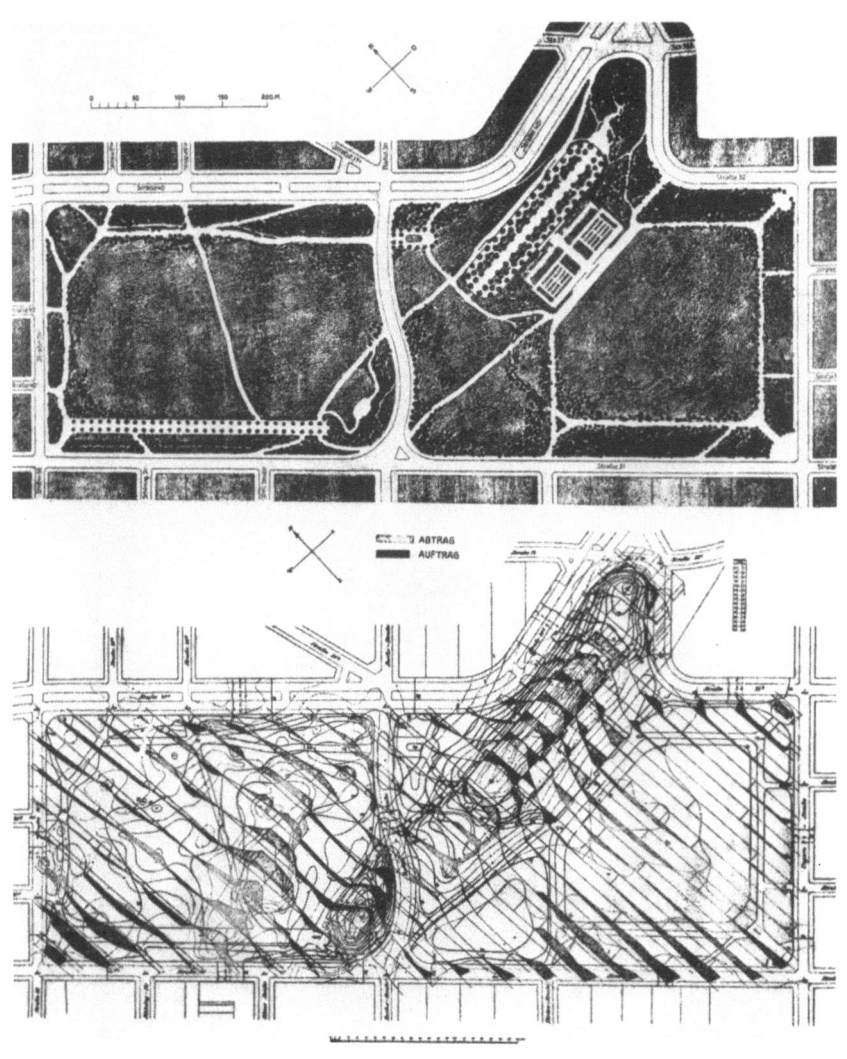

70 Wettbewerbsentwurf zum Schillerpark in Berlin, 1. Preis: Fr. Bauer, Magdeburg 1909 (DSTB, 1909, Tafel 19)

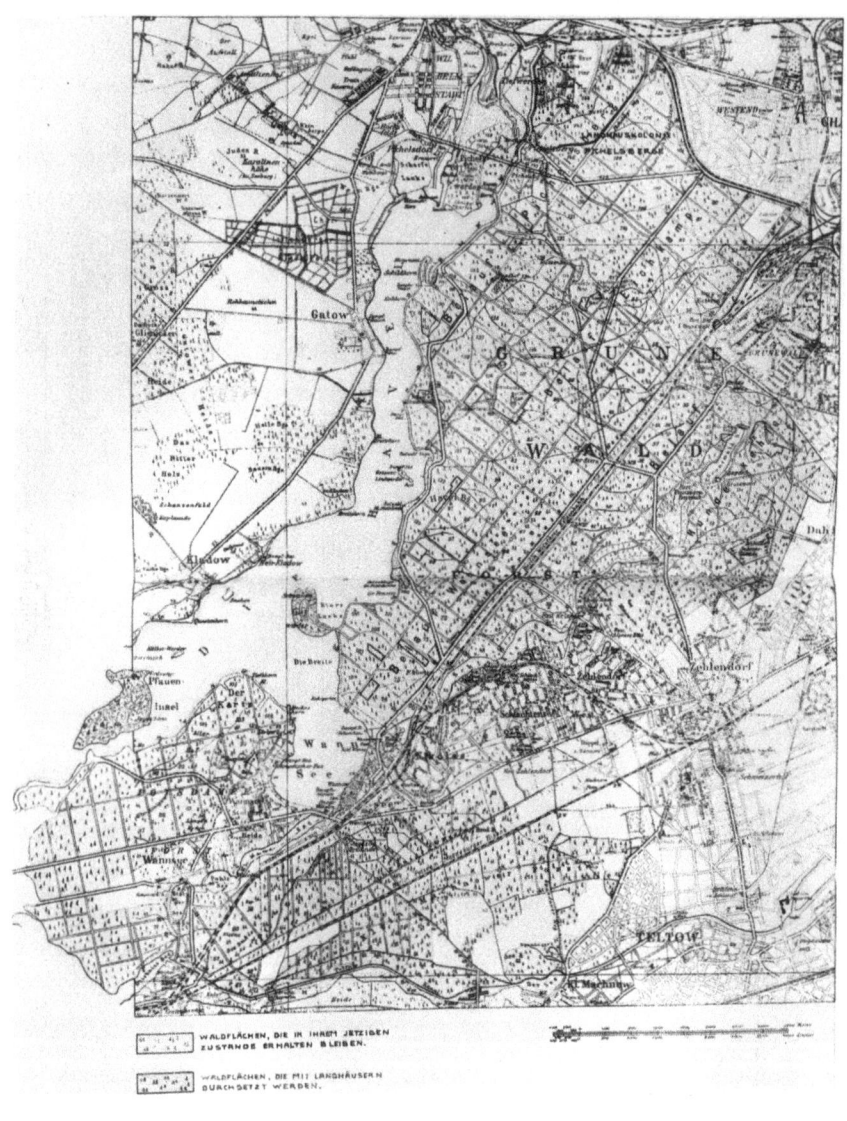

71 Zum Problem des Grunewaldes (DSTB, 1908, Tafel 71–72)

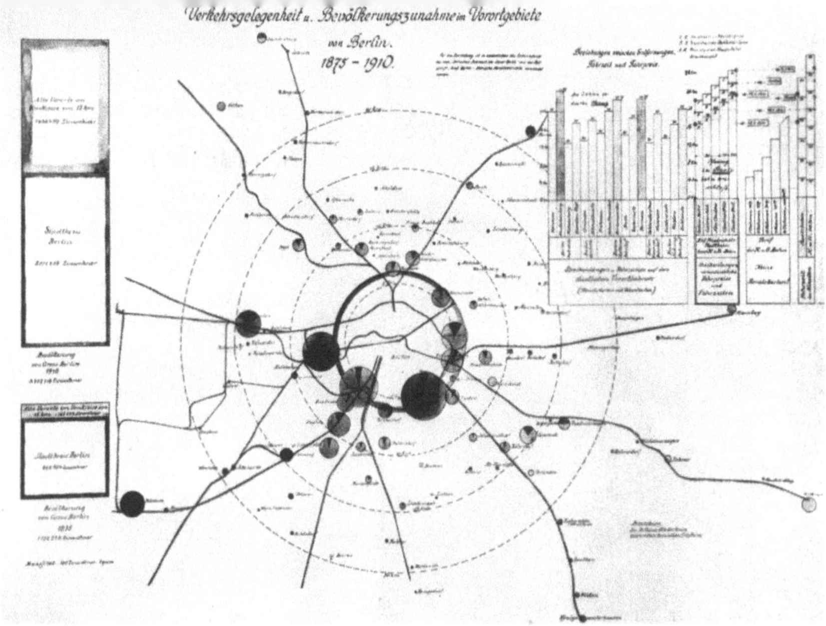

72 Verkehrskarte von Berlin 1875–1910, von Rud. Schar, Berlin-Nikolassee 1913 (DSTB, 1914, Tafel 29)

73 Verteilung der Bewohner von Berlin, Charlottenburg und Rixdorf auf die nach der Zahl der heizbaren Zimmer unterschiedenen Wohnungen gemäß der Volkszählung vom 1. Dez. 1905, von Richard Petersen, Berlin (Heg., Abb. 59). Vgl. den Unterschied in der Wohnungsgruppierung von Berlin und Rixdorf auf der einen Seite, wo beinahe die Hälfte der Bevölkerung in Einzimmerwohnungen wohnt, gegenüber Charlottenburg, wo weniger als ein Viertel der Bevölkerung in Einzimmerwohnungen und beinahe ein Viertel der Bevölkerung in Wohnungen mit mehr als vier Zimmern wohnt. Die Kreisringe stellen die Gesamtzahl der Bewohner dar und sind durch die starken Linien nach den Wohnungen mit 0 bis 7 oder mehr heizbaren Zimmern unterteilt. Die Zimmerzahl ist im inneren Kreise eingetragen, während die Ringsektoren mit den kleinen Ziffern angeben, wieviel von den Bewohnern in den einzelnen Wohnungen zu 1 bis 13 Personen zusammenwohnen.

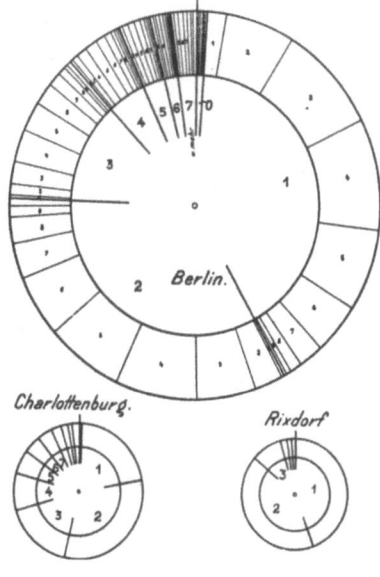

157

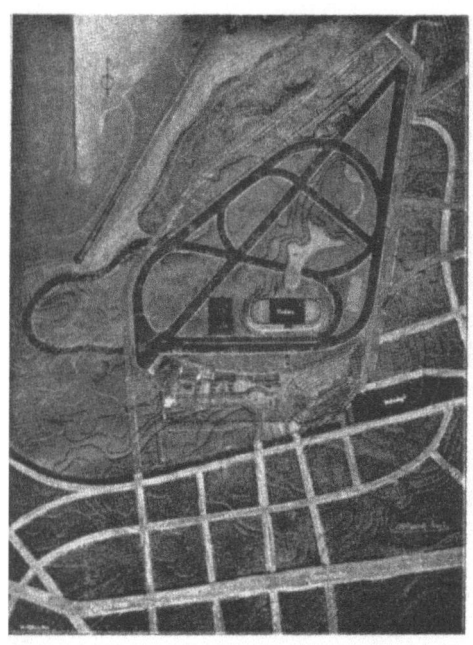

74 Lageplan des deutschen Stadions an der Heerstraße in Charlottenburg, von Otto March, Charlottenburg 1910 (Heg., Abb. 412)

75 London: Kreuzungsstation zweier Röhrenbahnen, von P. Witting, Berlin 1910 (DSTB, 1910, Tafel 38[II])

76 New York: Fünf übereinanderliegende Verkehrswege, von P. Witting, Berlin 1910 (DSTB, 1910, Tafel 38[II])

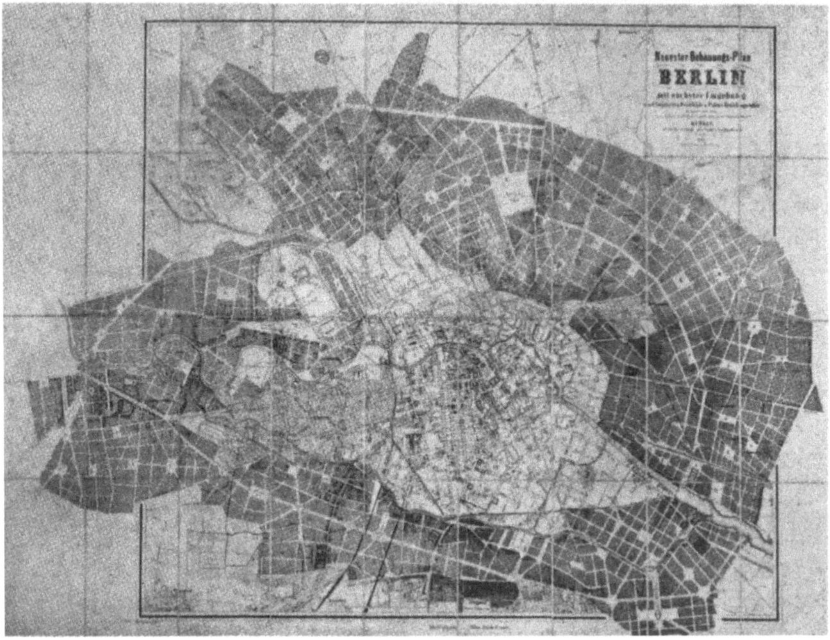

77 Der Berliner Bebauungsplan, von James Hobrecht 1858–62 für das Königliche Polizeipräsidium bearbeitet (Heg., Abb. 3)

78 Wettbewerbsvorschlag „Montebello" zum Bebauungsplan für das Südgelände von Schöneberg bei Berlin, 1. Preis: Bruno Möhring, Berlin (DSTB, 1911, Tafel 26)

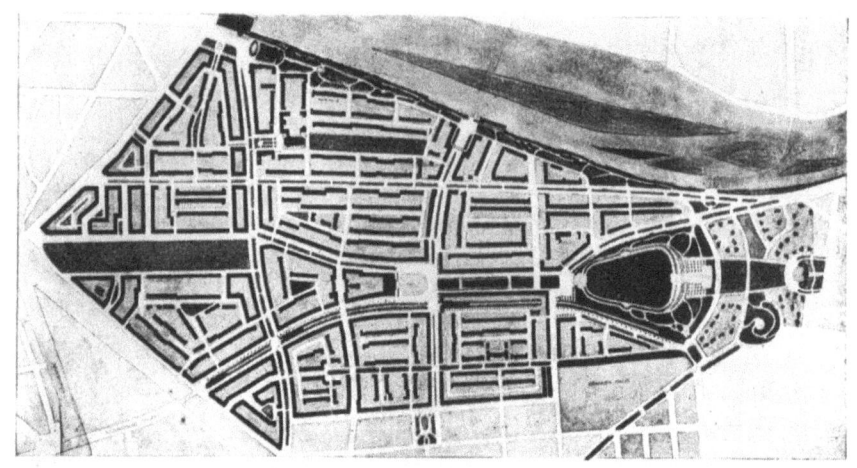

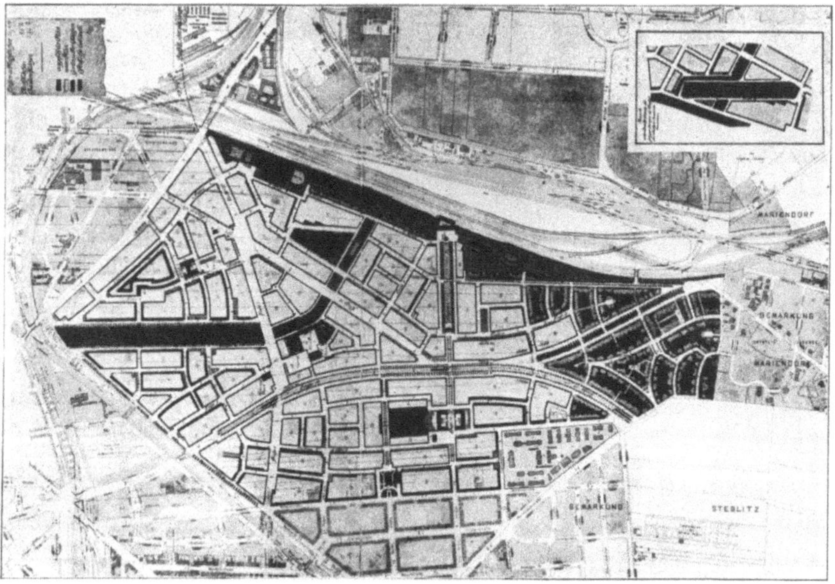

79 Wettbewerbsentwurf „Neuland" zum Bebauungsplan für das Südgelände von Schöneberg bei Berlin, 2. Preis: Paul Wolf unter Mitwirkung von F. Freymüller, Schöneberg (DSTB, 1911, Tafel 28)

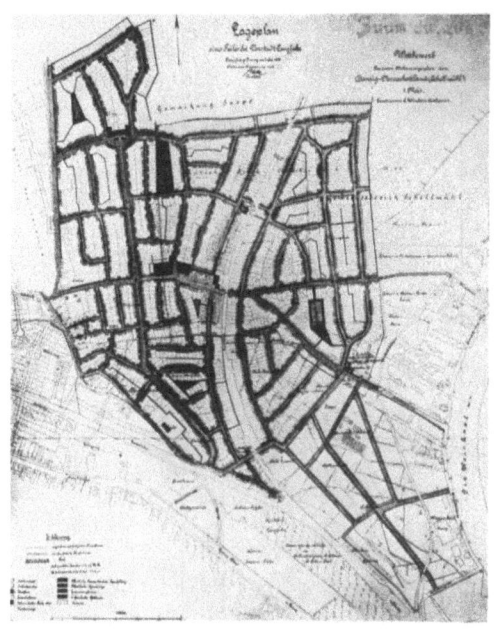
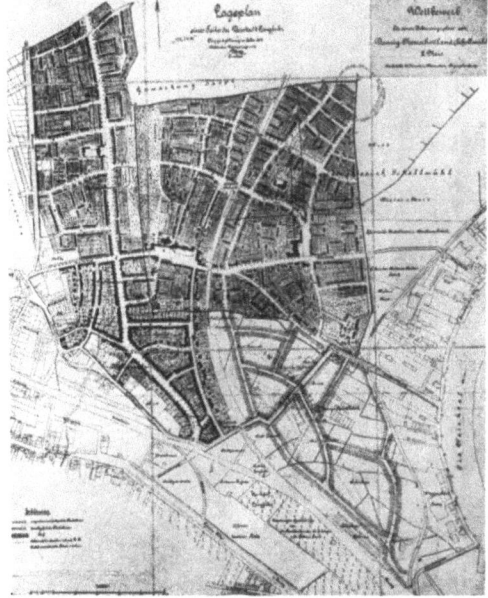

80 Wettbewerbsentwürfe für die Wohnungsgenossenschaft Danzig-Neuschottland: 1. Preis des Architekten Würkert, 2. Preis des Architekten Hansen, München (DSTB, 1910, Tafel 46[II])

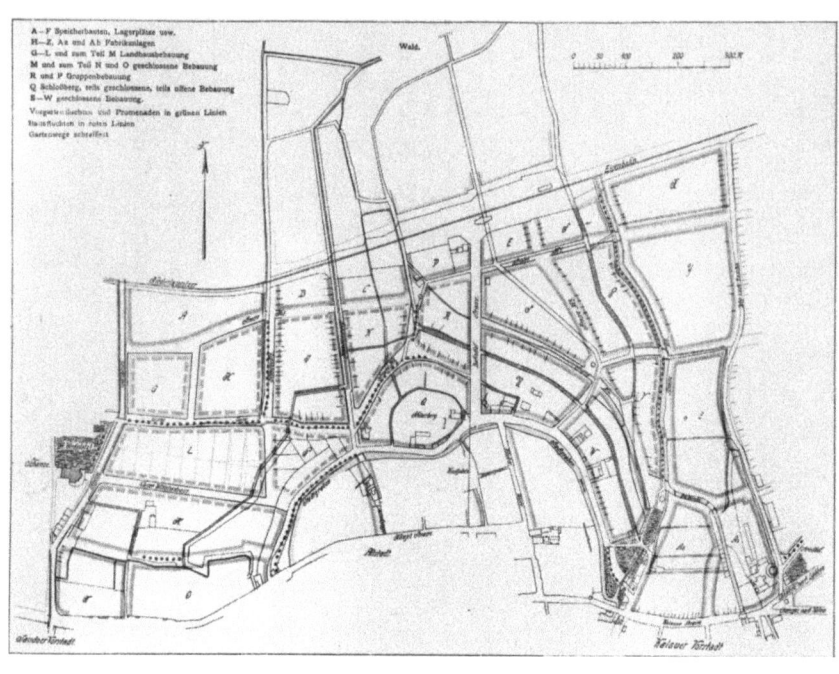

81 Skizze zum Bebauungsplan für die Stadt Luckau, von Theodor Goecke, Berlin 1909 (DSTB, 1909, Tafel 7)

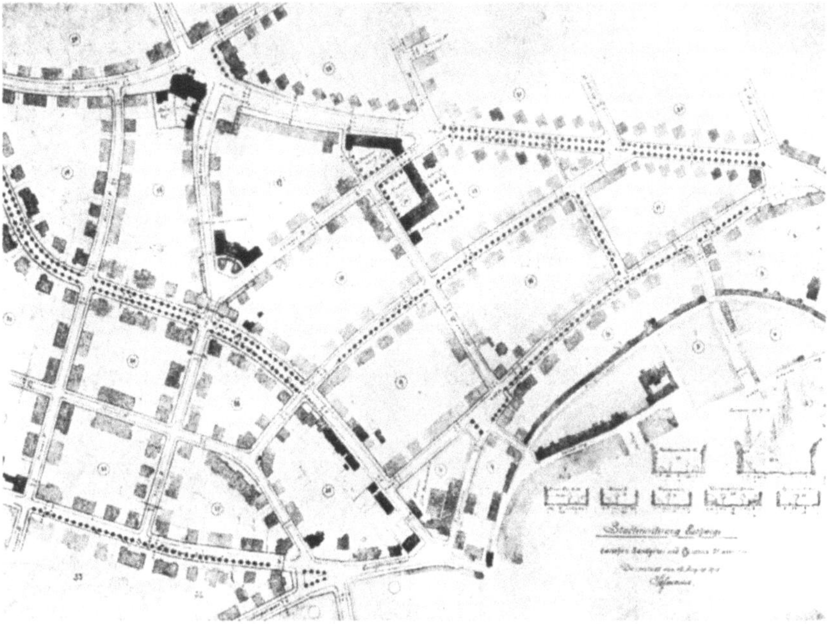

82 Bebauungsplan für die Stadterweiterung von Eschwege, von K. Hofmann, Darmstadt 1908 (DSTB, 1910, Tafel 48I)

83 Entwurf zur Stadterweiterung von Mainz, von F. Pützer, Darmstadt 1908 (DSTB, 1910, Tafel 48II)

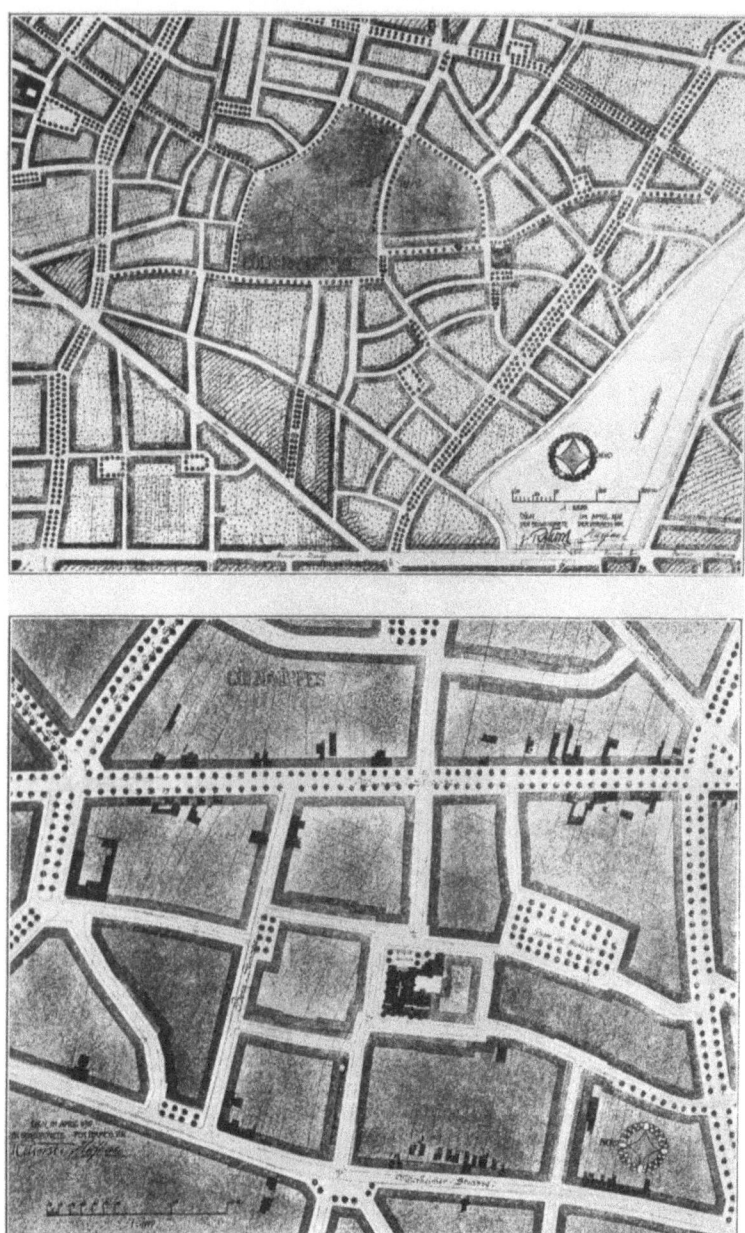

84 Bebauungsplan für Köln-Raderthal und Bebauungsplan für einen Teil von Köln-Nippes, von Rehorst, Köln 1910 (DSTB, 1910, Tafel 50)

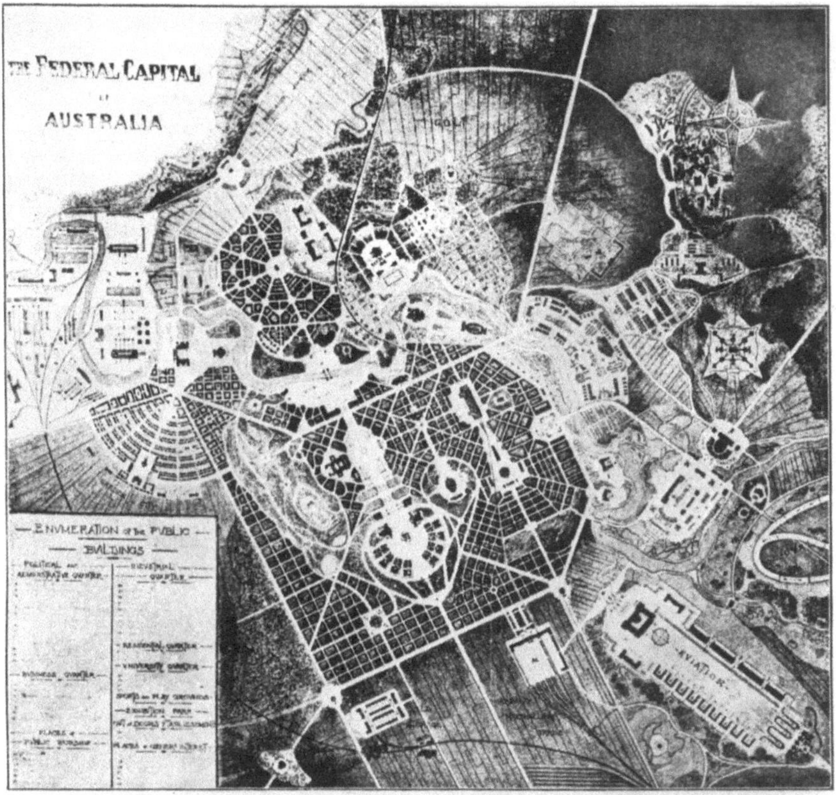

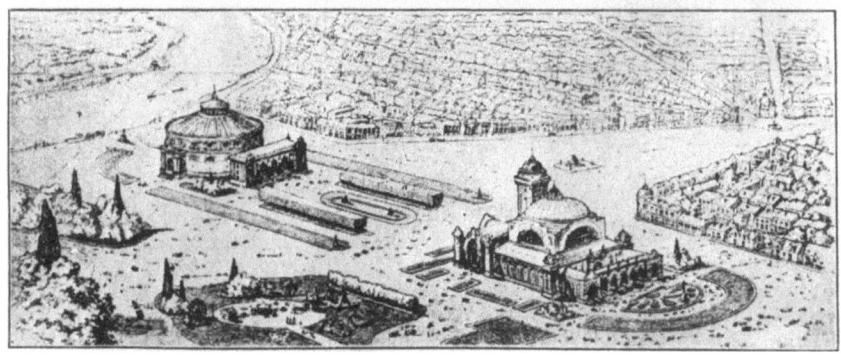

85 Wettbewerbsentwurf zu einem Bebauungsplan für die Bundeshauptstadt Australiens Canberra, 3. Preis: D.A. Agache, Paris 1913 (DSTB, 1913, Tafel 40)

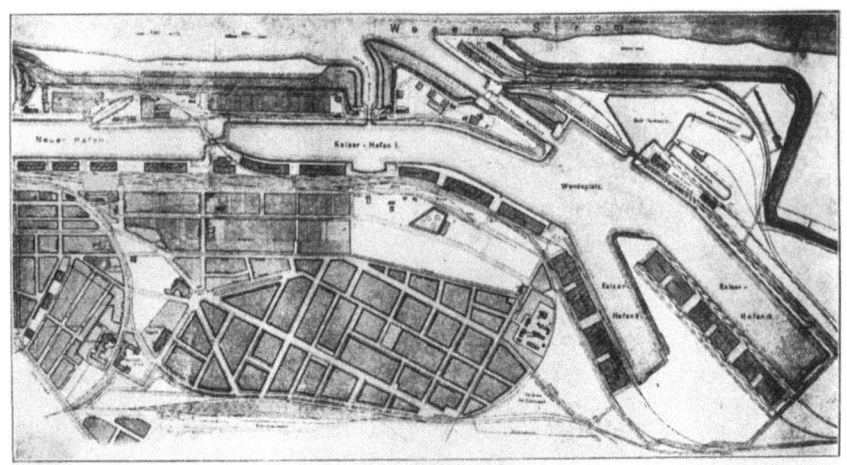

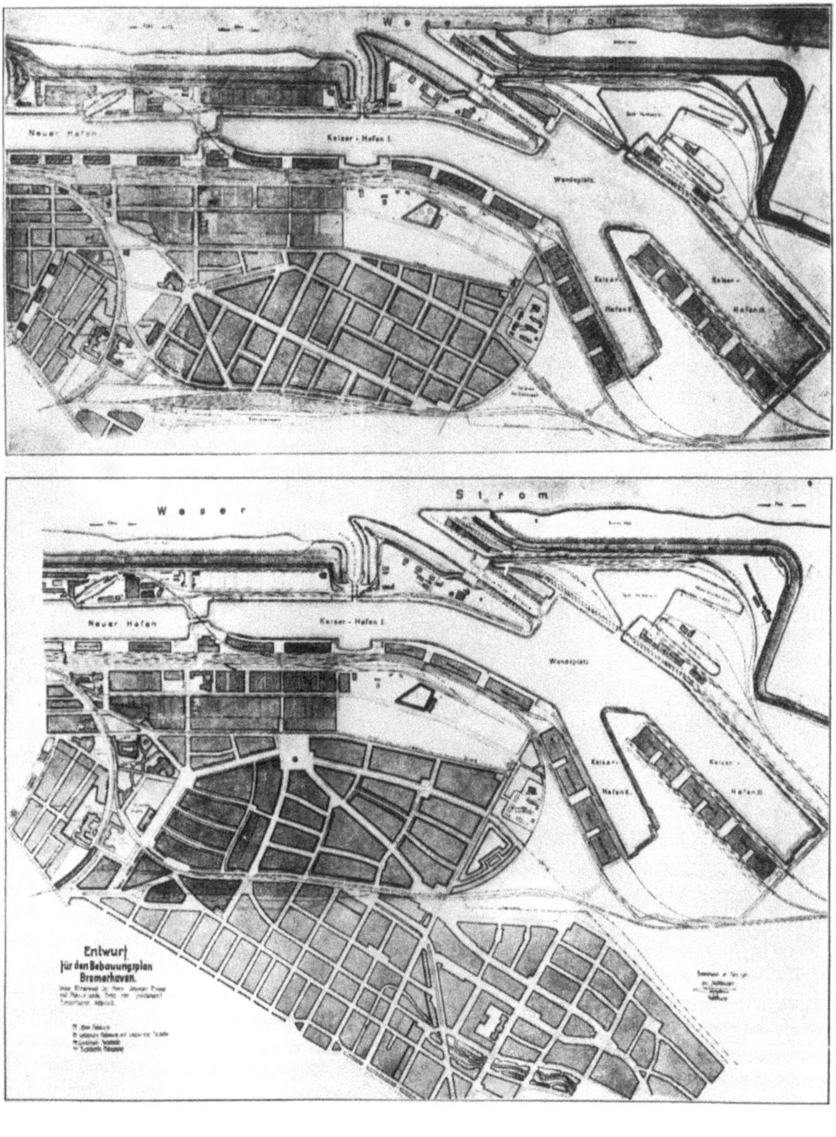

86 Städteausstellung in Düsseldorf 1912: Bebauungsplan zur Erweiterung von Bremerhaven
— älterer und neuer Plan (DSTB, 1913, Tafel 11)

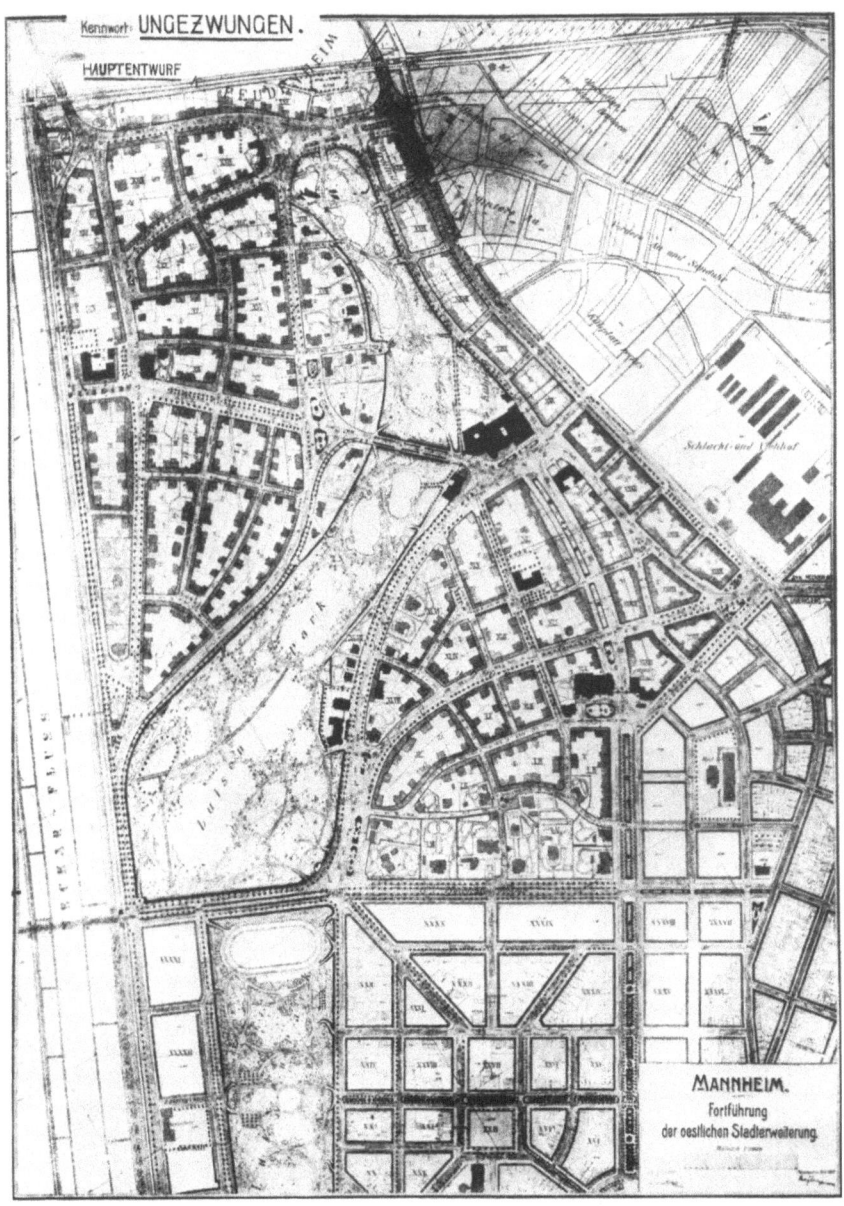

87 Wettbewerbsentwurf für die Fortführung der östlichen Stadterweiterung von Mannheim, 2. Preis: Rudolf Linkenheil, Schramberg (DSTB, 1908, Tafel 73)

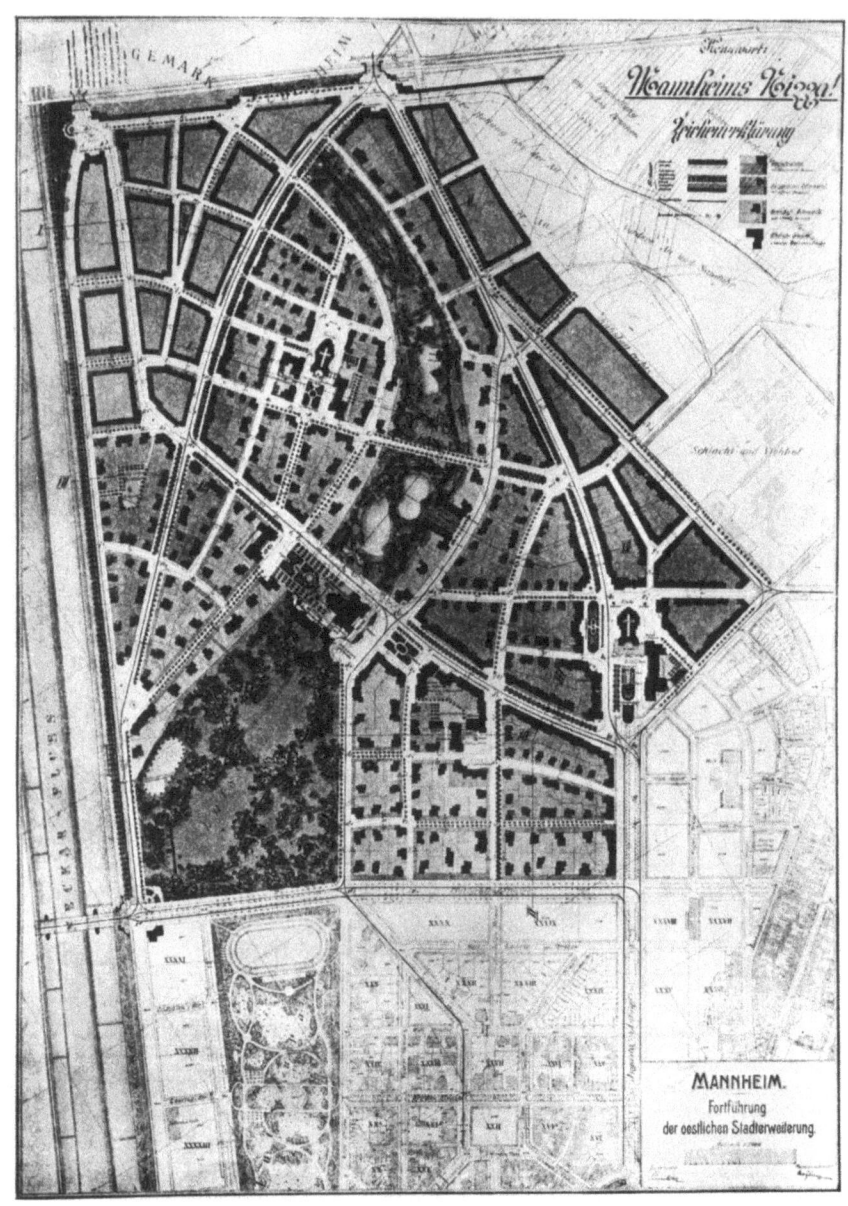

88 Wettbewerbsentwurf für die Fortführung der östlichen Stadterweiterung von Mannheim, 3. Preis: Thomas Langenberger, Freiburg i. Br. (DSTB, 1908, Tafel 74)

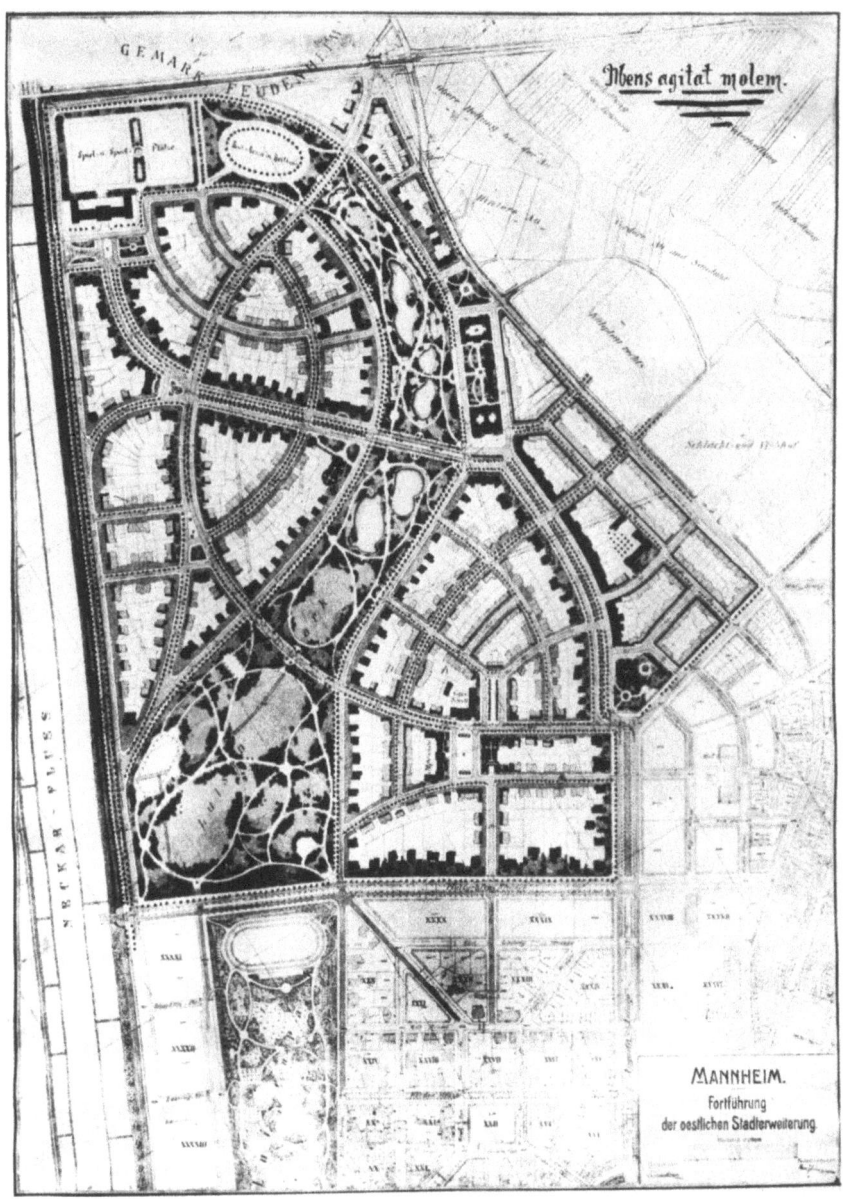

89 Wettbewerbsentwurf für die Fortführung der östlichen Stadterweiterung von Mannheim, 4. Preis: Karl Strinz, Bonn (DSTB, 1908, Tafel 75)

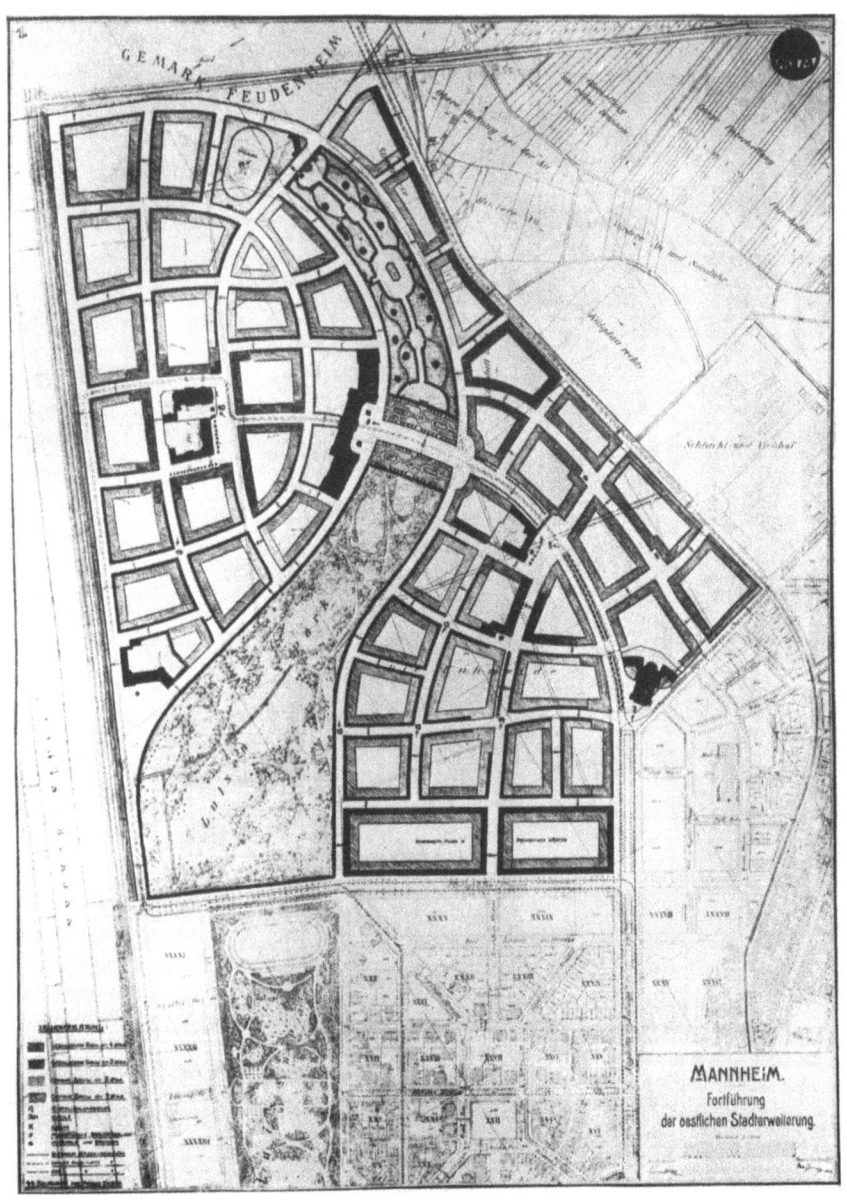

90 Wettbewerbsentwurf für die Fortführung der östlichen Stadterweiterung von Mannheim, Entwurf von W. Spannagel, München (DSTB, 1908, Tafel 76)

91 Bebauungsplan der Südwest-Vorstadt von Jena, von Karl Henrici, Aachen 1903 (DSTB, 1904, Tafel 3–4)

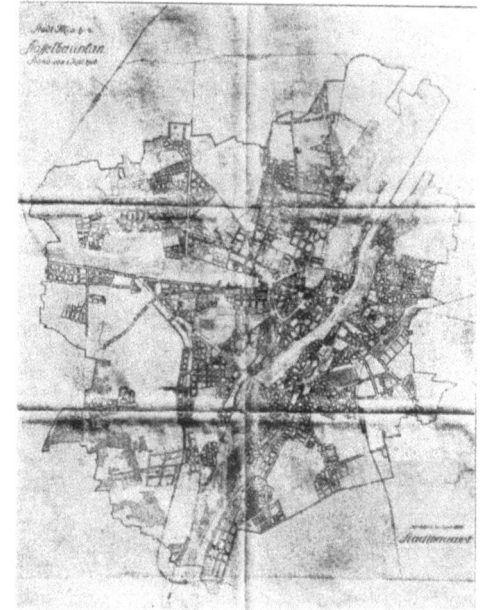

92 Staffelbauplan der Stadt München, Stadtmagistrat München (Städt. Baurat W. Bertsch) 1908 (Heg., Abb. 204)

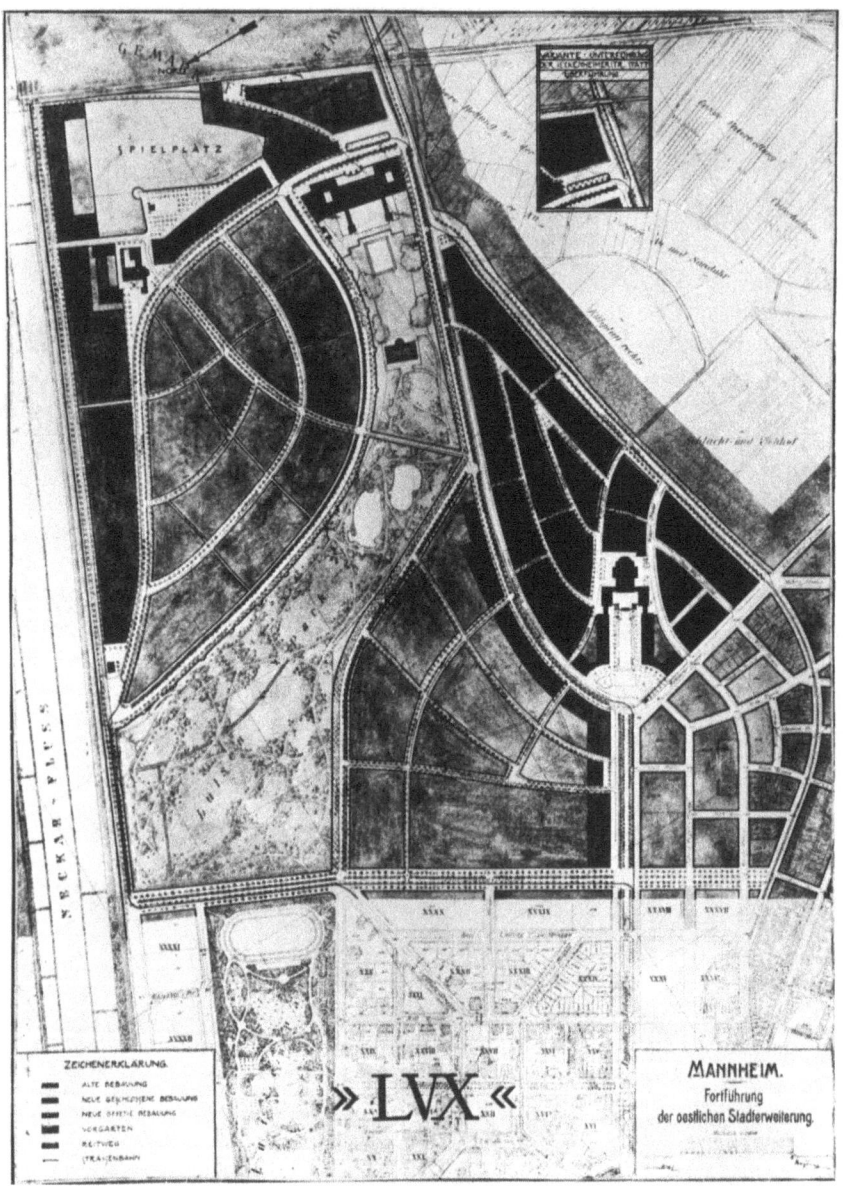

93 Wettbewerbsentwurf für die Fortführung der östlichen Stadterweiterung von Mannheim, Entwurf von Hans Bernoulli, Berlin (DSTB, 1908, Tafel 78)
Alle hier vorgestellten Vorschläge zum Mannheimer Wettbewerb unterscheiden sich, obwohl sie im wesentlichen einander ähnlich sind, in der Bebauungsdichte.

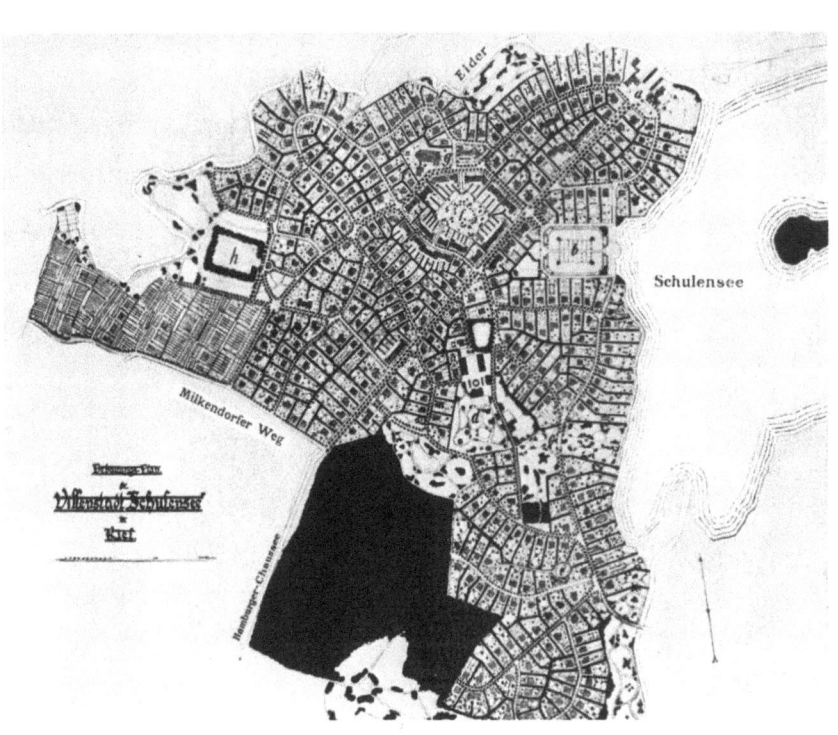

94 Bebauungsplan für die Landhaussiedlung Schulensee bei Kiel, von Theodor Goecke, Berlin 1913 (DSTB, 1913, Tafel 42)

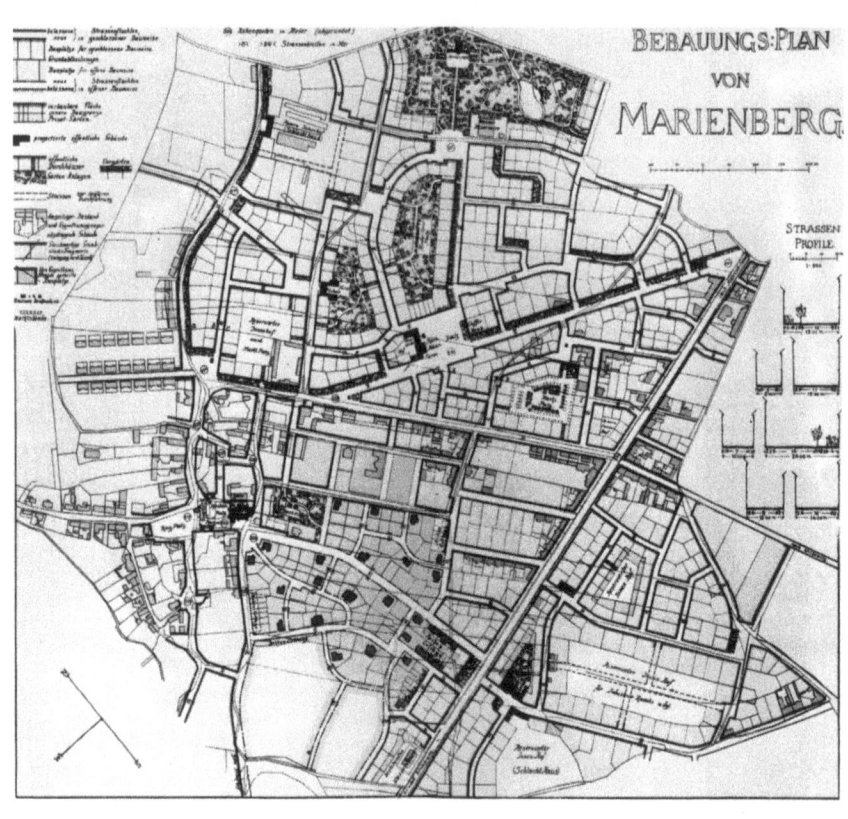

95 Bebauungsplan für Marienberg, von Camillo Sitte, 1903 (DSTB, 1904, Tafel 73–74)

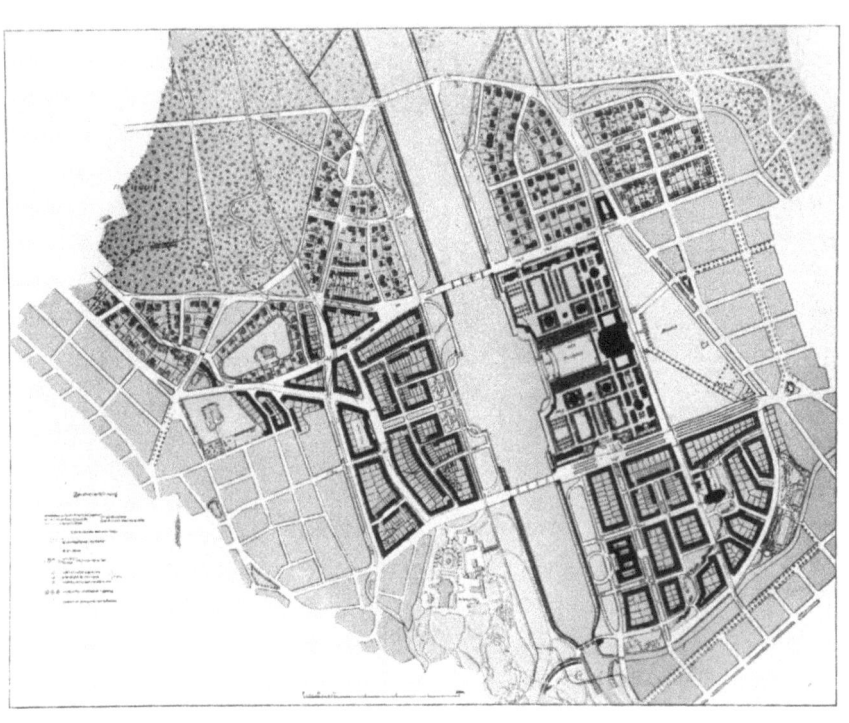

96 Wettbewerbsentwurf zur Ausgestaltung der Frankfurter Wiesen in Leipzig, ein 1. Preis: Bruno Möhring, Berlin (DSTB, 1912, Tafel 42)

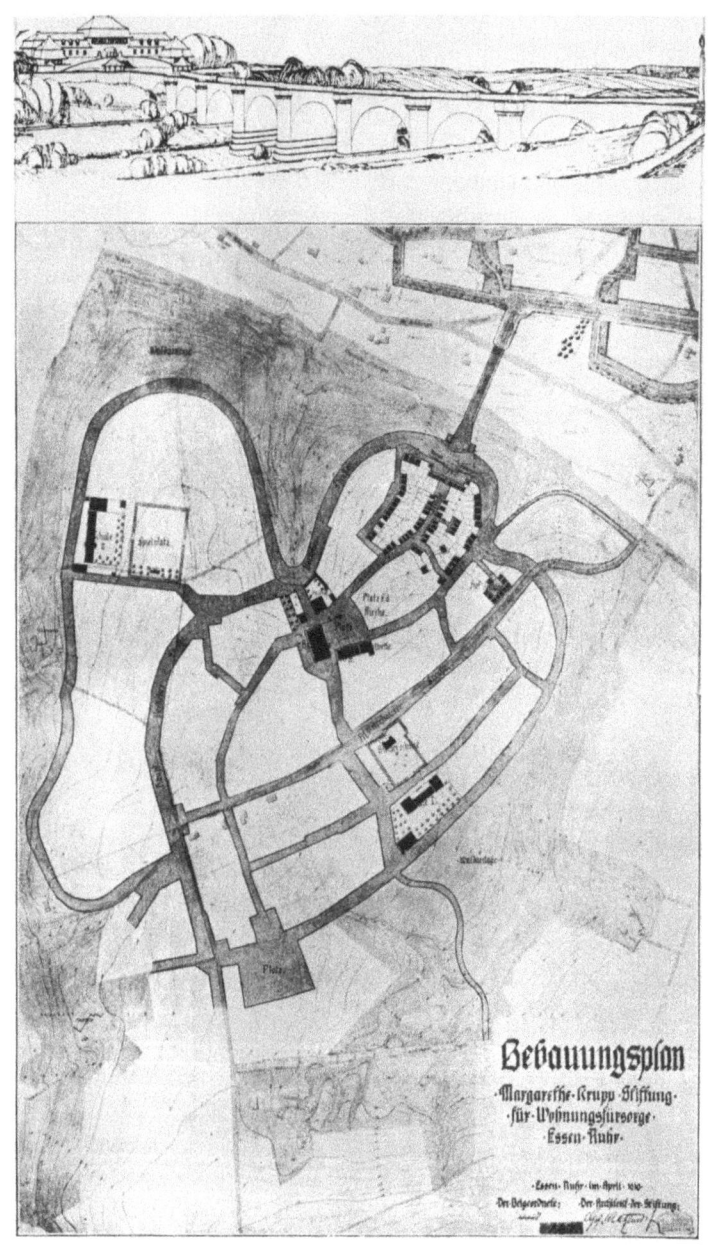

97 Bebauungsplan der Margarethe-Krupp-Stiftung, Essen a.d. Ruhr, von Metzendorf, Essen 1910 (DSTB, 1910, Tafel 46¹)

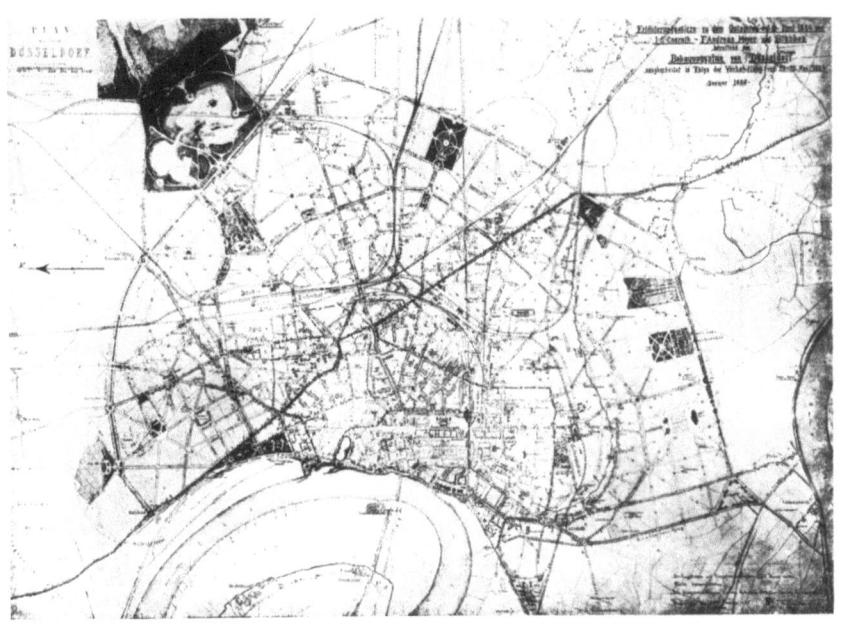

98 Generalbebauungsplan für Düsseldorf, von Conrath, Meyer und Stübben, 1884 (DSTB, 1905, Tafel 17)

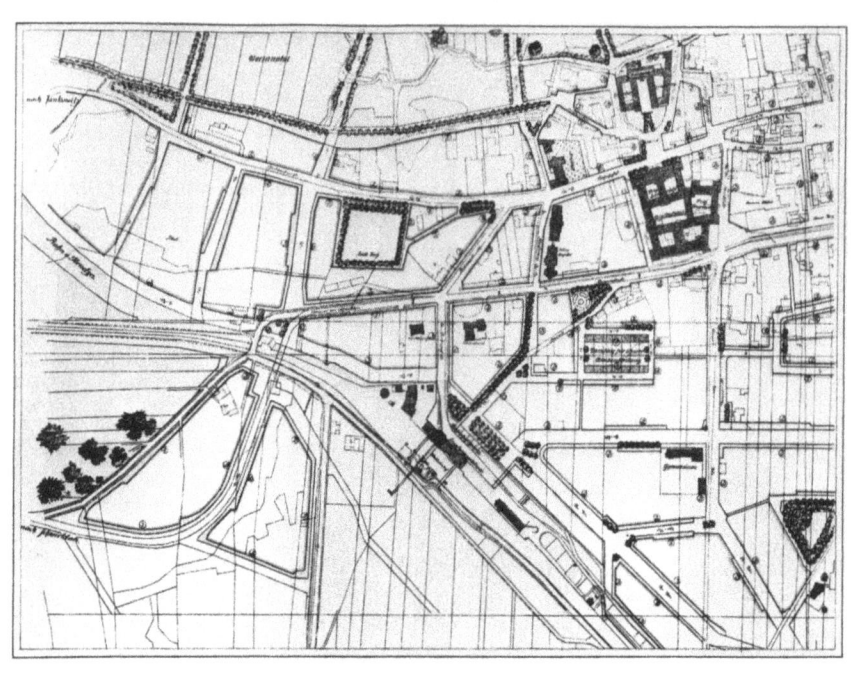

99 Teilentwurf zum Bebauungsplan für Rybnik, von Henry Gross, Charlottenburg 1913 (DSTB, 1914, Tafel 23)

100 Übersichtsplan zu dem preisgekrönten Wettbewerbsentwurf von Prof. K. Henrici für die Stadterweiterung von München, 1893 (Heg., Abb. 197)

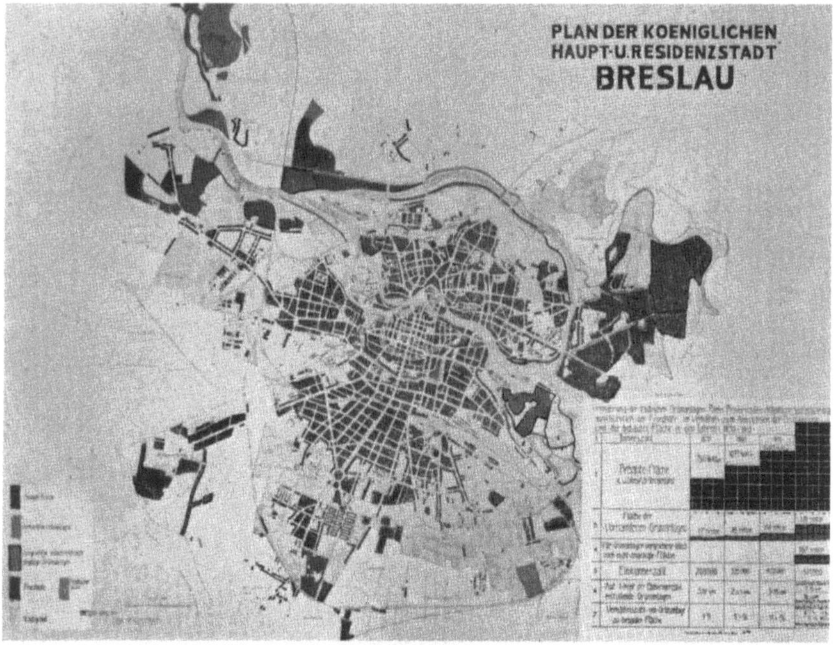

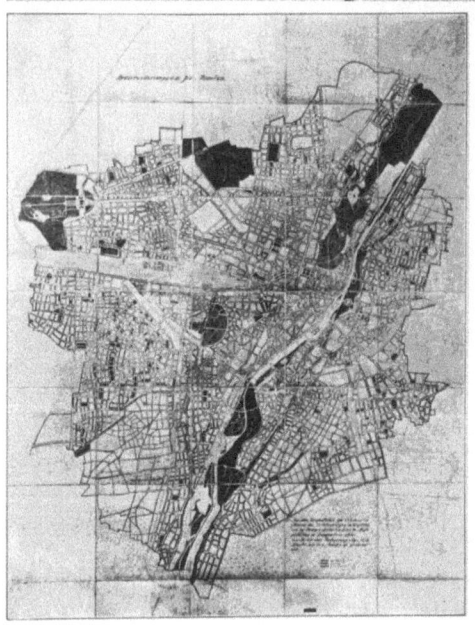

101 Plan der Königlichen Haupt- und Residenzstadt Breslau, Magistrat der Stadt Breslau 1910: Vermehrung der städtischen Grünanlagen, Parkanlagen, Promenaden, öffentlichen Spielplätze, ausschließlich der Friedhöfe, im Verhältnis zum Anwachsen der Bevölkerung und der bebauten Flächen in den Jahren 1870–1910 (Heg., Abb. 410)

102 Baulinienplan der Stadt München, von W. Bertsch, München 1908 (DSTB, 1910, Tafel 49[1])

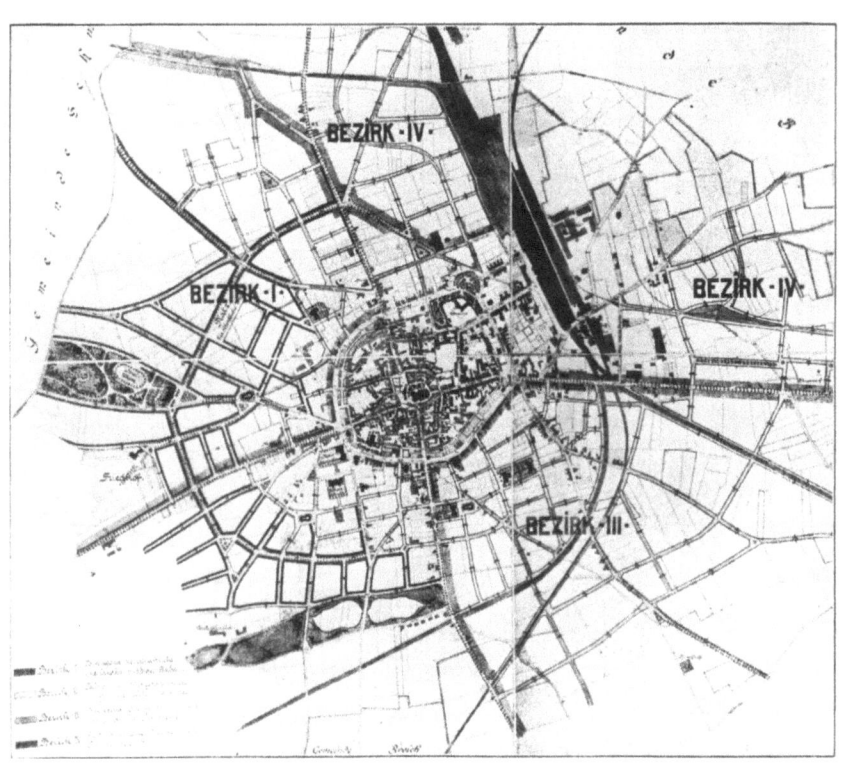

103 Bebauungsplan für Kempen, von Karl Henrici, Aachen 1910 (DSTB, 1910, Abb. 37, S. 86)

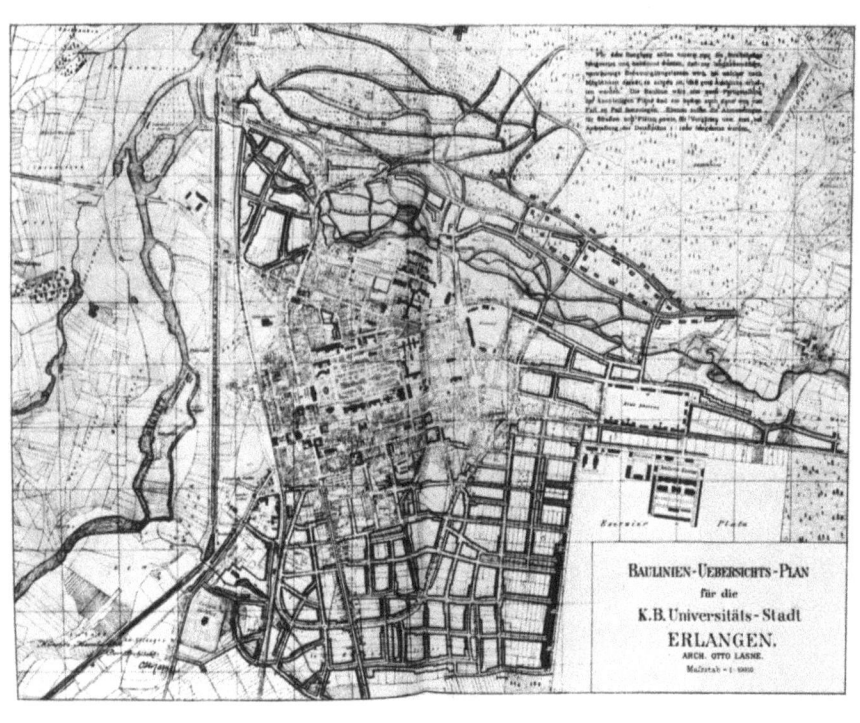

104 Baulinien-Übersicht-Plan für die Universitätsstadt Erlangen, von Otto Lasne, 1911 (DSTB, 1911, Tafel 34–35)

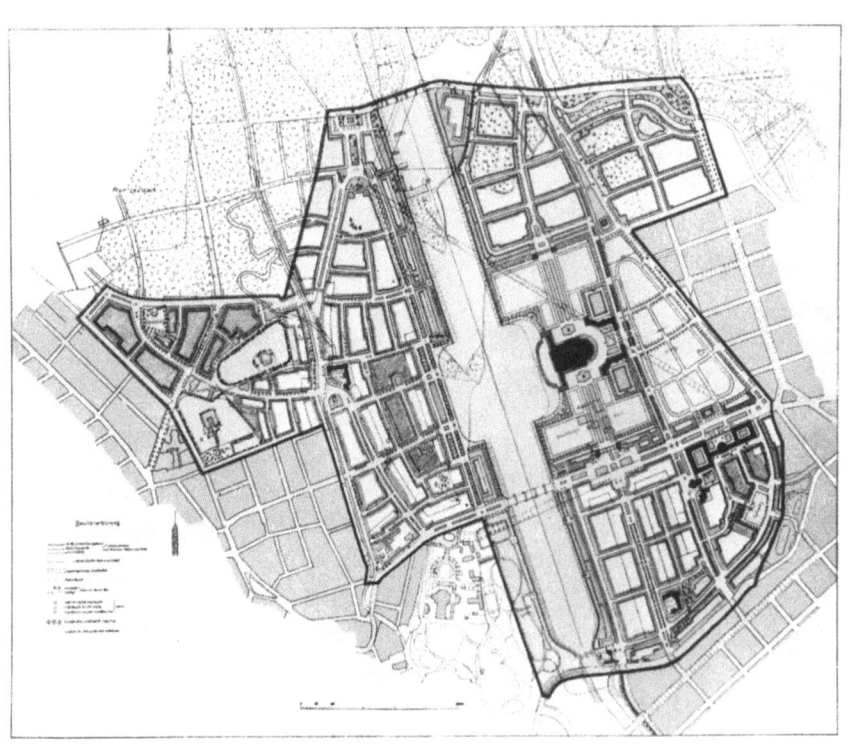

105 Wettbewerbsentwurf zur Ausgestaltung der Frankfurter Wiesen in Leipzig, ein 1. Preis: Oskar Lange, Berlin, und Karl Lercher, Stuttgart (DSTB, 1912, Tafel 41)

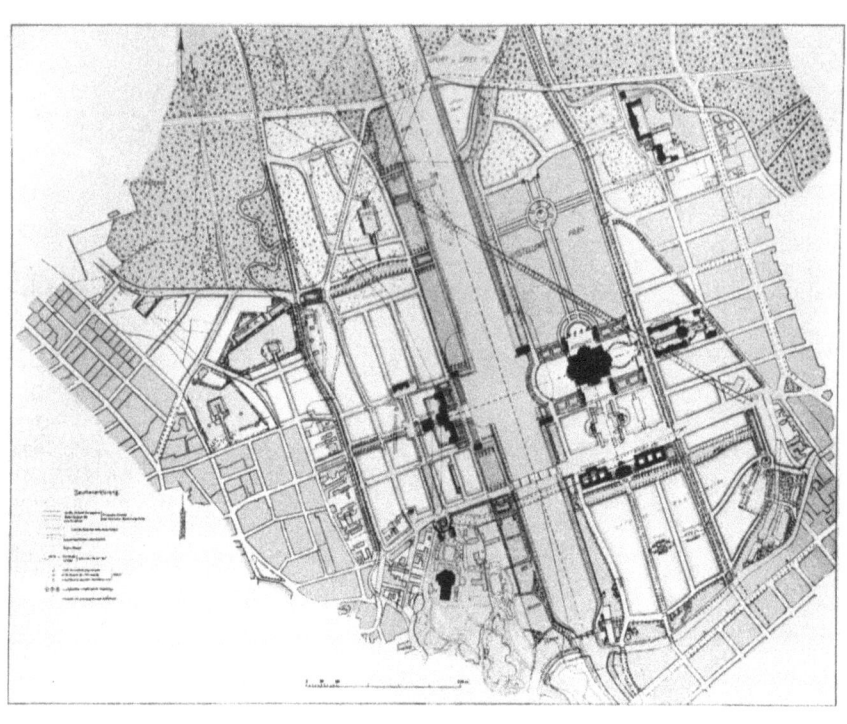

106 Wettbewerbsentwurf zur Ausgestaltung der Frankfurter Wiesen in Leipzig, 4. Preis: Hermann Jansen, Berlin (DSTB, 1912, Tafel 45)

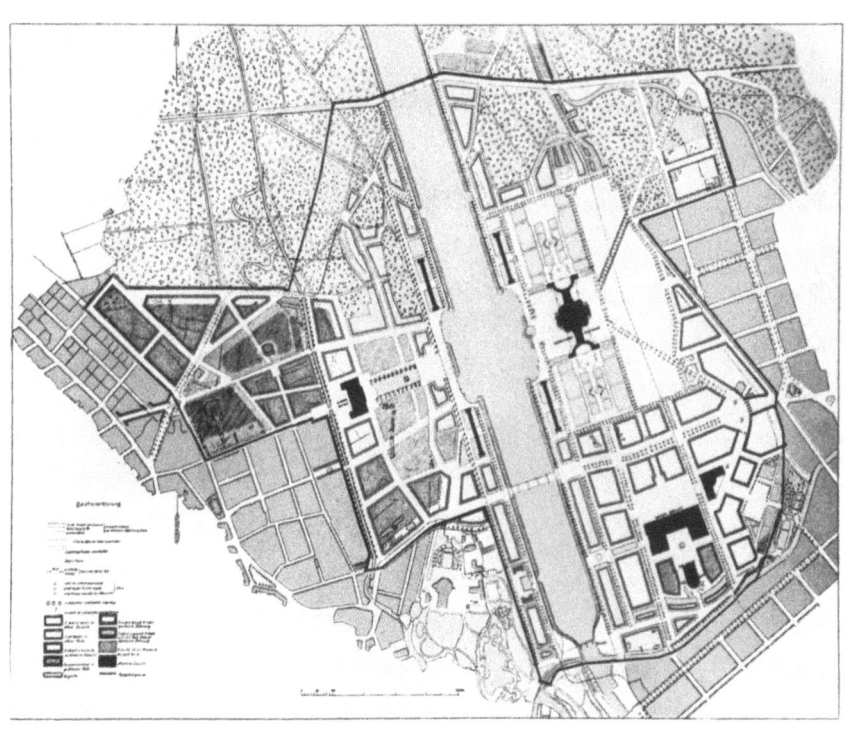

107 Wettbewerbsentwurf zur Ausgestaltung der Frankfurter Wiesen in Leipzig, Entwurf von Gottfried Wehling, Düsseldorf (DSTB, 1912, Tafel 51)

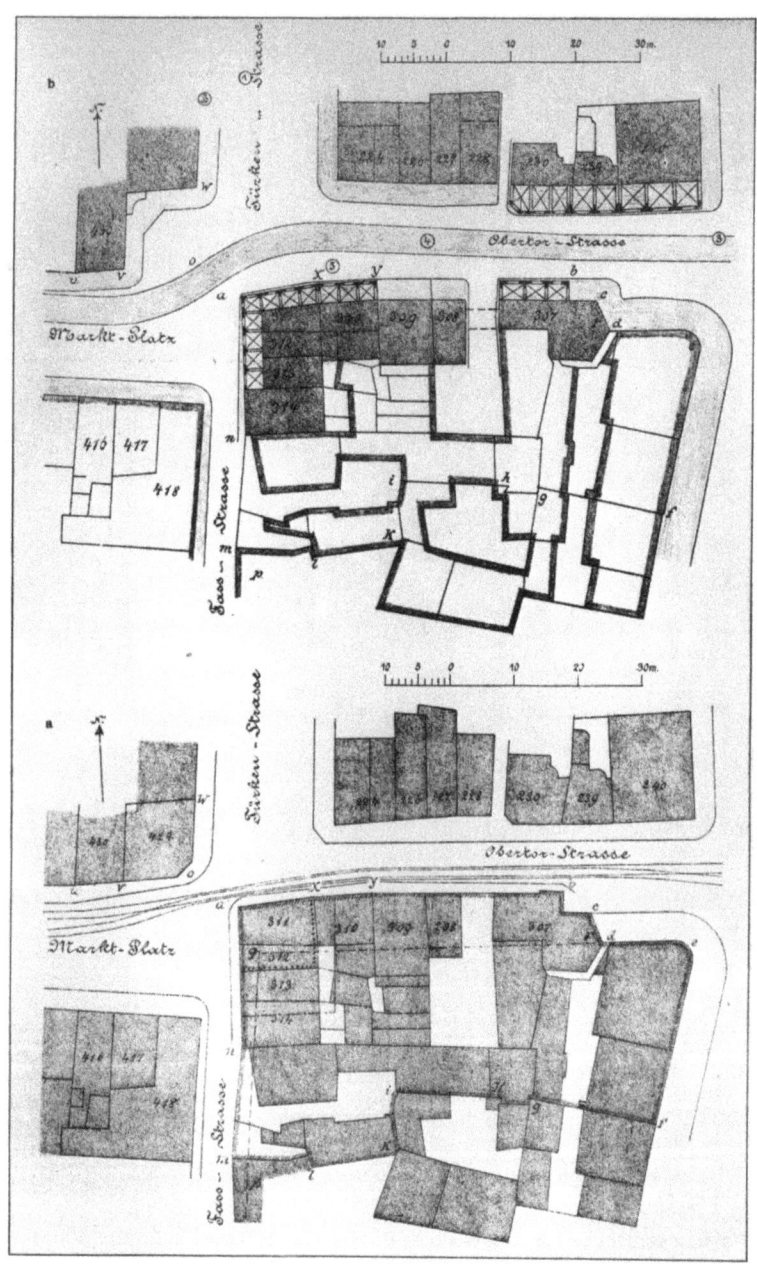

108 Die Obertor-Straße in St. Johann-Saarbrücken, von H. Werner, Stuttgart 1910 (DSTB, 1910, Tafel 25)

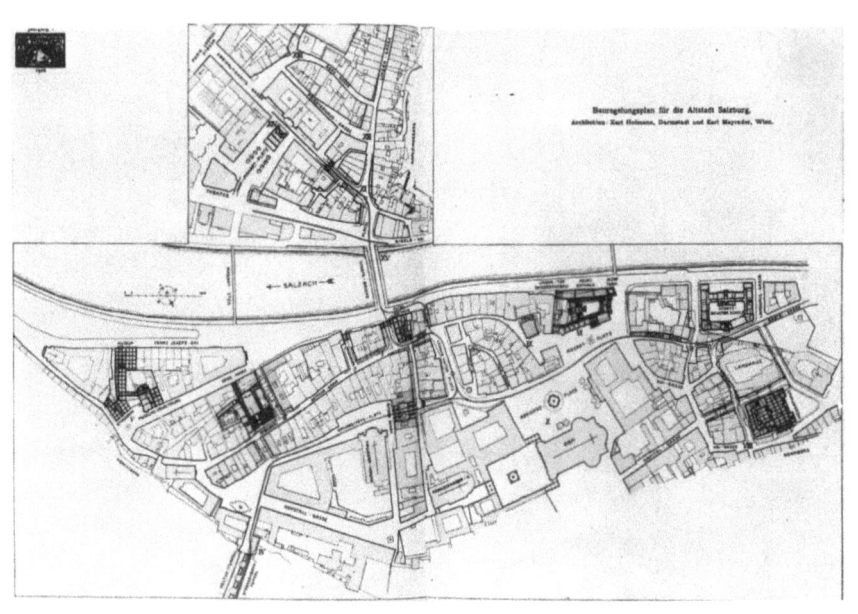

109 Bauregelungsplan für die Altstadt von Salzburg, von Karl Hofmann, Darmstadt, und Karl Meyreder, Wien (DSTB, 1908, Tafel 10–11)

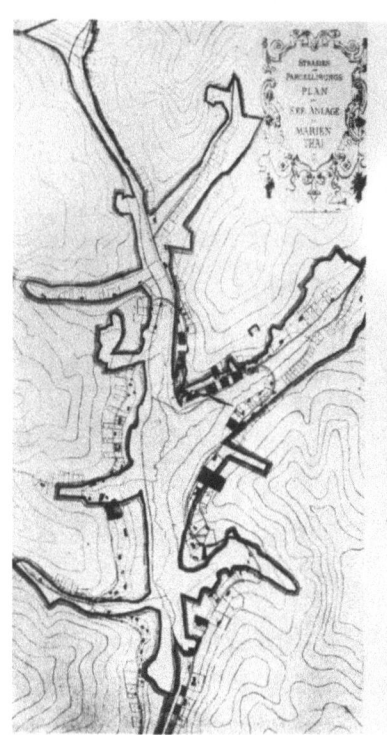 

110 Entwurf zur See-Anlage in Mariental, Niederösterreich, von Camillo Sitte, Wien 1903 (DSTB, 1910, Tafel 38I)

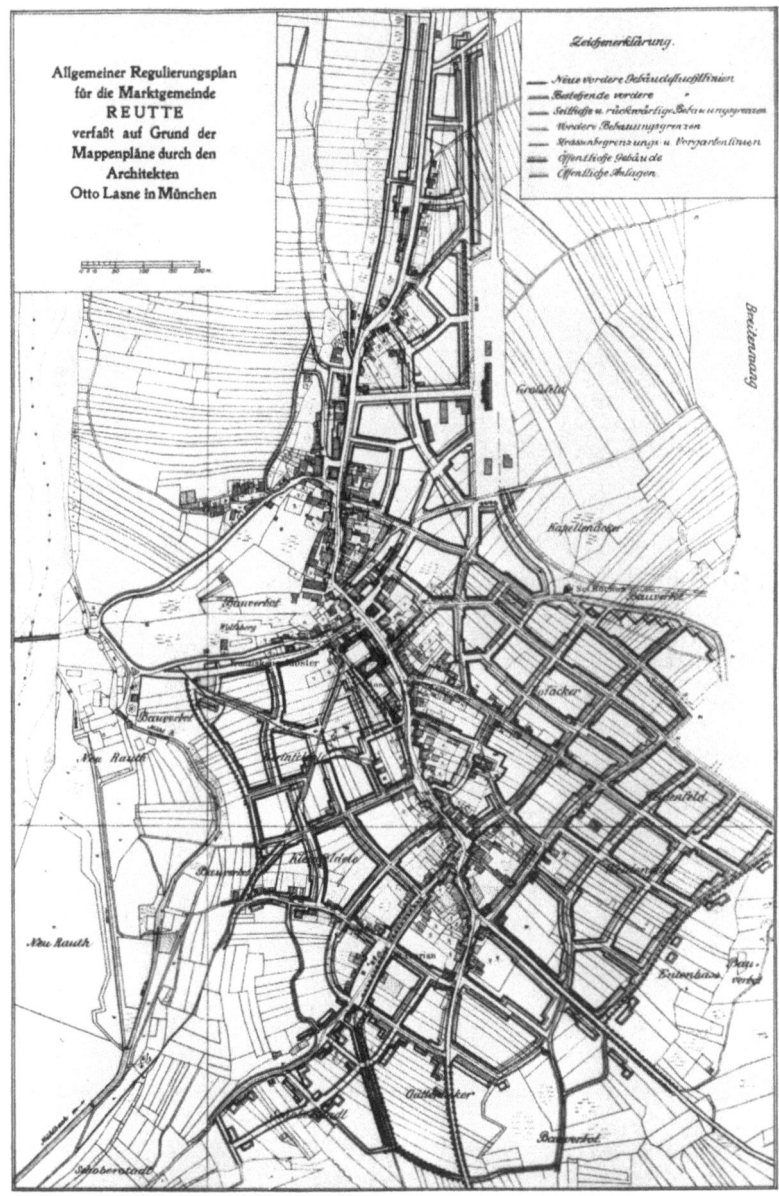

111 Allgemeiner Regulierungsplan für die Marktgemeinde Reutte, von Otto Lasne, München 1914 (DSTB, 1914, Tafel 1–2)

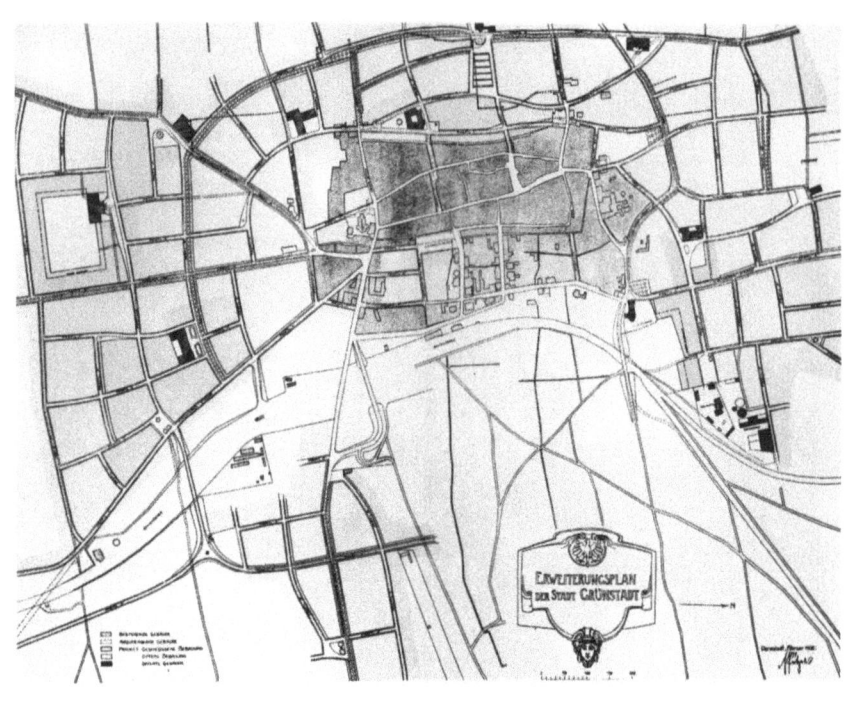

112 Erweiterungsplan der Stadt Grünstadt, 1902 (DSTB, 1904, Tafel 17–18)

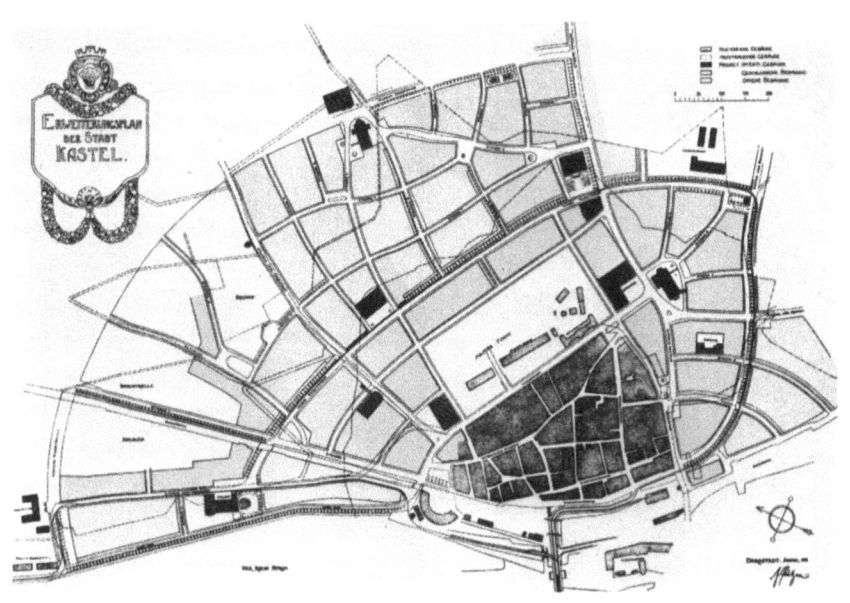

113 Erweiterungsplan der Stadt Kastel, 1902 (DSTB, 1904, Tafel 19–20)

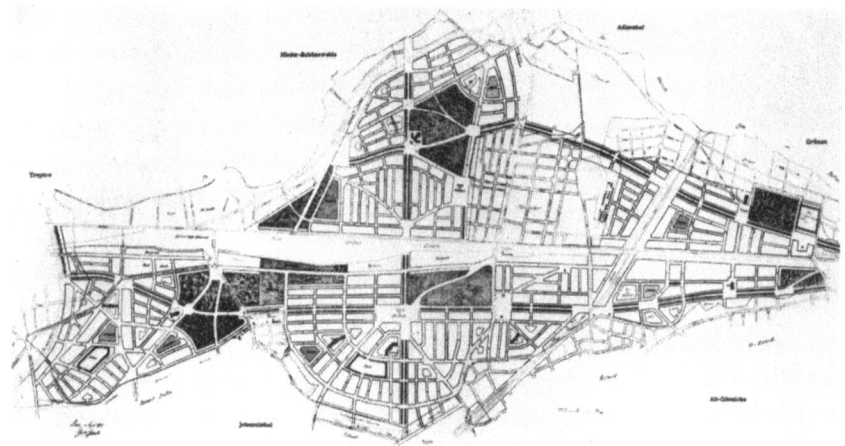

114 Entwurfsskizze zu einem Gesamtbebauungsplan für die südöstlichen Vororte von Berlin, von Theodor Goecke, Berlin 1907 (DSTB, 1909, Tafel 77–78)

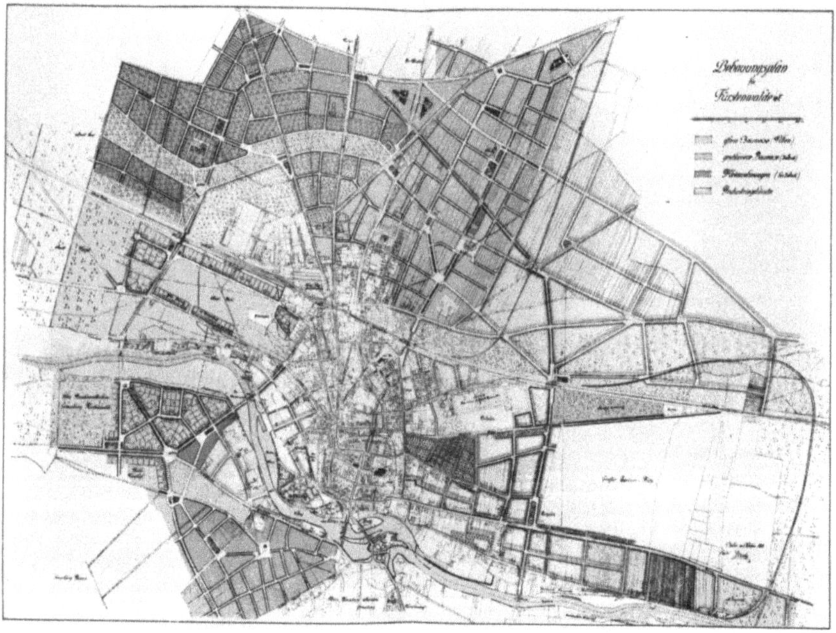

115 Bebauungsplan für Fürstenwalde, von Theodor Goecke, Berlin 1911 (DSTB, 1912, Tafel 1–2)

116 Gartenstadt Hopfengarten bei Magdeburg, von Franz Ameling, Magdeburg 1911 (DSTB, 1911, Tafel 39)

Anhang: Bio-bibliographische Hinweise

Reinhard Baumeister

Geboren 1838 in Hamburg, gestorben 1917 in Karlsruhe. Arbeitet als „Städtebauingenieur" Bebauungspläne für Berufsvereine, Gemeinden und öffentliche Verbände aus. Widmet als Professor an der Technischen Hochschule in Karlsruhe einen großen Teil seiner Bemühungen der theoretischen Arbeit: Artikel und Schriften zur Städtebaulehre und zur *Architektonischen Formenlehre für Ingenieure* (Stuttgart 1866; weitere Beiträge in: „*Technische Hochschule*", 1878, 1886, 1889 und 1904). Beteiligt an der Ausarbeitung der Forderungen des Verbandes deutscher Architekten- und Ingenieur-Vereine in Berlin 1874 und Mannheim 1906 (veröffentlicht im Anhang zur ersten, 1890, bzw. dritten, 1924, Auflage des Handbuchs von Stübben, a. a. O.). Neben dem Handbuch (*Stadterweiterungen...*, siehe unten) zählen zu seinen wichtigsten Werken, die Fragen des Städtebaus betreffen:
- *Normale Bauordnung nebst Erläuterungen,* Wiesbaden 1880, Grundlage vieler deutscher Gesetzesentwürfe;
- *Die Umlegung städtischer Grundstücke und die Zonenenteignung, Denkschriften des Verbandes deutscher Architekten- und Ingenieur-Vereine,* XII, Berlin 1897 (in Zusammenarbeit mit J. Classen und J. Stübben);
- *Städtebau,* in: *Deutschland unter Kaiser Wilhelm II.,* Berlin 1914, III, S. 1519–1532;
- zahlreiche Artikel in den Fachzeitschriften, u. a. in: „*Der Städtebau*", „*Städtebauliche Vorträge*", „*Deutsche Bauzeitung*".

Teilnahme an vielen Städtebaukongressen und internationalen Ausstellungen, u. a. in Berlin 1910 (Bebauungspläne für Altona und Mannheim).
Stadterweiterungen in technischer, baupolizeilicher und wirthschaftlicher Beziehung, Berlin 1876: Dies ist das erste weit verbreitete deutsche Handbuch, kommentiert und zitiert in vielen späteren Schriften (Stübbens, Goeckes, Eberstadts), von Albrecht rezensiert in der „*Hannoverischen Zeitschrift*", XXIII, 1877, S. 157–161. Es ist in vier Abschnitte und zweiundzwanzig Kapitel gegliedert:

I. Die Aufgabe im Allgemeinen
1. Kap.: Zunahme der städtischen Bevölkerung
2. Kap.: Wohnungsfrage
3. Kap.: Städtischer Verkehr
4. Kap.: Maßregeln der Gemeinde
5. Kap.: Gestaltung des Plans

II. Technische Grundzüge
6. Kap.: Straßen
7. Kap.: Pferdebahnen
8. Kap.: Dampfbahnen
9. Kap.: Wasserläufe
10. Kap.: Plätze und Anlagen
11. Kap.: Reinigung und Entwässerung
III. Baupolizeiliche Vorschriften
12. Kap.: Aufgabe der Baupolizei
13. Kap.: Bauflucht
14. Kap.: Feuersicherheit
15. Kap.: Gesundheitspflege
16. Kap.: Nachbarliche Beziehungen
IV. Wirthschaftliche Fragen
17. Kap.: Expropriation
18. Kap.: Regulierung von Grundstücken
19. Kap.: Kostendeckung
20. Kap.: Gemeindestraßen
21. Kap.: Privatstraßen
22. Kap.: Vollzug der Stadterweiterung

Joseph Stübben

Geboren 1845, gestorben 1936. Eine lange und intensive berufliche Tätigkeit: Architekt und Stadtplaner in Berlin (1864–1866, 1868–1870), kurzzeitige Beschäftigung bei der Eisenbahnverwaltung, der Verwaltung in Aachen (1876–1881) und in Köln (1881), Überarbeitung des Bebauungsplans für Posen im kaiserlichen Dienst (1904–1920).
Am bedeutendsten ist wahrscheinlich sein Erweiterungsplan für Köln, obwohl er sich auch mit zahlreichen Erweiterungsplänen anderer deutscher und ausländischer Städte beschäftigt hat, u. a. Altona, Antwerpen, Basel, Bilbao, Brüssel, Darmstadt, Düsseldorf, Flensburg, Heidelberg, Köln, Lyon, Luxemburg, Madrid, Posen, Warschau, Wiesbaden.
Gewinner des Wettbewerbs für Groß-Wien 1892 – 1893. Teilnehmer an den wichtigsten Städtebaukongressen, wo er eine bedeutende Rolle spielt: Seine Beiträge werden immer veröffentlicht und oft zitiert. Zusammen mit Baumeister, Classen und Adickes bearbeitet er einige der Entschließungen der Kongresse des Vereins für öffentliche Gesundheitspflege; er tritt auf dem Kongreß der Zeitschrift *„L'Art public"* 1888 in Brüssel auf, auf dem Kongreß des RIBA 1910 in London, auf dem Kongreß 1913 in Gent und auf den Tagungen der *International Federation for Housing and Town Planning*. Er veröffentlicht viele Artikel in den wichtigsten Fachzeitschriften, u. a. in: *„Der Städtebau", „Deutsche Bauzeitung", „Zeitschrift für Bauwesen", „Hannoverische Zeitschrift", „Städtebauliche Vorträge"*. Zu seinen bedeutendsten (und äußerst zahlreichen) Schriften zählen, neben dem sehr bekannten Handbuch (siehe unten), unter anderen:
– *Gerade oder krumme Straßen*, in: *„Deutsche Bauzeitung"*, XI, 1877, S. 393–395, später in *Der Städtebau* (siehe unten) nachgedruckt;
– *Paris in Bezug auf Straßenbau und Stadterweiterung*, in: *„Zeitschrift für Bauwesen"*, XXIX, 1879, S. 377–412;

- eine Rezension des Buches von Sitte, a. a. O., in: „Hannoverische Zeitschrift", 1889, S. 617-619;
- *Über Fragen der Städtebaukunst*, in: „*Deutsche Bauzeitung*", XXV, 1891, S. 122-128 und S. 150-156, eine Antwort auf die Henricische Rezension seines Handbuchs;
- *Practical und Aesthetic Principles for the Laying Out of Cities*, ein Beitrag zum Internationalen Kongreß der Ingenieurwissenschaften anläßlich der Weltausstellung in Chicago 1893, in: *Transactions of the American Society of Civil Engineers*, XXIV, 1893, S. 718-736; von Ch. Buls unter dem Titel *La construction des villes*, Brüssel 1895, ins Französische übersetzt;
- eine Rezension des Buches von Charles Buls (seines großen Freundes), a. a. O., in: „*Kölnische Zeitung*", 1894, Nr. 361;
- *Hygiene des Städtebaus*, in: Th. Weyl, *Handbuch der Hygiene*, Fischer 1896 (2. Auflage 1914, in Zusammenarbeit mit J. Brix);
- *Die Umlegung städtischer Grundstücke und die Zonenenteignung, Denkschriften des Verbandes deutscher Architekten- und Ingenieur-Vereine*, XII, Berlin 1897 (in Zusammenarbeit mit Baumeister und Classen);
- *Der Stadterweiterungsplan und seine Durchführung*, in: *Neue Untersuchungen des Vereins für Socialpolitik über die Wohnungspflege in Deutschland und im Auslande*, Leipzig 1901;
- *Die Großstadt der Zukunft*, in: „*Die Umschau*", 1910, Nr. 12;
- *Die Bedeutung der Bauordnungen und Bebauungspläne für das Wohnungswesen*, Göttingen 1902;
- *Städtebau in England*, in: „*Städtebauliche Vorträge*", IV, Nr. 8, 1911;
- *Vom französischen Städtebau*, in: „*Städtebauliche Vorträge*", Nr. 2- 3, 1915.
Der Städtebau, Handbuch der Architektur, Vierter Theil, 9. Halb-Band, Darmstadt 1890 (Reprint Wiesbaden 1980):
Das Handbuch in seiner Gesamtheit wurde zwischen 1883 und 1933 vom Verleger J. Durm und anderen veröffentlicht. Der Teil, der den Städtebau betraf, wurde erstmalig 1890 in Darmstadt vom Verleger Bergsträsser herausgegeben; eine zweite, vollkommen überarbeitete Auflage erschien 1907 bei Kröner in Stuttgart und eine dritte, ebenfalls überarbeitete, mit zahlreichen Ergänzungen im Anhang (Gesetzestexten, Bauordnungen, Verbandsentschließungen), 1924 bei Gebhardt in Leipzig. Das Handbuch wurde niemals vollständig übersetzt. Es gibt:
- ein englisches Übersetzungsmanuskript des 5. Abschnitts (der Auflage von 1890) von A. Albrecht, Cambridge/Mass. 1911;
- eine englische Übersetzung in zusammenfassender Form des 7. Kapitels des 4. Abschnitts (1890) unter dem Titel *Municipal Memorials: Forms and Sites of Monuments*, in: „*Municipal Affairs*", N.Y.C. III, 1899, S. 724-731;
- eine englische Übersetzung in zusammenfassender Form einiger Teile des 2. Abschnitts (1890) von T. M. Newton, *Public Squares*, „*American Architect*", XLIII, Boston 1894, S. 52-54, S. 64 - 67, S. 101-104 und S. 137-138.
Es wurde rezensiert:
- in seiner ersten Auflage von Henrici in der „*Deutschen Bauzeitung*", XXV, 1891, S. 81-83 und S. 86-91;
- in seiner dritten Auflage von Jansen in „*Der Städtebau*", XX, 1925, S. 26-27.
Wir geben hier das Inhaltsverzeichnis der ersten Auflage wieder:
Einleitung
I. Die Grundlagen des Städtebaues
1. Kap.: Die städtischen Wohnungen
2. Kap.: Der städtische Verkehr
3. Kap.: Die öffentlichen Bauanlagen in ihren Beziehungen zum Stadtplane

II. Der Entwurf des Stadtplanes
1. Kap.: Die Anordnung des Stadtplanes im Allgemeinen
2. Kap.: Die Gruppierung verschiedenartiger Stadttheile
3. Kap.: Die Baublöcke
4. Kap.: Die verschiedenen Straßenarten, ihre Breiten und Längen
5. Kap.: Die Längen- und Querschnitte der Straßen
6. Kap.: Die Straßen von besonderer Art
7. Kap.: Die Straßenkreuzungen, Straßenerweiterungen und Straßenvermittlungen
8. Kap.: Die öffentlichen Plätze nach ihrer Bedeutung im Stadtplane
9. Kap.: Die öffentlichen Plätze in künstlerischer Beziehung
10. Kap.: Die Gewässer
11. Kap.: Die Eisenbahnen
12. Kap.: Beispiele ganzer Stadttheile und Städte

III. Die Ausführung des Stadtplanes
1. Kap.: Die Aufgaben des Staates, der Gemeinde und der Privaten
2. Kap.: Die Beschränkung der Baufreiheit
3. Kap.: Die Enteignung
4. Kap.: Die Regelung der Baugrundstücke (Umlegung, Zusammenlegung, Eineignung)
5. Kap.: Die Aufbringung der Stadterweiterungskosten
6. Kap.: Die Straßendurchbrüche und die Verbesserung alter Straßen
7. Kap.: Die Benutzung der Straßen durch die Anstößer für Privatzwecke
8. Kap.: Die Bauordnung

IV. Die baulichen Anlagen unter und auf der Straße
1. Kap.: Die Wasserversorgungs- und Entwässerungsanlagen
2. Kap.: Die Beleuchtungs-Anlagen
3. Kap.: Die Wärme-, Kraft- und Telegraphen-Leitungen
4. Kap.: Die Straßendecke
5. Kap.: Die Kundmachungs-Einrichtungen
6. Kap.: Die Baulichkeiten für Verkaufs-, Erholungs- und Verkehrszwecke
7. Kap.: Die Denkmäler
8. Kap.: Der Festschmuck

V. Die städtischen Pflanzungen
1. Kap.: Die bepflanzten Straßen
2. Kap.: Die bepflanzten Plätze
3. Kap.: Die Parkanlagen

Schluß
Anhang
A. Reichs- und Landesgesetze
B. Ortsstatute
C. Polizei-Verordnungen
D. Vereinsbeschlüsse und Gutachten

Cornelius Gurlitt

Geboren 1850 in Nietschwitz in Sachsen, gestorben 1938. Professor an der Technischen Hochschule in Dresden. Vor allem Architekturhistoriker, aber auch praktizierender Stadtplaner (ein Entwurf für die Umgebung von Dresden ist in R. Unwin, a. a. O., veröffentlicht). Zeitweilig ein treuer Anhänger der Sitteschen Vorstellungen von der Betrachtung der städtischen Phänomene. Aus dieser Zeit stammen die zwölf Bildbände alter europäischer Städte (*Historische Stadtbilder*, Berlin 1901 – 1902) sowie die theoretische Schrift *Über Baukunst* (siehe unten). Sein Aufsatz *Der Deutsche Städtebau* ist im Buch von R. Wuttke, a. a. O., enthalten (und von S. Baxter ins Englische übersetzt worden: *German City Planning*, „*Architectural Record*", XXIV, 1908, S. 135 – 148). In den Jahren nach dem Ersten Weltkrieg (1920 – 1931) leitet er zusammen mit Bruno Möhring und Bruno Taut eine bedeutende Städtebauzeitschrift, „*Die Stadtbaukunst*" (*Stadtbaukunst alter und neuer Zeit*, I – XII); Auszüge des ersten Bandes sind in Bruno Taut, *Frühlicht*, Berlin 1963, veröffentlicht. Sein bekanntestes Buch, *Handbuch des Städtebaus*, Berlin 1920, stellt eine Erweiterung der Schrift *Über Baukunst* bis zum Umfang eines Lehrbuchs dar:
Die Grundthese besagt, daß es keinen Widerspruch zwischen dem *ästhetischen* und dem *technischen* Gesichtspunkt beim Aufbau der Stadt gebe („nur das Nützliche kann schön sein, nur das Schöne kann nützlich sein"). Gurlitt legt großen Wert auf die Beschäftigung mit der Kunstgeschichte und der Stadtgeschichte beim Entwurf der neuen Stadterweiterungen.
Über Baukunst, Berlin 1904, Band XXVI in der Reihe *Die Kunst*, herausgegeben von Richard Muther:
Eine lobende Rezension findet sich in „*Der Städtebau*", 1904, S. 45. Im folgenden geben wir das Inhaltsverzeichnis des Buches wieder:
I. Vom Restaurieren
II. Städtebaufragen
   Gerade oder krumme Straßen
   Breite oder schmale Straßen
   Bergauf und bergab
   Stille und laute Plätze
   Straßenkreuzungen

Rudolf Eberstadt

Geboren 1856 in Worms, gestorben 1922 in Berlin. Ordinarius für Volkswirtschaft an der Universität Berlin. Vorrangige Beschäftigung mit Fragen des Wohnungsbaus, zahlreiche Untersuchungen auf diesem Gebiet. Vertritt als einer der ersten die Notwendigkeit einer Wohnungsbaureform in Deutschland und befaßt sich mit den Problemen der Bodenspekulation.
Sein Hauptwerk bildet das *Handbuch* (siehe unten), zu seinen anderen Schriften zählen:
- *Städtische Bodenfragen*, Berlin 1894;
- *Rheinische Wohnverhältnisse*, Jena 1903;
- *Die Speculation im neuzeitlichen Städtebau*, Jena 1907 (auch im *Handbuch* weitgehend wiedergegeben);
- *Bauordnung und Volkswirtschaft*, Berlin 1909;
- *Unser Wohnungswesen und die Notwendigkeit der Schaffung eines preußischen Wohnungsgesetzes*, Jena 1910;

- *Bodenparzellierung und Wohnstraßen*, Berlin 1911;
- *Die Kreditnot der städtischen Grundbesitzer*, Jena 1916;
- *Das Wohnungswesen*, Leipzig 1922.

Zusammen mit Petersen und Möhring beteiligt er sich am Wettbewerb für „Groß-Berlin": Der Entwurf, ausgestellt auf den internationalen Ausstellungen in Berlin 1910 und in Düsseldorf 1912, gewinnt den dritten Preis und wird von Eberstadt in seinem Beitrag zum RIBA-Kongreß 1910 in London (siehe unten) vorgestellt.

Eberstadt veröffentlicht zahlreiche Artikel in den bedeudendsten Fachzeitschriften, u. a. in „*Der Städtebau*" und „*Deutsche Bauzeitung*".

Handbuch des Wohnungswesens und der Wohnungsfrage, Jena 1909:
Der ersten Auflage folgen 1910 eine zweite, 1913 eine dritte und 1920 eine vierte, immer bei Fischer in Jena. Rezensionen finden sich in „*Der Städtebau*", 1910, S. 94, Wir geben im folgenden das vollständige Inhaltsverzeichnis des Werkes wieder:

Vorwort
Einleitung
 § 1 Allgemeine Scheidungen
Erster Teil
Die Entwicklung der städtischen Bauweise
- Erster Abschnitt:
 § 2 Altertum
- Zweiter Abschnitt: Das Mittelalter
 § 3 Die Stadtanlage
 § 4 Der Grundstücksverkehr
 § 5 Die Hausformen
- Dritter Abschnitt: Die Periode der landesfürstlichen Bautätigkeit
 § 6 Übergangszeit
 § 7 Die landesfürstliche Bautätigkeit in Deutschland
- Vierter Abschnitt: Die Gegenwart
 § 8 Übergangszeit
 § 9 Die jüngste Bauperiode
Zweiter Teil
Die Preisbildung der städtischen Bodenwerte
 § 10 Einleitung
- Erster Abschnitt: Der unbebaute Boden
 § 11 Die Bewertung der Baustelle
 § 12 Die Richtung der Bodenspekulation
 § 13 Gedrängte Bauweise und Wohnungsproduktion
 § 14 Absolute Höhe und Steigerung des Bodenpreises
 § 15 Das Gesetz von Angebot und Nachfrage
 § 16 Die Realisierung des Bodenpreises und der Baustellenhandel
- Zweiter Abschnitt: Der bebaute Boden
 § 17 Grundstückswert und Baukosten
 § 18 Geschäftsbezirke und Wohnbezirke
 § 19 Zinsfuß und Grundstückswert
 § 20 Bodenverschuldung und Bodenwert
 § 21 Die Durchführung der Wertbewegung

Dritter Teil
Wohnungsstatistik (Wohnungszustände)
- Erster Abschnitt:
§ 22 Unbebauter Boden und Bodenfläche
- Zweiter Abschnitt: Gebäude, Wohnung, Wohnungsbenutzung
§ 23 Hausform und Wohnweise
§ 24 Wohnungsform und Wohnungsherstellung
§ 25 Einkommen und Miete
§ 26 Die Mietpreise
§ 27 Wohnungsbenutzung
Vierter Teil
Die Praxis des Städtebaus
Einleitung
§ 28 Die neue Stadtanlage
- Erster Abschnitt: Bebauungsplan und Bodenparzellierung
§ 29 Die allgemeine Bedeutung des Bebauungsplanes
§ 30 Die Straßenführung
§ 31 Grundformen der Stadtanlage
§ 32 Die Bodenaufteilung
§ 33 Die Wohnstraße
Anhang: Die Ausstattung der Wohnstraße
§ 34 Gesetzliche Vorschriften über die Aufstellung von Bebauungsplänen
§ 35 Enteignung und Umlegung
- Zweiter Abschnitt: Die Hausformen
§ 36 Die verschiedenen Bautypen
§ 37 Die Mietskaserne
§ 38 Das Miethaus (Mietwohnungshaus)
§ 39 Das Familienhaus
§ 40 Die künstlerische Bewertung der Hausformen
- Dritter Abschnitt: Bauordnung
§ 41 Die einzelnen Gebiete der Bauordnung
§ 42 Der gegenwärtige Stand des Bauordnungswesens
§ 43 Ziele der baupolizeilichen Regelung
§ 44 Die Freiheit der Formengebung in den Bauordnungen
- Vierter Abschnitt: Wohnungsaufsicht und unternormale Wohnungen
§ 45 Die Wohnungsaufsicht
§ 46 Die unternormalen Wohnungen.
Fünfter Teil
Kapitalbeschaffung, Bodenleihe, Besteuerung
§ 47 Die Bedeutung des Realkredits
§ 48 Ordnung des Realkredits und Kapitalbeschaffung
§ 49 Das Erbbaurecht
§ 50 Die Bodenbesteuerung

Sechster Teil
Bewegung der Bevölkerung, Ansiedelung
§ 51/52 Die Verkehrsmittel
§ 51 Die Arten der Verkehrsmittel und die Verkehrsanlagen
§ 52 Die technische und wirtschaftliche Gestaltung der Verkehrsmittel
§ 53 Ansiedelung durch Rentengutsbildung
§ 54 Gartenstädte, Feiertagshäuschen, Gartenpacht
§ 55 Ländliches Wohnungswesen
Siebenter Teil
Die Bautätigkeit unter Gewinnverzicht
§ 56 Reich, Staat und Gemeinde
§ 57 Arbeitgeber und Stiftungen
§ 58 Die gemeinnützige Bautätigkeit
§ 59 Der öffentliche Grundbesitz
§ 60 Förderung des Wohnungswesens durch Zentralstellen und Vereine
Achter Teil
Ausland
§ 61/63 England
§ 61 Die Gestaltung der Wohnverhältnisse
§ 62 Gesetzgebung und Institutionen, Preisbildung
§ 63 Die Bautätigkeit
§ 64 Übersicht anderer ausländischer Staaten
Anhang
Verzeichnis der Abbildungen
Sachregister

Der Städtebaukongreß des RIBA in London 1910
Eberstadts Beitrag zu diesem Kongreß trug den Titel *Städtebau in Deutschland: Der Wettbewerb für Groß-Berlin* und ist veröffentlicht in *Transactions of the Town Planning Conference*, London, Oktober 1910.
Der Kongreß und die Ausstellung in London bilden eine der grundlegenden Etappen der Reifung der städtebaulichen Debatte zu Beginn des 20. Jahrhunderts.
Die behandelten Themenkreise (siehe unten) bilden auch die Schwerpunkte der immer systematischeren Städtebautraktate.
Die Ausstellung umfaßt Pläne, Zeichnungen, Modelle und zahlreiche Dias.
Die eingeladenen Referenten sind die Protagonisten, in Theorie und Praxis, der Städtebaukultur jener Zeit.
Die Beiträge:
I. Die Stadt der Vergangenheit
- Percy Gardner, *Der Grundriß der hellenischen Stadt*
- F. Haverfield, *Städtebau in der römischen Welt*
- Thomas Ashby, *Rom*
- A. E. Brinckmann, *Die Entwicklung des Städtebaus seit der Renaissance*
- A. E. Brinckmann, *Die Gründung englischer und französischer gotischer Städte in Südfrankreich*
- Diskussion zwischen Blomfield, Horsfall, Gardner, Mitchell, Brodie, Garbutt, Cameron, Galbraith u. a.

II. Die Stadt der Gegenwart
- Baldwin Brown, *Städtebau und Denkmalpflege*
- Charles Mulford Robinson, *Die Stadt der Gegenwart als Ausdruck einer Übergangsphase in der Stadtentwicklung: Das Beispiel der Straßenstandardisierung*
- M. Louis Bonnier, *Anmerkungen zu den Bau- und Städtebauordnungen in Paris*
- H. V. Lanchester, *Ursachen und Wirkungen in der modernen Stadt*

III. Die Entwicklung und Ausdehnung der Stadt
- Raymond Unwin, *Der Stadterweiterungsplan*
- Augustin Rey, *Das städtische Wachstum und die Stadterweiterung*
- Joseph Stübben, *Kürzliche Fortschritte im deutschen Städtebau*
- Rudolf Eberstadt, *Städtebau in Deutschland: Der Wettbewerb für Groß-Berlin*

IV. Die Stadt der Zukunft
- C. H. Reilly, *Die unmittelbare Zukunft in England*
- E. Hénard, *Die Stadt der Zukunft*
- D. H. Burnham, *Eine Stadt der Zukunft unter einer demokratischen Regierung*
- L. Cope Cornford, *Die Stadt der Zukunft: Hoffnung auf ihre Verwirklichung*

V. Architektonische Überlegungen, die den Städtebau betreffen
- Beresford Pite, *Der Architekt und der Stadtplaner*
- Arthur Crow, *Städtebau und überlastete alte Stadtviertel*
- Thomas Mawson, *Öffentliche Park- und Grünanlagen: Entwurf und Ausstattung*
- E. A. Richards, *Architektur und Ausstattung der Stadträume*
- G. T. Plunkett, *Freiflächen und Wasserläufe*
- Basil Holmes, *Freiflächen, Gärten und Spielplätze*
- Adshead, *Die Verbesserung der Städte*
- W. B. Richmond, *Einige Faktoren der städtebaulichen Planung*
- Richardson Evans, *Die Beschränkung der Außenreklame*
- *Der Städtebau und seine Anwendung: Die Ziele und die Grenzen der Town Planning Act* (Referent unbekannt)

VI. Besondere Untersuchungen
- Patrick Geddes, *Die Untersuchungen der Stadt Edinburgh*
- W. H. McLean, *Die Stadtpläne von Khartoum und Omdurman*
- John Sulman, *Die Hauptstadt Australiens*
- G. I. Pepler, *Groß-London*
- Louis Dausset, *Die Erhaltung der Festungs- und militärischen Anlagen*
- E. Stasse und H. De Bruyne, *Die Umgebung von Brüssel*
- A. B. McDonald, *Verbesserungsvorschläge für Glasgow*
- Wm. Woodword, *Verbesserungsvorschläge für den Trafalgar Square*

VII. Die rechtliche Situation und diesbezügliche Untersuchungen
- H. Charloner Dowdall, *Das städtische Wachstum und die Kontrolle der Stadtentwicklung in England, einschließlich einer Betrachtung und Angabe der Kosten, die von den örtlichen Behörden zur Erarbeitung eines Entwicklungsschemas gemäß der Town Planning Act aufgewandt wurden.*
- C. H. B. Quennell, *Städtebau und Grundeigentum*
- Alex Stenning, *Die Town Planning Act von 1909*
- Harry S. Stewart, *Housing and Town Planning Act von 1909: Die Möglichkeiten des Paragraphen 44*
- Ebenezer Howard, *Städtebau von Beginn an*
- Lilienberg, *Städtebau und Gesetzgebung der letzten fünfzig Jahre in Schweden*
- Mario Cattaneo, *Die italienische Gesetzgebung, was Bebauungspläne angeht*

Das Preußische Fluchtliniengesetz vom 2. Juli 1875
Ergänzt und modifiziert durch das *Preußische Wohnungsgesetz* vom 28. März 1918, betrifft es den Bau und Umbau von Straßen und Plätzen in Städten und ländlichen Wohnsiedlungen. Abgedruckt im Anhang des Handbuchs des Stübben (*Der Städtebau*, a. a. O.), zitiert von Baumeister(*Stadterweiterungen*, a. a. O., 13. Kapitel), ist es als das erste deutsche Städtebaugesetz zu werten. Es bildet einen grundlegenden Bezugspunkt aller späteren Verordnungen, vor allem derjenigen, die Straßenerweiterungen in Altstädten betreffen. Vollkommen anders, und in mancher Hinsicht gegensätzlich, ist das *Preußische Gesetz gegen Verunstaltung* vom 15. Juli 1907 (abgedruckt in: Stübben, *Der Städtebau*, 3. Aufl., a. a. O.), das der Erhaltung historischer Gebäude dienen soll und von den „stadtästhetischen" Vorstellungen des Sitte und seiner Anhänger (einschließlich, in diesem Fall, des Stübben: *Der Städtebau*, 2. Aufl., a. a. O., 2. Abschnitt, 8. Kapitel) ausgeht.

Das Gesetz zur Regelung der Umlegung von Grundstücken in Frankfurt am Main
Allgemein bekannt als *Lex Adickes*, da von Franz Adickes (1814–1915), Oberbürgermeister der Stadt Frankfurt ab 1890, eingebracht. 1892–1893 erarbeitet, tritt das Gesetz in Frankfurt am 28. Juli 1902 in Kraft. Später wird es auch in Köln und Wiesbaden und zu Kriegsbeginn (1914) in einigen Städten Ostpreußens eingeführt.
Mit einem Gesetz vom 8. Juli 1907 wird der Paragraph 13 geändert.

Das Preußische Wohnungsgesetz vom 28. März 1918
Abgedruckt in: Stübben, *Der Städtebau*, 3. Aufl., a. a. O.

Grundzüge für Stadterweiterungen nach technischen, wirthschaftlichen und polizeilichen Bestimmungen
Referat von R. Baumeister vor der Hauptversammlung des Verbandes deutscher Architekten- und Ingenieur-Vereine in Berlin am 25. September 1874. Erstmals veröffentlicht in der „*Deutschen Bauzeitung*", VIII, 1874, S. 346, später im Handbuch Stübbens (a. a. O.).

Grundsätze des Städtebaus
Aus den Akten der Vertreterversammlung des Verbandes deutscher Architekten- und Ingenieur-Vereine in Mannheim 1906 (herausgegeben von R. Baumeister). Erstmals veröffentlicht in der „*Deutschen Bauzeitung*", XI, 1906, S. 347–349, S. 556–558, S. 568–573, S. 577–582, S. 604–605, mit einer Reihe von Erläuterungen von Baumeister, und später in der 3. Auflage des Handbuchs von Stübben (a. a. O.).

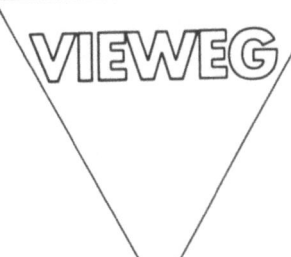

Joseph Stübben

Der Städtebau

Mit 857 Abb. und 13 Tafeln. Reprint der
1. Auflage von 1890. 1980. XII, 562 S.
18 X 26 cm. Kart.

Stadtzerstörung wird genannt, was Ausdruck und Resultat eines unumkehrbar erscheinenden Entwicklungsgangs ist. Nichts weniger als rigide Funktionstrennung, brachial quer durch die Städte geschlagene Verkehrsadern und rabiaten Quartiersabriß hatten die deutschen Städtebauer des ausgehenden 19. Jahrhunderts im Sinn, als sie über langfristig wirkenden Städtebau nachdachten und stritten. Joseph Stübben gehörte zu ihnen, er hat eines der wichtigsten Bücher, inzwischen einen Klassiker der deutschen Städtebau-Literatur, geschrieben. „Der Städtebau" soll Architekten und Planer bewegen, über Platz, Straße und Quartier nicht nur nach ‚stadtkünstlerischen' Gesichtspunkten nachzudenken, nicht ausschließlich die schöne Stadt im Sinn zu haben, die auch Joseph Stübben forderte, sondern die seinerzeit geführte Debatte in Kenntnis eines Originaldokuments von großem Gewicht besser zu verstehen.

„Der Entschluß des Vieweg-Verlages zum Nachdruck ist zu begrüßen; er kommt dem wachsenden Interesse am 19. Jahrhundert entgegen, indem er das Standardwerk des Städtebaus in dessen letztem Jahrzehnt leichter zugänglich macht." Bauwelt 12/1981

Friedr. Vieweg & Sohn Verlagsgesellschaft mbH · Braunschweig/Wiesbaden

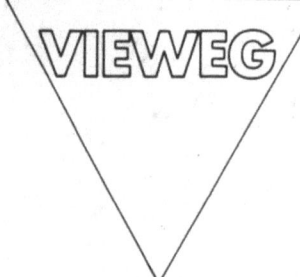

Camillo Sitte

Der Städtebau nach seinen künstlerischen Grundsätzen

Vermehrt um Stadtgrün. Reprint der 4. Auflage, Wien 1909. Mit 114 Abb. 1983. XII, 216 S. DIN A 5. Kart.

Camillo Sittes Arbeit, erstmals in Wien 1889 publiziert, veränderte die Stadtplanung in vieler Hinsicht. Ihr Autor präsentierte sie nicht nur als Manifest, das Kontroversen auslöste; sie war darüber hinaus seit Albertis Schrift das erste Buch, das die künstlerischen Aspekte des Städtebaus systematisch darstellte.

Heute macht der Blick auf die Geschichte früherer städtebaulicher Leistungen und Projekte das ganze Ausmaß des Verlusts sichtbar und spürbar, das Krieg und Nachkriegsstadtplanung bewirkt haben. Der romantisierende Blick, der schon Sitte eigen war, kann der gegenwärtigen Stadtplanung vielleicht hilfreich sein.

Friedr. Vieweg & Sohn Verlagsgesellschaft mbH · Braunschweig/Wiesbaden

Bei Fragen zur Produktsicherheit wenden Sie sich bitte an:
If you have any questions regarding product safety,
please contact:

Birkhäuser Verlag GmbH
Im Westfeld 8
4055 Basel, Schweiz
productsafety@degruyterbrill.com